凝聚隧道及地下工程领域的
先进理论方法、突破性科研成果、前沿关键技术，
记录中国隧道及地下工程修建技术的创新、进步和发展。

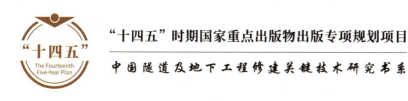

特大跨度地下
互通立交公路隧道
建造与运营通风关键技术

钱师雄　施有志　李德祺　舒金会　等　编著

KEY TECHNOLOGY FOR
THE CONSTRUCTION AND OPERATION VENTILATION OF
SUPER LARGE SPAN
UNDERGROUND INTERCHANGE HIGHWAY TUNNELS

人民交通出版社
北京

内容提要

本书针对大型互通立交公路隧道这类特殊的隧道结构形式，通过对特大跨度隧道、小净距隧道及围岩在施工过程中的力学行为特征进行分析，研究超大断面分岔隧道设计、施工等关键技术；并提出合适的中夹岩分级方法及加固措施，确保围岩稳定、支护体系的安全，为结构设计和施工阶段提供小净距隧道中夹岩稳定性的判定依据。同时，本书研究了地下互通立交公路隧道匝道通风方案，提出了风机的精细化确定方法以及隧道防灾救援措施，科学指导设计和施工。

本书可供从事隧道工程设计、施工与科研等工作的专业技术人员参考，也可供高等院校相关专业师生学习使用。

图书在版编目(CIP)数据

特大跨度地下互通立交公路隧道建造与运营通风关键技术 / 钱师雄等编著. — 北京：人民交通出版社股份有限公司, 2024.9. — ISBN 978-7-114-19594-5

Ⅰ. U45

中国国家版本馆 CIP 数据核字第 2024RA0117 号

"十四五"时期国家重点出版物出版专项规划项目
中国隧道及地下工程修建关键技术研究书系
Teda Kuadu Dixia Hutong Lijiao Gonglu Suidao Jianzao yu Yunying Tongfeng Guanjian Jishu

书　名：	特大跨度地下互通立交公路隧道建造与运营通风关键技术
著 作 者：	钱师雄　施有志　李德祺　舒金会　等
责任编辑：	李　梦
责任校对：	赵媛媛
责任印制：	刘高彤
出版发行：	人民交通出版社
地　　址：	(100011)北京市朝阳区安定门外外馆斜街 3 号
网　　址：	http://www.ccpcl.com.cn
销售电话：	(010)85285857
总 经 销：	人民交通出版社发行部
经　　销：	各地新华书店
印　　刷：	北京市密东印刷有限公司
开　　本：	787×1092　1/16
印　　张：	19.75
字　　数：	478 千
版　　次：	2024 年 9 月　第 1 版
印　　次：	2024 年 9 月　第 1 次印刷
书　　号：	ISBN 978-7-114-19594-5
定　　价：	138.00 元

(有印刷、装订质量问题的图书，由本社负责调换)

编写委员会

主 任 委 员： 钱师雄

副主任委员： 施有志　李德祺　舒金会　梁聚理

顾　　　问： 李宗海　邓　力　黄东升　王兴华

委　　　员：（排名不分先后）

潘卢心　李江旭　宋本良　王小亮　赵花丽　阮建凑
王建秀　刘学增　崔　韬　王明年　俞　缙　蔡燕燕
刘俊贤　徐拥军　梁忠旗　张昂然　吴文俊　任文斌
李小刚　黄建国　张江涛　柴正富　蒲振华　苏华贵
蔡志强　周陈文　张　航　徐　威　李建文　林建辉
但　伟　刘津津

编写单位： 厦门路桥建设集团有限公司

厦门理工学院

同济大学

西南交通大学

华侨大学

核工业华东建设工程集团有限公司

中铁十四局集团第三工程有限公司

中铁十二局集团有限公司

中铁隧道局集团有限公司

大成工程建设集团有限公司

中铁第四勘察设计院集团有限公司

建发合诚工程咨询股份有限公司

前言

随着我国城市化进程的加快,城市土地资源紧缺和交通拥堵等"城市病"问题愈发突出。交通作为城市运行的基本支撑体系及经济发展的"先行官",必须贯彻新发展理念,注重土地空间开发和生态环境保护,加强立体交通发展,推动交通与城市建设、区域经济协调发展。随着厦门港区结构不断优化,海沧港区规模尤其是集装箱吞吐量呈跨越式增长,前场物流园区建设逐步完善,海沧新城和马銮湾新城建设日新月异,交通运输需求快速攀升。正是基于此方面需求,催生了目前"亚洲第一城市地下互通立交隧道"——厦门海沧疏港通道。厦门海沧疏港通道与常规的地下互通立交隧道不同,其结构形式极其复杂。作为厦门进出岛交通路网的"动脉",海沧疏港通道与芦澳路呈十字相交,以隧道形式穿过蔡尖尾山,在交会处形成四层大立交。其中,互通分岔段可容纳"主线3车道+匝道2车道",其最大开挖断面面积达421.73m²,宽度为30.51m。中国工程院院士朱合华教授对本工程的建设予以指导,在隧道建成通车当日,《厦门日报》采访朱合华院士时,他说:"国内现已建成的大型地下互通立交隧道主要设置于高速公路,像厦门海沧疏港通道这样复杂的城市地下互通立交隧道非常少见。作为亚洲已建成通车开挖断面最大的城市地下互通立交隧道,厦门海沧疏港通道为今后国内类似隧道工程建设提供了参考依据,为提升行业施工技术水平奠定了坚实的基础。"

厦门海沧疏港通道属于城市快速路隧道,隧道工程地质条件复杂,分岔段隧道跨度大,立体交叉小净距段爆破控制难度大,隧道应急通风及人员疏散设计难度大。依托本项目,本书通过系统的科研和实践探索,形成了特大跨度地下互通立交公路隧道建造与运营通风关键技术体系。一是针对分岔段特大跨度公路隧道特点,分析隧道施工力学,确定最合理的开挖方法及衬砌结构,研发自动可变断面的二次衬砌台车,可满足不同隧道截面的变化需求;二是针对分岔段及立交段小净距隧道,提出合适的中夹岩分级方法、稳定性判定依据以及爆破控制措施,确保围岩开挖稳定和支护体系的安全;三是基于对四层地下互通立交及多匝道隧道烟气蔓延规律的研究,探索复杂匝道隧道烟气控制的方法,确定排烟方案和排烟阀的设计参数,进而为风机配置和通风排烟方案提供依据。

本书共分为13章,各章主要内容如下。

第1章主要介绍地下互通立交公路隧道的技术发展现状以及本书依托工程——厦门海沧疏港通道及芦澳路工程概况。

第2~5章围绕地下互通立交公路隧道中特大跨度隧道的力学特征及施工技术问题,从隧道施工力学分析、开挖工法优化,以及变截面隧道二次衬砌台车研制与施工质量控制、二次衬砌强度发展规律与拆模时间优化等方面进行研究。

第6~9章围绕地下互通立交公路隧道的小净距问题,从小净距隧道施工力学及中夹岩稳定性影响因素分析、中夹岩分级标准改进方法、中夹岩稳定性判据、小净距隧道爆破施工影响分析及中夹岩加固技术等方面进行研究。

第10~13章围绕地下互通立交公路隧道的通风、防灾等问题,从通风设计、风机确定、排烟计算、人员疏散、横通道间距设计等方面进行研究。

本书以钱师雄、施有志、李德祺、舒金会等为主要编写人员,厦门路桥建设集团有限公司、厦门理工学院、同济大学、西南交通大学、华侨大学、核工业华东建设工程集团有限公司、中铁十四局集团第三工程有限公司、中铁十二局集团有限公司、中铁隧道局集团有限公司、大成工程建设集团有限公司、中铁第四勘察设计院集团有限公司、建发合诚工程咨询股份有限公司等单位人员参与编写,全书由厦门理工学院施有志教授策划并统稿,研究生杨志华、沈祖壮参与本书绘图及校对工作。在此向所有编审人员的辛勤付出表示衷心感谢!

由于作者水平有限,书中难免存在疏漏和不足之处,敬请各位专家和读者不吝赐教,多提批评指导意见,以利修正。

作　者
2024年5月

目录

第 1 章 绪论 ········· 001

 1.1 地下互通立交公路隧道的特点 ········· 003

 1.2 隧道围岩分级技术发展概述 ········· 004

 1.3 小净距隧道技术发展概述 ········· 005

 1.4 地下互通立交隧道运营通风技术发展概述 ········· 007

 1.5 厦门海沧疏港通道及芦澳路工程概况 ········· 009

第 2 章 特大跨度分岔隧道施工力学分析 ········· 017

 2.1 工程概况 ········· 019

 2.2 霍克-布朗模型参数 ········· 020

 2.3 岩石试验与参数比选 ········· 022

 2.4 超大跨度隧道施工稳定性技术研究 ········· 031

 2.5 本章小结 ········· 043

第 3 章 特大跨度隧道开挖工法优化技术 ········· 045

 3.1 分岔段特大跨度隧道开挖工法优化 ········· 047

 3.2 分岔段特大跨度岩质隧道开挖工法转换技术 ········· 058

 3.3 本章小结 ········· 063

第 4 章 特大变截面隧道二次衬砌台车研制与施工质量控制 ········ 065
4.1 工程概况 ··· 067
4.2 分岔特大变截面可伸缩衬砌台车研制 ··················· 068
4.3 分岔特大变截面可伸缩衬砌台车应用 ··················· 073
4.4 特大断面隧道二次衬砌钢筋安装定位防坍塌技术 ······ 077
4.5 特大断面隧道二次衬砌防脱空措施 ····················· 081
4.6 本章小结 ··· 083

第 5 章 特大断面隧道二次衬砌强度发展规律与拆模时间优化研究 ··· 085
5.1 混凝土模型参数确定 ···································· 087
5.2 FC5 断面不同拆模时间对二次衬砌混凝土安全影响分析 ··· 089
5.3 FC2、FC3、FC4 断面二次衬砌混凝土力学特性及其拆模影响分析 ·· 099
5.4 本章小结 ··· 105

第 6 章 小净距隧道施工力学分析与开挖方案优化 ············ 107
6.1 三维数值模型构建 ······································ 110
6.2 小净距隧道施工力学分析 ······························ 111
6.3 中夹岩稳定性影响因素分析及开挖方案优化 ··········· 121
6.4 本章小结 ··· 130

第 7 章　小净距隧道中夹岩分级标准改进方法 ················· 131
   7.1　中夹岩分级指标的选取 ································ 133
   7.2　中夹岩分级标准的建立 ································ 138
   7.3　中夹岩分级标准的应用 ································ 144
   7.4　本章小结 ·· 147

第 8 章　小净距隧道中夹岩稳定性判据 ······················· 149
   8.1　中夹岩稳定性前期判据的建立 ·························· 151
   8.2　中夹岩稳定性综合判据的建立 ·························· 153
   8.3　本章小结 ·· 169

第 9 章　小净距隧道爆破施工影响分析及中夹岩加固技术 ············ 171
   9.1　分岔隧道爆破开挖施工影响数值分析 ····················· 173
   9.2　小净距特殊段落施工技术 ······························ 192
   9.3　本章小结 ·· 207

第 10 章　地下互通立交公路隧道运营通风设计 ·················· 209
   10.1　通风方案设计思路 ·································· 211
   10.2　通风量计算及风机配置设计 ···························· 213
   10.3　本章小结 ··· 223

第 11 章　地下互通立交公路隧道运营风机布设方案优化 ············ 225
   11.1　CFD 计算方法概述 ·································· 227
   11.2　通风方案缩比模型验证及风机位置影响分析 ············· 229

11.3　基于 CFD 的地下互通立交公路隧道局部
　　　　 通风方案仿真分析 ·················· 237
　　11.4　本章小结 ························· 247

第 12 章　地下互通立交公路隧道火灾排烟方案优化 ········ 249
　　12.1　火灾应急通风方案设计 ················ 251
　　12.2　基于 SES 的纵向火灾排烟计算分析 ·········· 261
　　12.3　基于 FDS 的 A 匝道重点火灾排烟计算分析 ······ 266
　　12.4　火灾排烟设施布设 ·················· 273
　　12.5　本章小结 ························· 275

第 13 章　隧道内人员安全疏散及横通道间距设置研究 ······ 277
　　13.1　安全疏散横通道信息统计 ··············· 279
　　13.2　人员安全疏散分析方法 ················ 283
　　13.3　典型区段人员安全疏散分析 ·············· 286
　　13.4　横通道间距设计 ···················· 297
　　13.5　本章小结 ························· 299

参考文献 ································· 301

第 1 章

绪论

1.1 地下互通立交公路隧道的特点

随着国内一、二线城市的快速发展及城市化进程的快速推进,城市人口迅速增加,随之带来的是更大的交通需求,越来越多的人选择私家车作为出行工具。随着交通需求的增加,土地资源也日益紧张,因此合理充分利用地下空间的观念也逐渐引起人们的重视,于是出现了大量的地下互通立交隧道。与地面立交线性工程类似,地下互通立交隧道由匝道与主线隧道两个部分组成。其中,匝道线形弯曲,高程跨越较大;主线隧道大多具有立体交叉、进出口多的特点,导致隧道线形复杂、断面变化大。地下互通立交隧道占用土地资源少,在隧道选线、工程安全、环境保护等方面优势明显,具有较高的工程价值和经济价值。目前世界各地已经建成多项地下互通立交工程,部分工程实例统计见表1-1、表1-2。

国内部分地下互通立交工程实例　　　　　　　　　　　　　　　表1-1

序号	地下互通立交工程名称	主路段属性	互通形式	施工方法
1	厦门万石山隧道地下互通立交工程	城市快速路	全互通	钻爆法
2	厦门东坪山地下互通立交工程	城市快速路	全互通	钻爆法
3	重庆嘉华匝道隧道地下互通立交工程	城市快速路	半互通	钻爆法
4	深圳横龙山匝道隧道地下互通立交工程	城市快速路	半互通	钻爆法
5	上海外滩通道匝道隧道地下互通立交工程	城市快速路	全互通	明挖法
6	长沙营盘路湘江隧道地下互通立交工程	城市快速路	全互通	钻爆法
7	胶州湾隧道匝道隧道地下互通立交工程	高速公路	半互通	钻爆法
8	南京青奥轴线地下互通立交工程	城市快速路	全互通	明挖法
9	深圳东部过境高速公路连接线地下互通立交工程	高速公路	全互通	钻爆法

国外部分地下互通立交工程实例　　　　　　　　　　　　　　　表1-2

序号	地下互通立交工程名称	主路段属性	互通形式	施工方法	所在国家
1	巴黎A86西线地下互通立交工程	绕城高速	全互通	盾构法	法国
2	N4.1高速公路Uetliberg隧道地下互通立交工程	高速公路	半互通	明挖法	瑞士
3	N20.1.4高速公路苏黎世西支路工程地下互通立交工程	高速公路	半互通	钻爆法	瑞士
4	A53高速公路苏黎世地下互通立交工程	高速公路	全互通	明挖法	瑞士
5	波士顿地下互通立交工程	高速公路	全互通	明挖法/盖挖法	美国
6	东京都地下互通立交工程	城市快速路	全互通	盾构法	日本

地下互通立交工程有其独特的空间环境特点,其行车环境和交通流特性与地面立交工程存在较大的差异,见表1-3。因此,地下互通立交工程的通风问题尤为重要,其关系着驾驶舒适性和安全问题;在运营期间,必须对地下互通立交工程的交通安全与防灾救援等设施给予重点考虑。

地下互通立交工程与地面互通立交工程行车环境对比　　　　　表1-3

序号	对比项目	地下互通立交工程	地面互通立交工程
1	路段	在地下,空间受限,交叉路较简单	空间开阔,交叉情况复杂
2	视野	狭窄,视距受地下洞室遮挡	视野开阔,视距良好
3	光线	较暗,存在眩光效应、黑洞效应	由气候决定
4	空气	CO、废气等不易排出	由当地空气状况决定
5	噪声	车辆噪声不易扩散,且产生反射叠加	外界正常噪声和车辆噪声
6	阻塞车流疏散方式	倒车、横通道、变现、车道反向	无横通道

由于交通的分、合流需要,地下互通立交工程主线与匝道须设置喇叭口分岔隧道,因此往往形成超大跨度隧道。同时,由于地下互通立交工程多层次穿越需要,通常会出现两条隧道上下层跨越和交叠的情况。因此,在建设期间,地下互通立交工程需要面对分岔隧道、交叉隧道等特殊结构形式隧道施工技术难题。

1.2　隧道围岩分级技术发展概述

2004年,交通部发布修订后的《公路隧道设计规范》(JTG D70—2004),修订中采用了《工程岩体分级标准》(GB 50218—1994)的原则和方法,吸收了《铁路隧道设计规范》(TB 10003—2001)的内容,将公路隧道的围岩级别进行了划分。经过10年的经验总结,住房和城乡建设部于2014年发布了新的标准——《工程岩体分级标准》(GB/T 50218—2014),该标准是全国通用的一项基础标准,可适用于各类岩石工程。

随着计算机技术和新型数学方法等的应用,围岩分级方法有了多方面的发展。杨朝晖、刘浩吾(1999)将人工神经网络模型引入围岩稳定性分类中,白明洲等(2001)引入模糊理论的分级方法,孙恭尧等(2002)通过专家系统法对水利工程的坝基进行了分级,彭振华等(2003)在围岩的质量评价中引入分形理论,拓宽了围岩分级的方向,杨仕教等(2004)通过灰色聚类方法对矿山工程的围岩稳定性级别进行了研究,康志强等(2006)在可拓学理论基础上运用层次分析法对地下洞室进行分级,左昌群、陈建平(2007)基于可拓学理论对变质软岩隧道围岩进行分类。

近些年来,我国学者对特殊岩体的分级体系、特殊分级方法开展了相关研究,梁庆国等(2011)针对黄土隧道中存在的水敏感性、小应变破坏特性、各向异性、黄土节理问题开展了分级工作,宣佳良(2014)针对岩溶区域公路隧道,构建了岩石坚硬强度、岩体完整程度、地下水状态、结构面产状和岩溶状态5个指标的分级体系,柳厚祥等(2017、2019)以深度学习为基础提取掌子面特征点作为模型,采集掌子面图像,建立虚拟检测线来评价掌子面结构性的差异,建立围岩各分级判别因子来建立分级体系。通过以上对围岩分级标准发展过程的梳理,主要的围岩分级方法及特点见表1-4。

围岩的分级方法和特点　　　　表1-4

围岩分级方法	特点
单指标单因素分级法	形式简单,普氏分级法是典型方法
多因素综合指标分级法	形式简单,有一定实用性,岩石质量指标(RQD)分级法是典型方法
多因素定性+定量指标结合分级法	指标全面,但各因素之间互有重叠影响
多因素多指标的复合指标分级法	围岩质量是多种因素的函数,可对围岩定量评价
多因素多指标的模糊数学分级法	避免人为因素的影响,尚处研究阶段

总的来说,目前的围岩分级普遍采用了定性描述和定量评价相结合的方法,使用多因素之间简易的运算手段得到的复合指标来表征岩体的特性,同时也运用其他学科思路扩展分级方法。目前的围岩分级建立了一个较为通用、统一的分级标准,但由于我国幅员辽阔,地区之间的岩土体环境不同,地下工程项目之间的结构形式、断面尺寸、工程重要等级、施工方法不同,围岩分级也应当考虑分级的针对性、专门化,且目前并未有针对中夹岩体的分级方法。由于小净距隧道的中夹岩体较薄、受双洞相互开挖影响较大、监测手段缺乏,合理判断中夹岩自身状态对保证小净距隧道在设计期、施工期、运营期的安全性具有重要意义。

1.3 小净距隧道技术发展概述

1.3.1 小净距隧道合理净距研究

日本对小净距隧道中两相邻隧道的合理净距值开展了很多的研究工作。日本铁道学会于20世纪70年代初发表了《关于平行隧道研究报告》。在总结日本地铁实践的基础上,1994年日本铁道综合技术研究所发布了《近接隧道施工指南》,提出了近接隧道在不同净距值下的施工影响范围分类(表1-5),针对性地提出了施工前场地调查、影响预测、安全监测、施工记录等不同净距下的施工对策,其划分的范围、规定的净距、提出的措施对现在的研究仍具有一定的指导意义。

不同净距下施工相互影响范围划分　　　　表1-5

隧道位置的相互关系	隧道间距	接近度的划分
后行洞比先行洞高	$<1.0B$	限制范围
	$(1.0\sim2.5)B$	需注意范围
	$>2.5B$	无影响范围
后行洞比先行洞低	$<1.5B$	限制范围
	$(1.5\sim2.5)B$	需注意范围
	$>2.5B$	无影响范围

续上表

隧道位置的相互关系	隧道间距	接近度的划分
新建隧道在既有隧道的下方	<2.0B	限制范围
	(2.0~3.5)B	需注意范围
	>3.5B	无影响范围

注：B为隧道跨度。

国内对小净距隧道合理净距的研究始于20世纪80年代。朱敬民、王立维(1991)采用模型试验研究了双线隧道的围岩扰动范围；王景春(1995)通过现场测试与分析得出确定相近隧道中心距离的方法；李誉(1996)开展了近距离二线隧道开挖稳定性的动静力分析,提出解决分期修建近距离铁路隧道应注意的问题；吴焕通(2002)通过弹塑性有限元方式对广州地铁2号线不到1m的两站台间双洞隧道施工过程进行模拟分析,考虑了5种不同的开挖工法,同时对注浆土体与非注浆土体进行对比模拟分析,找到了合理的施工方法；刘明高(2007)在具体工程背景下研究了小净距隧道净距优化的问题；周惠(2014)探讨了小净距隧道最小净距的判断准则,得到不同围岩级别下隧道最小净距的合理值；王康(2017)对小净距隧道的施工方法进行了比选和优化,建立了合理净距优化准则；吕纪云等(2019)构建了互通式立交与隧道出入口位置的净距极限值判断方法；刘阳(2019)基于隧道开挖力学角度,分析了不同净距下小净距隧道开挖后的围岩应力、位移、塑性区分布、地面沉降；李松等(2019)考虑了不同跨度、埋深、高度和初始地应力等条件,对软弱围岩浅埋小净距隧道进行数值模拟,以中间岩柱塑性区是否贯通为判别标准,对小净距隧道合理净距影响因素进行了分析；唐启童等(2020)通过建立三维有限元数值模型,研究了不同净距下开挖形成毛洞后引起的地表沉降、洞周水平位移及米赛斯(Mises)等效应力的变化规律；陈皓等(2021)采用FLAC3D数值模拟分析了不同净距下Ⅳ级浅埋偏压小净距隧道中夹岩柱应力、应变特性,探讨了小净距隧道加固处理前后合理设计净距；毕玉(2022)利用三维有限差分软件建立不同净距工况的隧道模型,分析不同小净距隧道挖掘后的中夹岩柱周边围岩塑性区范围、相应位移与最大应力变化规律。

由于地下互通立交隧道的小净距段出现在分岔段、左右并行段、上下并行段,其小净距段的施工力学特性比普通双洞公路隧道的小净距段更为复杂,其合理净距也更有研究价值。

1.3.2 中夹岩稳定及加固研究

中夹岩在小净距隧道中有类似于中墙在连拱隧道中的作用,其稳定性在一定程度上体现了小净距隧道的稳定性。国外学者从理论分析角度对中夹岩受力特性进行了研究,并开展了对中夹岩加固技术的研究,主要采用的加固措施有注浆预加固、长锚杆及对拉锚杆加固。

近年来,中夹岩分析手段呈现出多样化的趋势。从中夹岩稳定性评价角度出发,戴安全等(2010)采用模糊数学方法建立了中夹岩稳定性评价模型。在数值模拟方面,田志宇、林国进(2012)根据四川小净距隧道的发展,提出了中岩墙的简化加固方法；刘富强(2012)研究了不同开挖方法、不同净距对中夹岩稳定的影响；朱桂春等(2013)分析了Ⅳ级围岩下中夹岩应力集中及塑性区分布情况。刘芸等(2013)将中夹岩柱分为中墙、上盘、下盘三个区域,并分别对不同区域的加固方案进行了对比研究;张顶立等(2016)采用双极坐标理论分析的方法,计算了中夹岩墙塑性区范围,给出了稳定性的判断方法;吴波等(2019)通过塑性区贯通、位移限值、不收敛三种判据,对中夹岩墙的稳定性进行了评判;丁玉仁(2020)对小净距隧道群开挖过程中的现场实测数据展开细致分析,重点关注中夹岩的水平位移规律;闫振虎等(2022)基于普氏平衡拱理论,提出了小净距隧道中夹岩柱上覆围岩压力计算公式,研究了小净距隧道上覆围岩压力影响因素。

目前国内部分小净距隧道对中夹岩的常用加固方式见表1-6,主要有超前预注浆加固和低预应力对拉锚杆加固。整体而言,现有的加固措施相对比较复杂且不经济,有必要对小净距隧道中夹岩的加固方法做进一步的优化研究。

国内小净距隧道对中夹岩常用的加固方式　　表1-6

隧道名称	最小净距(m)	围岩级别	中夹岩加固措施
宁波镇海招宝山隧道	3.5	Ⅲ、Ⅳ	极浅埋段预设铅垂向锚桩
都汶高速董家山隧道	3.7	Ⅱ~Ⅳ	预应力对拉锚杆
京福国道金旗山隧道	5.1	Ⅲ、Ⅳ	低预应力对拉锚杆
京福国道里洋隧道	5.9	Ⅱ、Ⅲ	局部长锚杆、地表深孔注浆
泉州市丰泽街隧道	6.4	Ⅳ	小导管注浆加固
井冈山市石狮隧道	8.2	Ⅲ~Ⅴ	预应力对拉锚杆加固

1.4 地下互通立交隧道运营通风技术发展概述

国内外城市地下公路隧道的运营通风方式主要包含自然通风、全射流纵向通风、竖井分段式纵向通风、半横向通风、全横向通风及组合式通风,概括起来可分为横向、纵向以及纵向-横向组合式三种。其中自然通风主要适用于隧道里程短、交通风流大的情况。当隧道跨度较大,车辆双向通行或自然风压不足时,需要基于风机布设,采用横向、纵向以及纵向-横向组合式进行机械通风。横向通风运行时,系统开启送排风道内轴流风机向隧道内进行送排风,该通风方式能够及时排出污染物,避免污染物沿隧道方向扩散流动,具有良好的通风排烟效果。以挪威的Aurland隧道、霍洋格隧道、Valderoy隧道,奥地利的阿尔贝格隧道、普拉布斯隧道,瑞士的Seelisberg隧道、哥特哈德隧道等为代表,欧洲山地分布的区域多采用横向式通风隧道。但横向通风需要布置送排风道,这就需要扩大隧道断面设计尺寸,从而导致工程建设成本及运营费用大幅度增加。纵向式通风由于施工造价低、施工技术难度小,得到了广泛应用,目前已经成为亚洲国家隧道通风的主流方法。以日本的关越隧道、新神户隧道、寒风山隧道,我国的秦岭中南山隧道、白云隧道、彭山隧道等为代表,均采用纵向通风方案。组合式通风方案多用于水下隧道,如我国的港珠澳海底隧道、上海长江隧道、武汉长江隧道、南京长江隧道等。

在我国,对于汇流和分流较多的复杂地下互通立交隧道网络而言,纵向通风方案往往作为首选的通风方案,其中通风网络中风量分配及风机选型、配置问题需要结合城市地下互通立交隧道结构特点以及通风网络计算分析进行优化设计。厦门钟鼓山—万石山地下互通立交隧道全长1498m,包含A、B、C三条匝道和6处分岔点,是我国修建的第一座大型地下互通立交隧道[图1-1a)];重庆朝天口两江隧道由嘉陵江隧道、长江隧道和望龙门隧道三座隧道及4条匝道组成[图1-1b)];南昌红谷过江通道作为国内内陆最长的沉管隧道,主线为双向六车道设计,包含多条匝道和主道,形成复杂的地下互通立交隧道[图1-1c)]。以上隧道均采用全射流式纵向通风方案,利用主道、匝道顶部布设的射流风机将污浊空气沿车流方向排出隧道。

a)厦门钟鼓山—万石山地下互通立交隧道效果图

b)重庆朝天口两江隧道平面示意图

c)南昌红谷过江通道效果图

图1-1 国内地下互通立交隧道案例

大型的地下互通立交隧道,各匝道、主隧道之间往往存在着复杂的汇流和合流,形成复杂的通风网络。现有规范仅对单管隧道进行通风计算,对于复杂的通风网络,规范中的理论计算已不适用,使得隧道内通风方案设计成为该领域研究的热点和难点。通过文献调研发现,针对地下互通立交隧道通风系统,我国学者初步开展了相关的理论、试验及仿真研究,主要研究目的是探明自然通风力、交通通风力及机械通风力对风网中各隧道段风量的影响规律及不同交通流状态下的通风控制,并以此为基础来确定地下互通立交隧道各段射流风机配置方案。相关研究主要聚焦在以下几个方面:通风网络理论,隧道整体及分岔部位风流流动规律,隧道内沿途阻力及局部阻力系数,分岔点风量、分流规律,风机风压折减系数及风机配置方案,隧道通风网络计算方法和软件开发,火灾通风方式等。

1.5 厦门海沧疏港通道及芦澳路工程概况

1.5.1 工程简介

1.5.1.1 工程背景

厦门海沧疏港通道工程西接海新路—疏港通道互通工程,向东延伸,设蔡尖尾山1号隧道下穿蔡尖尾山,而后设新桥水库大桥跨越新桥水库和柯坑水库泄洪道,之后设蔡尖尾山2号隧道下穿蔡尖尾山,其间隧道设置海沧疏港互通上跨芦澳路隧道,后上跨新阳隧道(原海沧隧道),路线于吴冠采石场西侧出隧道后,终点连接在建的马青路吴冠互通,路线全长5.307km,道路等级为城市快速路(结合一级公路),双向六车道,设计时速80km。

1号隧道全长120m,通过新桥水库大桥与全长4500m的2号隧道相连,1号隧道与芦澳路主线隧道无交叉关系,但是疏港通道主线2号隧道与芦澳路主线隧道于新美路节点设置芦疏互通立交一座,两条主线隧道形成互通关系后,必然与常规隧道建设有不同之处,即分岔隧道。

同时,在该互通处共布设4条匝道,为半互通形式,通过设置A、D两条匝道解决厦成高速公路与港区之间的交通转换,通过设置B、C两条匝道解决厦门本岛与港区之间的交通转换。地下互通立交隧道的主线与匝道分岔段具有一定的对称性,如2号隧道与A、D匝道的分岔段形成了特大跨度断面,同样2号隧道与B、C匝道的分岔段也形成了类似的特大跨度断面,如图1-2所示。分岔段的特大跨度断面是本工程的施工难点之一。隧道各段长度见表1-7。

图 1-2

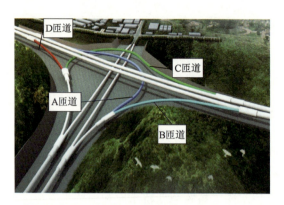

图 1-2　厦门海沧疏港通道与芦澳路地下互通立交工程示意图

隧道各段长度　　　　　　　　　　　　　　　表 1-7

隧道名称	长度(m)	隧道名称	长度(m)
疏港通道主线 1 号隧道左线	133	B 匝道隧道	743
疏港通道主线 1 号隧道右线	118	C 匝道隧道	2005
疏港通道主线 2 号隧道左线	4270	D 匝道隧道	476.5
疏港通道主线 2 号隧道右线	4280	芦澳路隧道左线	1300
A 匝道隧道	1602.36	芦澳路隧道右线	1305

1.5.1.2　工程地质条件

疏港通道 2 号隧道属特长隧道,穿越地层主要为花岗岩地层,进出口段地表分布第四系残坡积层,隧址区构造发育,位于大帽山-石峰岩断裂带,处于石峰岩断块上。在多期构造应力作用下,岩体节理、裂隙较发育,岩体较完整～破碎。研究区段岩石为燕山晚期酸性侵入岩,主要为燕山晚期第二次、第三次侵入花岗岩,属晚侏罗～早白垩世火山岩系,部分地区第四系发育。

隧址区地质条件整体较复杂,下面按隧道进出口、中部地段划分进行描述。

(1)隧道进口段穿越燕山晚期第二次侵入花岗岩,全风化～中风化,其中,中风化岩体较坚硬,因该段靠近大帽山-石峰岩断裂带,故节理、裂隙较发育,构造裂隙水也较发育,尤其是洞口浅埋段,岩体风化严重,风化厚度不均,地质条件差,施工中需要加强超前支护。

(2)隧道中部地段主要穿过中风化花岗岩地层,局部可遇岩脉发育,岩质坚硬。隧道位于大帽山石峰岩断裂带,该断裂带常见发育密集的压剪性节理、劈理,岩体或沿断裂贯入的石英脉被剪切成薄板状、页片状。花岗斑岩脉、基性岩脉、石英脉沿破碎带贯入,以石英脉最为发育,多平行断裂成群出现,或呈尖灭侧现、尖灭再现的形式展布,并见羽状分叉现象,表现出张剪性特点。构造发育地段岩体破碎,地下水发育,围岩稳定性差。其中,隧道分岔小净距段通过燕山晚期第二次侵入花岗岩地层,中粗粒结构,块状构造,以中风化为主,节理、裂隙较发育,部分裂隙填充石英脉,岩体较完整,地下水为岩裂隙水,主要赋存于花岗岩节理、裂隙中。

(3)隧道出口段主要穿过花岗岩地层,该段构造较发育,岩体较破碎～较完整。洞口浅埋段,因岩体风化破碎严重,故隧道围岩较破碎。隧道出口处,现为大型采石场;洞口边、仰坡为采石场开挖面,岩体破碎,因长期受爆破振动影响,造成岩体松动,坡体极易发生崩落(塌),施工时应重点对该洞口边、仰坡进行加固处理。

不良地质条件方面,一是现场花岗岩不均匀风化,存在差异风化现象,主要表现为残积层中存在强风化、微风化花岗岩及全、强风化花岗岩中存在中等风化花岗岩和微风化花岗岩,易导致断桩、不均匀沉降等问题;二是由于花岗岩风化程度不均、风化层厚度不均,遇降雨或施工开挖,极有可能发生危岩下坠、落石,长期受爆破振动影响,岩体松动,极易崩落,易形成坍塌现象。在工程施工和线路运营过程中易导致施工困难(断桩、增加施工成本)、上部结构失稳(不均匀沉降)等问题。

整体而言,疏港通道2号隧道进、出口段覆盖层为第四系坡残积层及全风化~强风化岩层,岩土层强度较低,稳定性差,洞口施工时易发生局部坍塌,围岩级别以Ⅴ级为主。在隧道洞身区段,围岩级别主要以Ⅲ、Ⅳ级为主,在构造发育地段围岩级别为Ⅴ级,一般无自稳能力,在施工过程中易造成坍塌失稳,疏港通道2号隧道出口段工程地质情况如图1-3所示。

图1-3 疏港通道2号隧道出口段工程地质情况

1.5.1.3 水文地质条件

地表水方面,沿线水系较为发育,为雨源型山溪性河流,水塘、水库零星分布,主要有新桥水库、柯坑水库、高山水库、三魁岭水库,均发源于中部丘陵区,流程短、径流小,自成水系入海。地表水的水量主要受季节降水影响,随季节变化大,水位受降水影响,暴涨暴落。

地下水方面,地下水主要赋存于坡积、冲积层中,丘陵区断裂带为潜在的赋水区,对工程有影响的地下水主要在冲积层及部分构造储水带中。地下水埋藏较浅,一般为1.0~5.0m。隧道现场的地下水类型主要有三类:孔隙潜水、孔隙裂隙水和基岩裂隙水。孔隙潜水受地形地貌及覆盖层性质影响,主要为雨水补给,花岗岩风化不均匀,雨水补给及时,孔隙水聚集易造成局部滑坡、坍塌。隧道沿线存在着新桥水库、柯坑水库、高山水库、三魁岭水库,均发源于中部丘陵区,水库蓄水可能会对隧道施工造成一定的影响。

整体而言,沿线分布的地表水虽然比较丰富,但对隧道现场建设活动影响相对较小,地下水在断裂构造带较发育,隧道地层岩性较单一,同类地层降水入渗系数差别不大,地下水主要赋存在构造裂隙中,隧道位于大帽山-石峰岩断裂带,穿越多条平推断层,岩体裂隙发育,具有较好的下渗条件,故容易通过构造裂隙形成排水通道造成涌水,隧道现场掌子面如图1-4所示;同时,按环境类型(Ⅱ类)水介质对混凝土结构腐蚀性评价,隧道工程场地地下水具有微腐蚀性。

图1-4 海沧疏港通道2号隧道现场掌子面情况

1.5.1.4 远期交通量预测

疏港通道—芦澳路互通立交工程远期(2040年)交通量和各类车型通行量占比预测结果见图1-5、表1-8、表1-9。

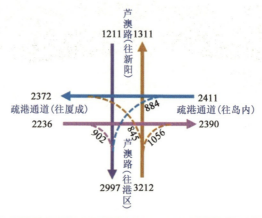

图1-5 疏港通道—芦澳路互通立交工程远期(2040年)交通量预测结果图(单位:pcu/d)

疏港通道—芦澳路互通立交工程各路段远期(2040年)交通量预测结果 表1-8

道路名称	路段	方向	2040年交通量预测值(pcu/d)
疏港通道	起点至疏港通道与芦澳路立交	东至西	2372
		西至东	2236
	疏港通道与芦澳路立交至吴冠互通	东至西	2411
		西至东	2390
芦澳路	起点至疏港通道与芦澳路立交	北至南	2997
		南至北	3212
	疏港通道与芦澳路立交至终点	北至南	1211
		南至北	1311

隧道线路各类车型远期(2040年)通行量占比预测值　　　表1-9

隧道线路	柴油车占比					汽油车占比			
	集装箱	中货车	大货车	大客车	拖挂车	小客车	小货车	中货车	大客车
主线	0.4%	12.1%	17.5%	2.5%	1.5%	30%	24.1%	9.9%	2.0%
匝道	0.4%	12.2%	17.4%	2.5%	1.5%	29.9%	24.2%	9.9%	2.0%

1.5.1.5　气象及环境特征

隧址区域气候温和,年平均气温约21℃,冬无严寒,夏无酷暑。夏季通风室外温度31.3℃,平均风速3.1m/s;冬季室外温度12.5℃,冬季平均风速3.3m/s。隧址区域夏季盛行偏南风,冬季盛行偏北风。夏季大气气压994.5hPa,冬季大气气压1006.5hPa。其中夏季风主要来自海洋,海面上空气受污染较小且湿度大,加之温度较高、风速较大,对隧道洞口污染物的扩散有利,而冬季,厦门市主导的风来自内陆,空气质量较为污浊且干燥,温度较低、风速较小,不利于污染物的扩散。

城市区域内主要的污染型重工业企业如发电厂、钢铁厂等大多集中在海沧区及集美区南部。大量化石燃料的燃烧不仅产生大量的大气颗粒物和SO_2等污染气体,而且污染气体进入大气中也会进行复杂的二次转化,从而进一步加重该地区的空气污染。

1.5.2　工程难点

1.5.2.1　开挖断面大

该工程分岔段特大断面隧道施工中,隧道由3车道经5次逐步加宽到"3+2"车道,最大断面开挖净跨度达30.51m,如同横着放的鸡蛋,矢跨比较大,最大开挖断面面积达421.7m^2,相当于一个标准篮球场大小,是亚洲跨度最大的公路隧道,隧道建成后实景如图1-6所示。

图1-6　分岔段5车道特大断面隧道实景

1.5.2.2　隧道净距小

B、C匝道与右、左线主隧道交汇处由喇叭口大断面隧道、小净距隧道组成。其中小净距隧道段主隧道和匝道段最小净距为1.22m,爆破精度需求高。

当隧道间距小时,隧道的振动速度会很大,需要严格控制爆破参数,保证振动速度不会超标。隧道爆破开挖引起的振动势必对相邻隧道、小净距隧道产生较大影响,因此施工中必须采取中夹岩墙加固措施,保证隧道施工安全。

1.5.2.3 施工工法多

分岔段隧道断面变化多,开挖工法多,开挖工法包含两台阶、三台阶、单侧壁八步、双侧壁十步,工艺转换频繁,工法转换难度大。

1.5.2.4 变截面大跨度二次衬砌施工难度高

隧道主线由 3 车道经 5 次变截面转换至匝道分岔段中,断面轮廓宽度由 14.45m(3 车道)→16.2m(FC1)→18.2m(FC2)→21.45m(FC3)→24.95m(FC4)→28m(FC5)逐步扩大,断面变化多,特大跨变截面公路隧道对二次衬砌施工工艺及施工资源配置要求高,施工难度大。

1.5.2.5 运营通风及火灾排烟设计难度大

厦门海沧疏港通道—芦澳路城市立交互通隧道匝道多,分流、汇流节点多,单个通风区段的长度大。工程共有 4 条相互连通的匝道,多匝道的存在使得该隧道运营通风系统极易在分岔口处形成循环风,导致洞内新鲜风压减小,从而对主洞和匝道的通风效果均造成较大影响。

立交互通隧道 4 条匝道总共形成了 8 个风流的分流及汇流节点(图1-7),其中有 4 个分流节点、4 个汇流节点。使得其通风计算方法格外复杂,而目前也没有可供参考的城市地下立交互通隧道需风量控制标准。

图 1-7 节点风流分流、汇流示意图

疏港通道由 2 条主隧道和 4 条匝道组成,主隧道和匝道连通,形成了多个通风区段,需要将该隧道分成 16 个长短不等的区段,并对其进行通风设计。在 16 个区段中,长隧道占主要部分(长隧道 7 段,中长隧道 5 段,短隧道 4 段)。

由于上述工程特点,通风方案设计面临 3 个重难点,具体如下:

(1)缺少系统完整的地下互通立交隧道需风量计算方法

现有规范只对直管隧道或者简单分流、汇流给出了理论计算方法(图1-8),而该工程存在二次分流(图1-9)的形式(箭头表示通风的流向),从而使得现有规范不再适用于此类隧道通风设计。

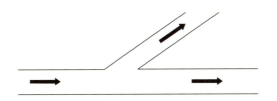

图 1-8 现有规范计算示意图

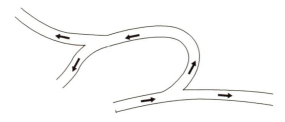

图 1-9 该工程分流回路示意图

多隧道立体交叉通风方案的选择没有统一的标准,由于该工程匝道数量多且长(图 1-10),风流连通性形成了多个长隧道及特长隧道,各匝道和主隧道的通风方式的适用性有待明确。目前无相关工程实例可以借鉴。

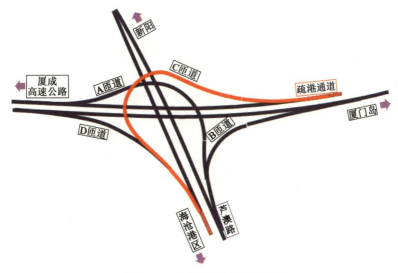

图 1-10 立交隧道网络示意图

考虑到隧道通风网络的复杂性,对其进行通风网络的绘制,如图 1-11 所示。该网络有别于一般隧道的主要特征,匝道的存在形成了多个分、合流节点,而目前并无针对有匝道隧道的网络通风解算方法。

通风设计的主要目的是将隧道内有害气体、烟雾、余热等排出洞外并引入新鲜空气。项目通风设计主要是将一氧化碳、烟尘浓度等指标通过通风引入新鲜空气稀释降至许可范围。

(2)地下互通立交隧道风机方案的确定。

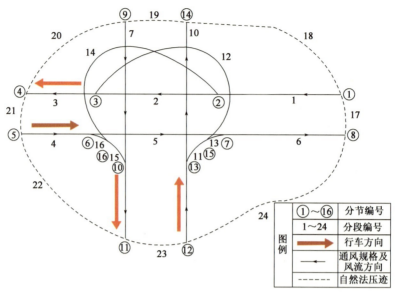

图 1-11　通风网络

在通风网络计算分析的基础上,结合风机升压力及数量的计算结果,如何确定射流风机、轴流风机配置形式和位置布设是风机设计的难点。需要针对主线隧道及匝道具体线形,开展风机升力、位置、数量与风量之间的规律研究,确定风机规格、位置、数量等设计参数。

(3)地下互通立交隧道火灾通风及应急疏散设计方法。

我国大量主线隧道和匝道均采用纵向式通风方式,如何进行火灾的烟气控制成为设计的难点。需要基于匝道隧道烟气蔓延规律的研究,探索复杂匝道隧道烟气控制的方法,确定排烟方案和排烟阀的设计参数,进而为风机配置提供依据。

另外,需要基于人员安全疏散原则,根据火灾烟气蔓延的规律以及隧道内人员疏散的行为规律,给出多匝道隧道人员疏散的设计参数建议值。

第 2 章

特大跨度分岔隧道施工力学分析

2.1 工程概况

疏港通道 K2+160~K3+580 施工段匝道从主洞 4 车道分岔出"3+2"条车道,主洞隧道与匝道隧道平交口分岔部分采用分段逐步扩大形式,断面轮廓宽度由 17.5m(4 车道)→18m(FC2)→20.75m(FC3)→24.25m(FC4)→27.35m(FC5)逐步扩大,最大开挖净跨度达到 30.51m。隧道加宽段起讫里程为:

(1)左线:ZK2+222~ZK2+665,长 443m。

(2)右线:YK2+343~YK2+622.5,长 279.5m。

隧道从 4 车道变为"3+2"条车道共分为 4 次加宽,分别为加宽 0.5m、2.75m、3.5m、3.1m,每次加宽为突变,在施工过程中增加了开挖和二次衬砌的施工难度。分岔隧道段三维示意如图 2-1 所示。

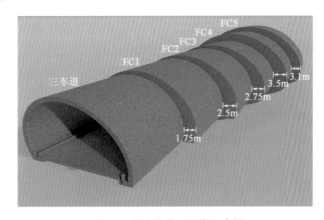

图 2-1 分岔隧道段三维示意图

隧道穿越地层为中风化花岗岩,属原岩花岗结构,块状构造,节理、裂隙稍发育,裂隙面以闭合状为主,岩体较破碎,岩芯多呈柱状,含少量短柱、碎块状,岩芯采取率(TCR)为 80%~90%,岩石质量指标(RQD)为 60%~75%,锤击声脆、不易碎,属较硬岩,岩体基本质量等级为Ⅳ级。

主洞内分岔段衬砌类型为 FC4FⅢ、FC5FⅢ型,采用双侧壁导坑九步法施工,并且要求在辅助施工措施完成并达到强度后进行,一次开挖进尺为 0.5m。FC5FⅢ型双侧壁导坑法施工段是该工程跨度最大的区段,长度为 52.5m,具有典型的研究意义。本章节研究对象选取疏港通道主线 2 号隧道左线分岔段的大断面段,标段为 ZK2+620~ZK2+665,编号为 FC5FⅢ型,长 45m。

岩石一般比较硬且强度较大。岩石的材料行为与土有很大差别:一方面,岩石的刚度几乎与应力水平无关,可将岩石的刚度看作常数;另一方面,应力水平对岩石的(剪切)强度影响很大,可将岩体看作一种摩擦材料。第一种方法可以通过莫尔-库仑(Mohr-Coulomb)破坏准则模拟岩石的剪切强度。但是考虑到岩石所经受的应力水平范围可能很大,由莫尔-库仑模型所得到的线性应力相关性通常是不适合的。第二种方法,通过德鲁克-普拉格(Drucker-Prager)准则模拟岩石的剪切强度,然而 Drucker-Prager 准则破坏面在轴对称情况下往往是很不准确的。第三种方法,采用霍克-布朗(Hoek-Brown)模型模拟岩石和岩体的剪切强度,霍克-布朗破坏准则是一种非线性强度近似准则,在其连续性方程中不仅包含剪切强度,也包括拉伸强度,而且参数容易获得,通过岩石三轴试验确认完整岩石参数后,再通过查表获得岩体的强度参数。综上所述,本章研究选择使用霍克-布朗本构模型进行超大断面隧道的围岩数值模拟。

现有大多文献侧重于数值模拟建模,鲜有对围岩的本构模型及参数的选取进行深入研究的。要想做到定量和定性分析,用来描述岩石物理和力学属性的本构模型及其参数选取尤其重要。

本章基于霍克-布朗模型的优越性及其参数确定的便利性,针对硬质围岩,开展基于霍克-布朗本构模型的超大断面双侧壁导坑法施工过程精细化数值模拟分析技术,研究隧道掘进设计的安全性和经济性,为工法选取和优化提供参考。具体如下:

(1)采用岩石取芯进行三轴试验,获得完整岩石的强度变化试验曲线,通过霍克-布朗模型和莫尔-库仑模型分别与之拟合。通过对比研究给出本构模型选取建议。

(2)综合地勘报告对中风化花岗岩的描述以及本项目施工方案,确定岩体的霍克-布朗模型参数,并将模拟结果与采用莫尔-库仑模型的结果进行对比。

(3)采用 PLAXIS 3D 软件,建立隧道开挖与支护模型,进行施工过程模拟,获得超大断面隧道围岩应力释放与支护结构变形及内力规律,分析隧道的施工力学规律。

(4)根据实测的"围岩与支护间压力""钢支撑内力",提出进一步优化初期支护及临时支护参数的建议,例如扩大临时支撑间距、增大钢拱架间距、减小喷射混凝土的强度和厚度等。

(5)对照《公路隧道设计规范 第一册 土建工程》(JTG 3370.1—2018)、《公路隧道施工技术规范》(JTG/T 3660—2020)等隧道设计及施工规范,对类似硬岩大断面隧道提出支护参数建议及开挖工法优化建议。

2.2 霍克-布朗模型参数

霍克-布朗模型(Hoek-Brown model,简称 HB 模型),采用最大主应力和最小主应力的关系式来表述岩石的强度,一共有 8 个输入参数(表2-1),根据霍克-布朗模型的理论公式即可换算获得岩体的主要固有参数(表2-2)。

霍克-布朗模型参数表 表 2-1

参数	名称	单位
E_{rm}	岩体弹性模量	kN/m²
ν	泊松比	—

续上表

参数	名称	单位
$\lvert\sigma_{ci}\rvert$	完整岩石单轴抗压强度	kN/m²
m_i	完整岩石参数(脆性系数)	—
GSI	地质强度指数	—
D	扰动因子	—
ψ_{max}	剪胀角(围压为零)	°
σ_ψ	围压(剪胀角为零)	kN/m²

岩体的固有参数 表2-2

参数	名称	单位
m_b	岩体参数	—
s	岩体参数	—
a	岩体参数	—
σ_t	岩体拉伸强度	kN/m²
σ_c	岩体单轴抗压强度	kN/m²

(1)岩体弹性模量(E_{rm})

弹性模量可以通过岩石样品的单轴抗压强度试验或直接剪切试验来测量,但该模量更适用于完整的岩石材料,因此应降低该模量,以获得原位岩体的代表性刚度。岩体弹性模量 E_{rm} 假设为所考虑岩层的常数值,可以通过一个建议的经验公式来估算,见式(2-1)。

$$E_{rm} = E_i \left[0.02 + \frac{1 - \dfrac{D}{2}}{1 + e^{(60+15D-\mathrm{GSI})/11}} \right] \qquad (2-1)$$

式中:E_i——完整岩体的变形模量。

(2)泊松比(ν)

泊松比 ν 的范围一般为 0.1~0.4,可查表获得,也可通过岩石三轴试验测量获得。

(3)完整岩石单轴抗压强度(σ_{ci})

完整岩石的单轴抗压强度可通过试验(如三轴试验或者单轴抗压强度试验)获得。室内试验试样一般为完整岩石,因此遵循 GSI = 100,$D = 0$。

(4)完整岩石参数(脆性系数)

完整岩石参数为经验模型参数,取决于岩石类型。

(5)地质强度指数(GSI)

GSI 是基于节理特征和风化程度的岩石地质强度指数。

(6)扰动因子(D)

扰动因子取决于施工力学过程的爆破或开挖对岩石的扰动程度。没有扰动则 $D = 0$,剧烈扰动则 $D = 1$。

2.3 岩石试验与参数比选

2.3.1 岩石力学特性室内试验

2.3.1.1 花岗岩岩样制备过程

原岩为工程上一整块完整花岗岩块体,原岩经采集后需要进入第一道工序——采集岩芯。本试验岩芯采集设备使用 SC-200 型岩芯钻取机,设备如图 2-2a)所示。

  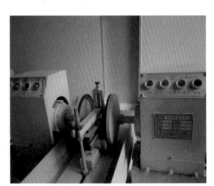

a)SC-200型岩芯钻取机　　　b)SCQ-1A型台式切片机　　　c)SCM-200型双端面磨平机

图 2-2　制备岩芯所需设备

该岩芯钻取机额定功率 3kW,采集的岩芯直径取决于取芯管内径,可取岩芯直径范围为 25~100mm,取芯长度最大值可达 300mm。钻芯机取芯速率可在 1~50 单位内改变,根据所取材料的软硬程度相应改变取芯速率,软岩取芯速率可以适当增大。由于花岗岩属于硬质岩石,为使取芯管较少磨损,取芯速率设在 3 个单位。

为使采集的岩芯尽可能与岩石的原始状态保持一致,钻取岩芯均从同一块结构完整大岩块的相邻部位取出,对所取的岩芯通过肉眼观察,剔除具有明显的宏观裂纹和节理裂隙缺陷的岩芯。岩芯在切割和磨平过程中也应极力避免岩样中产生裂纹,在加工过程中产生裂纹的岩样需要剔除。

完成岩样采集工序后,采集的岩芯进入第二道工序——岩芯切割。切割机采用 SCQ-1 A 型台式切片机,设备如图 2-2b)所示。用岩芯钻取机获得花岗岩岩芯后,再用该设备对花岗岩岩芯进行切割工序。该切片机刀盘直径为 250mm。岩芯切割过程中,刀片会产生大量的摩擦热从而导致刀片损坏,因此在切割过程中需用水对刀片进行冷却降温,以减小刀片的损耗。

经过完成切割工序的花岗岩芯试样直径为 50mm,长度为 101mm。因岩芯在工作平台不可能完全与切割机刀片垂直,故完成切割工序后的岩芯两端面存在不平行的现象,所以岩芯还需要在刚性打磨机上进行磨平处理。打磨机采用 SCM-200 型双端面磨平机。该磨平机最大的工作长度为 1500mm,磨平机可选择全自动及半自动两种操作方式。SCM-200 型双端面磨平机及岩样磨平过程如图 2-2c)所示。

制作岩样的方法按照国际岩石力学学会(ISRM)试验规程的建议方案,原岩在经过取芯机取芯、切割机切割、磨平机打磨工序后,最终制得直径为50mm、高径比为2∶1的圆柱体岩样,确保岩样的两个端面不平整度在0.05mm之内。在进行加载试验之前观察岩样外观,确保岩样不存在节理和裂隙等弱面,避免由于岩样的宏观差异性而对试验结果造成较大影响。制备得的岩样如图2-3所示。

2.3.1.2 质量及尺寸测定

原岩经过取芯、切割、端面磨平步骤,再进行预制裂隙处理后,则试验需用的岩样制备工作已完成。在试验加载之前,还需要对岩样的基本物理量(质量、尺寸)进行测定。

图2-3 制备的花岗岩样

通过岩样的直径和高度计算出每个岩样的体积,最后基于量积法通过公式计算出岩样的密度。试验质量测定电子天平精度为0.01g,尺寸测定游标卡尺精度为0.02mm。

岩样体积及密度计算式如下:

$$V = \frac{\pi}{4}D^2H \tag{2-2}$$

$$\rho = \frac{M}{V} \tag{2-3}$$

式中:D——岩样直径(mm);

H——岩样高度(mm);

V——岩样体积(mm^3);

M——岩样质量(g);

ρ——岩样密度(g/cm^3)。

2.3.1.3 三轴试验

试验采用MTS815型岩石三轴电液伺服试验控制系统,如图2-4所示。

a)三轴试验机　　　　b)加载平台

图2-4 MTS815型岩石三轴电液伺服试验控制系统

该系统拥有独立控制轴向加载、围压加载和渗透压加载设备,可提供的最大轴向力为4600kN,可施加的最大围压值为60MPa。试验过程中,采用压力传感器控制轴向荷载施加;而岩样的轴向和环向变形分别由轴向变形计及链式环向变形计测得,它们的工作量程分别为

4mm 和 2mm。试验步骤如下：

（1）将岩样置于上下承压头之间，并在岩样与上下承压头间放入用于减小端部效应的刚性垫块，保证上下承压头、刚性垫块、岩样竖直对正。

（2）套入热缩管，热缩管长度足以覆盖岩样、刚性垫块及部分承压头，用热风枪固紧。

（3）安装好轴向和环向位移传感器，并将安装好的岩样置于试验机加载底座上，固紧螺栓并开始试验。

试验机可完成单轴、三轴、峰后卸围压、蠕变等复杂应力路径下的压缩试验，并在加载过程中自动监测并采集数据。

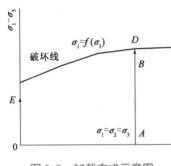

图2-5 加载方式示意图

试验加载路径如图2-5所示。

路径1：OE 为单轴压缩加载路径。加载方式采用位移控制，以环向变形速率0.0001mm/s加载，至试样破坏结束试验。

路径2：常规三轴加载路径 $OABD$。控制方式和单轴相同，在轴力加载之前先缓慢施加静水压力达到初始围压设定值5mPa 或 10mPa，之后保持围压值不变，以环向变形速率0.0001mm/s加载至岩样破坏为止。

不同围压条件下的极限轴向应力，按式（2-4）计算，其中一组试验典型得到的计算结果见表2-3。

$$\sigma_1' = \frac{F}{S} \tag{2-4}$$

式中：σ_1'——极限轴向应力（MPa）；

F——轴向破坏荷载（N）；

S——试件横截面积（mm²）。

三轴压缩试验数据汇总（单位：MPa） 表2-3

试样	围压 σ_3'	极限轴向应力 σ_1'	$\dfrac{\sigma_1' - \sigma_3'}{2}$	$\dfrac{\sigma_1' + \sigma_3'}{2}$
1	0	118.70	—	—
2	3	239.63	117.32	122.32
3	5	262.22	128.61	133.61
4	10	315.71	155.36	160.36
5	15	373.54	184.27	189.27

由表2-3可知，在有围压的情况下，随着围压增大，岩石试样极限轴向应力也随之增大。

通过试验得到试样单轴抗压强度为118.7MPa。以 $\dfrac{\sigma_1' - \sigma_3'}{2}$ 为纵坐标、$\dfrac{\sigma_1' + \sigma_3'}{2}$ 为横坐标，将试件2~5的极限轴向应力点绘制在直角坐标系中，后利用图解法绘制最佳关系曲线，在最佳关系曲线上选取4个点，如图2-6所示。所选取的数值见表2-4。

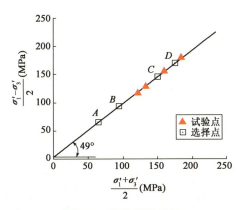

图 2-6 最佳关系曲线

最佳关系曲线上选取点数据（单位：MPa）　　　表 2-4

选取点	$\dfrac{\sigma'_1 - \sigma'_3}{2}$	$\dfrac{\sigma'_1 + \sigma'_3}{2}$
A	64	65
B	94	95
C	146	150
D	170	175

以每个点的 $\dfrac{\sigma'_1 + \sigma'_3}{2}$ 为圆心，以纵坐标 $\dfrac{\sigma'_1 - \sigma'_3}{2}$ 为半径，在剪应力 τ 与正应力 σ 坐标图上绘制莫尔应力圆，并作莫尔应力圆的包络线，如图 2-7 所示。读取包络线在纵向轴上的截距和与横向轴之间的夹角，即可获得岩石黏聚力和内摩擦角。由图 2-7 可知，岩石的内摩擦角为 59.9°，黏聚力为 23.38MPa。

为便于观察对比，选取在 0MPa、5MPa、10MPa 下的试样绘制其应力应变曲线，并观察其破坏模式。以轴向应变值 ε_{as} 为横坐标，应力差 $(\sigma'_1 - \sigma'_3)$ 为纵坐标，绘制试样1、试样3、试样4 的应力-应变关系曲线，如图 2-8 所示。

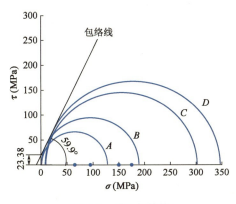

图 2-7 莫尔包络线

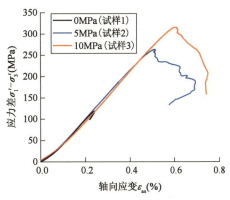

图 2-8 0~15MPa 下试样应力差-轴向应变关系曲线

由图 2-8 可以看出,随着围压的增大,岩石试样峰值强度逐渐增大,超过峰值强度后,此时岩石试样内部裂隙继续发展,最后可以观察到峰值强度后的残余应变和残余强度曲线。同时可知,在无围压情况下,试样峰值强度远低于有围压的试样,岩石试样应力-应变曲线几乎为直线,说明无围压的情况下几乎不存在塑性状态。以上分析说明该工程花岗岩是弹脆性岩石,且岩石处于三向受力状态时的强度和稳定性远高于双向受力状态,因此应重点关注隧道施工时围岩是否及时处于三向受力状态。

图 2-9 所示为 3 个试样对应的裂隙发展形态,其裂纹均是较为典型的破坏形式。

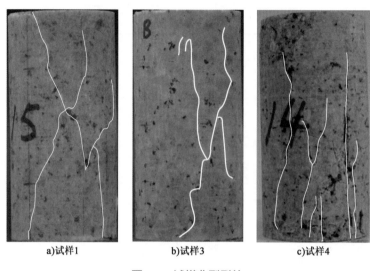

a) 试样1　　　　b) 试样3　　　　c) 试样4

图 2-9　试样典型裂纹

由图 2-9 可以看出,试样 1 破坏主要呈拉剪混合式破坏,随着加载的不断进行,微裂纹在岩样内部强度较低胶结出萌生微裂纹,围压作用抑制岩样侧向变形,此时微裂纹沿着轴向方向呈一定角度贯通扩展形成剪切裂纹,峰值强度后随着加载的进行,此时岩样内部产生沿着轴向方向贯通的劈裂裂纹。试样 3 以张拉裂纹为主并有剪切裂纹,呈现为劈裂破坏与剪切混合式破坏。试样 4 破坏主要为劈裂贯通破坏,初始阶段岩样内部那些强度较低的胶结体处出现微裂纹,随着加载的进行,微裂纹沿着加载方向发展并贯通,最终导致岩样失稳破坏。

2.3.1.4　试验参数分析

在纵向应变与应力差的关系曲线上,确定直线段的起始点应力值和纵向应变以及终点应力值和纵向应变。该直线段斜率为弹性模量,按式(2-5)计算;对应的弹性泊松比按式(2-6)计算。

$$E_e = \frac{\sigma_b - \sigma_a}{\varepsilon_{ab} - \varepsilon_{aa}} \tag{2-5}$$

$$\mu_e = \frac{\varepsilon_{cb} - \varepsilon_{ca}}{\varepsilon_{ab} - \varepsilon_{aa}} \tag{2-6}$$

式中:E_e——岩石弹性模量(MPa);

μ_e——岩石弹性泊松比;

σ_a——应力与轴向应变关系曲线上直线段起始点的应力值(MPa);

σ_b——应力与轴向应变关系曲线上直线段终点的应力值(MPa);

ε_{ab}——应力为 σ_b 时的纵向应变值;

ε_{aa}——应力为 σ_a 时的纵向应变值;

ε_{cb}——应力为 σ_b 时的横向应变值;

ε_{ca}——应力为 σ_a 时的横向应变值。

通过以上公式可计算出岩石弹性模量与泊松比,全部试验结果汇总见表2-5。由表可以看出,花岗岩试样弹性模量与围压呈正相关。

三轴压缩强度及变形试验结果汇总表　　　　表2-5

试样	密度(kg/m³)	平均密度(kg/m³)	围压(MPa)	轴向极限抗压强度(MPa)	弹性模量(MPa)	泊松比
1	2550.1	2643.3	0	118.77	49590.61	0.2
2	2659.2		3	239.63	50149.22	0.22
3	2725.1		5	262.22	51063.03	0.26
4	2654.7		10	315.71	52327.02	0.23
5	2687.4		15	373.54	52339.54	0.24

2.3.2 有限元围岩模型及参数比选

采用有限元进行岩石工程分析时,常用岩石本构模型有莫尔-库仑模型、霍克-布朗模型、德鲁克-普拉格模型等,结合本次科研依托项目条件,考虑分别采用莫尔-库仑模型和霍克-布朗模型进行数值模拟拟合岩体力学行为,首先初步确定两种本构模型的参数,然后通过数值分析结果与实测的结果,评估适合本工程的本构模型及参数。

2.3.2.1 岩体模型参数的确定

(1)完整岩体的参数

根据三轴试验结果,可以获得莫尔-库仑模型和霍克-布朗模型的参数,见表2-6。

完整花岗岩岩体参数　　　　表2-6

参数	莫尔-库仑模型	霍克-布朗模型
重度 γ(kPa)	26.4	26.4
弹性模量 E(MPa)	49590.61	49590.61
泊松比 ν	0.2	0.2
黏聚力 c(kPa)	23380	—
内摩擦角 φ(°)	59.9	—
单轴压缩强度$|\sigma_{ci}|$	—	118.77
GSI	—	100
m_i	—	80

注:GSI = 100 表示完整岩石;m_i 为拟合完整岩石采用的试算参数。

(2)岩体模型的参数

采用莫尔-库仑模型模拟岩体,录入莫尔-库仑模型的相关参数(弹性模量、泊松比、黏聚力、内摩擦角),主要参数均需在勘察报告的基础上进行经验调整得到。

采用霍克-布朗模型模拟岩体,则有一套根据围岩的完整程度和质量给出的计算公式和经验参数,其中 E_{rm} 参数根据式(2-1)计算而得。

对于地质强度指数 GSI,由于本项目双侧壁导坑工法段穿越中风化和微风化花岗岩,中风化岩和微风化岩的 GSI 取值范围为 55~85,该段 GSI 可取平均值 70;施工采用精细化的爆破方案,视为对围岩无明显扰动,因此,$D=0$。

完整岩石参数 m_i,当围压 $\sigma_3=0$ 时,$m_i=\sigma_c/\sigma_t$。绝大部分试样抗压强度与抗拉强度的比例关系约为 10,因此,取 $m_i=10$。具体参数见表2-7。

中风化花岗岩岩体参数 表2-7

岩体参数	单位	莫尔-库仑模型	霍克-布朗模型
重度 γ	(kPa)	24	24
弹性模量 E	(MPa)	10000	36970
泊松比 ν	—	0.25	0.22
黏聚力 c	(kPa)	2000	—
内摩擦角 φ	(°)	50	—
单轴压缩强度 $|\sigma_{ci}|$	(MPa)	—	118.77
GSI	—	—	55/70/85
m_i	—	—	10
D	—	—	0

2.3.2.2 本构模型对比分析

模拟采用 Plaxis 自带的数值土工实验室,可用于将岩土本构模型和岩土参数的行为与从现场勘察获得的试验数据进行比较。

(1)本构模型对岩石应力-应变的影响

数值土工实验室采用霍克-布朗模型对完整岩石进行三轴压缩试验,围压分别取 0MPa、5MPa 和 10MPa,应力-应变曲线如图 2-10a)所示,获得对应的强度为 119MPa、248MPa 和 330MPa。

作为比较,采用莫尔-库仑模型对完整岩石进行三轴压缩试验,采用来自现实土工实验室测定的参数,围压分别取 0MPa、5MPa 和 10MPa,应力-应变曲线如图 2-10b)所示,获得对应的强度为 174MPa、238MPa 和 302MPa。

现实土工实验室测得花岗岩不同围压的应力-应变曲线如图 2-8 所示,围压取 0MPa、5MPa 和 10MPa 分别对应的抗压强度为 119MPa、262MPa 和 315MPa。

将现实土工实验室获得不同围压下的强度与霍克-布朗模型、莫尔-库仑模型拟合的强度进行对比,绘制曲线,如图 2-11 所示。由图可见莫尔-库仑模型强度随围压线性增长,与实测曲线不符合。另外,试验给出的莫尔-库仑模型强度参数是三个围压下的平均值,它导致低围压段(<5MPa)强度被高估,对于完整岩石的岩体隧道工程围岩稳定性分析是不安全的。霍克-布朗模型强度随围压非线性增长,与实测曲线具有相似规律;霍克-布朗模型可以较好地拟合完整岩石在不同围压下的抗压强度。

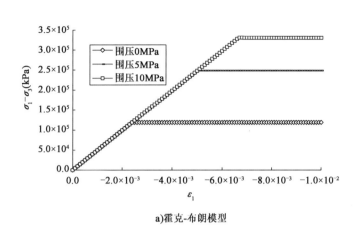

a) 霍克-布朗模型

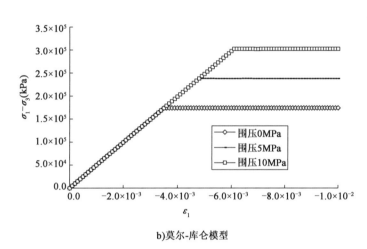

b) 莫尔-库仑模型

图 2-10 完整岩石三轴压缩试验应力-应变曲线

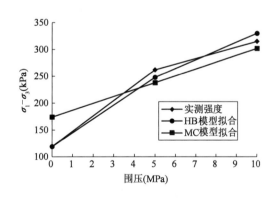

图 2-11 不同围压下抗压强度峰值对比曲线

综上所述，完整岩石三轴试验结果通过霍克-布朗模型可以进行高度的拟合。而莫尔-库仑模型强度随围压线性增长，拟合程度低且导致低围压段强度被高估，对于完整岩石的岩体隧道工程围岩稳定性分析是不安全的。

（2）围压对本构模型选择的影响

依托项目（埋深180m下的隧道开挖卸载）围岩围压应力水平，采用霍克-布朗模型进行三轴压缩试验时，试验围压分别取0kPa、500kPa和1000kPa，应力-应变曲线结果如图2-12a）所示，获得对应的强度为22.3MPa、26.5MPa和30.0MPa。

采用莫尔-库仑模型对岩体进行三轴压缩试验，采用表2-5参数，获得应力-应变曲线如图2-12b）所示。结果显示0kPa、500kPa和1000kPa围压下，岩体对应的强度分别为11.0MPa、14.3MPa和17.5MPa。

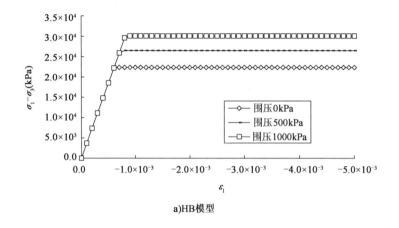

a) HB模型

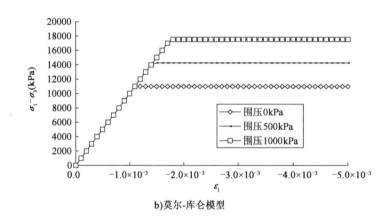

b) 莫尔-库仑模型

图2-12　岩体三轴压缩试验应力-应变曲线（数值土工试验）

对比两种模型拟合的强度结果，绘制曲线如图2-13所示。

从图2-13可以看出，莫尔-库仑模型的抗压强度在不同围压下，均与霍克-布朗模型下限取值相近，只有霍克-布朗模型中间取值的49.3%~58.3%，只有霍克-布朗模型上限取值的20%左右。

采用霍克-布朗模型具有数值模拟输入参数的较统一的标准。学者可以根据完整岩石抗压强度、风化程度、节理发育情况，输入较为明确的GSI和m_i等岩体参数。

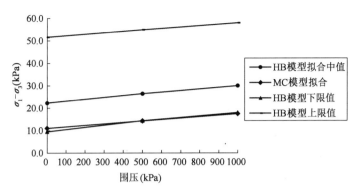

图 2-13 岩体不同围压下抗压强度峰值对比曲线

综上所述,采用莫尔-库仑模型进行岩体的数值分析模拟,强度参数取值困难又混乱,经验取值的偏保守往往导致围岩强度被低估,成为当前制约数值模拟精度的重要因素。本项目超大断面隧道工程段的围岩宜采用霍克-布朗模型,根据完整岩石抗压强度、风化程度、节理发育情况输入 GSI 和 m_i,可以大大提高模拟精度。

2.4 超大跨度隧道施工稳定性技术研究

2.4.1 施工方法

主洞内分岔段衬砌类型为 FC4FⅢ、FC5FⅢ型的超大断面隧道(最大跨度30m),采用双侧壁导坑九步法施工,并且要求在辅助施工措施完成并达到强度后进行,一次开挖进尺为0.5m。双侧壁导坑九步法开挖顺序如图2-14所示。

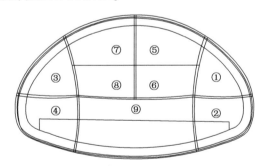

图 2-14 双侧壁导坑九步法开挖顺序示意图
①~⑨-开挖顺序编号

双侧壁导坑九步法施工步序为:

(1)开挖右侧导坑上台阶,右侧导坑上台阶施作初期支护(含第一、第二层初期支护)、临时支护。

(2)开挖右侧导坑下台阶,右侧导坑下台阶施作初期支护(含第一、第二层初期支护)、临时支护。

(3)开挖左侧导坑上台阶,左侧导坑上台阶施作初期支护(含第一、第二层初期支护)、临时支护。

(4)开挖左侧导坑下台阶,左侧导坑下台阶施作初期支护(含第一、第二层初期支护)、临时支护。

(5)开挖中部右上导坑,施作中部右导坑拱部初期支护(含第一、第二层初期支护)及中部上导坑临时支护。

(6)开挖中部右下导坑,施作中部右下导坑临时支护。

(7)开挖中部左上导坑,施作中部左上导坑初期支护(含第一、第二层初期支护)。

(8)开挖中部左下导坑,施作中部左下导坑临时支护。

(9)开挖中部导坑下台阶,施作中部导坑下台阶初期支护(含第一、第二层初期支护)。

开挖完成后,依次进行仰拱衬砌及仰拱回填,逐环拆除临时支护及临时仰拱(一次拆除长度小于1m),铺设排水盲沟及排水板,整体浇筑边墙及拱部二次衬砌。

2.4.2 三维数值模型设计

2.4.2.1 几何模型设计

选取标段 ZK2+620~ZK2+665(长45m,编号为 FC5FⅢ型)作为研究对象,创建三维隧道数值模型。

根据模拟分析需求,考虑左、右导坑前后距离、侧导坑台阶步距、侧导坑相对主洞的超前距离以及主洞台阶步距等因素,根据地质纵剖面图、钻孔柱状图等勘察资料进行适当简化建立均质单一围岩(命名"中风化花岗岩")的三维工程地质模型,如图2-15所示。模型尺寸为 X 向 × Y 向 × Z 向 = 100m × 80m × 70m。隧道左右两侧至模型侧边界水平距离各35m左右,沿深度方向(Z轴)隧道底部距离底边界20m,隧道顶部距离顶边界32m,模型上方覆盖围岩130m等效为3120kPa竖向荷载施加在模型顶部。

本研究主要针对九步法双侧壁导坑隧道掘进前后的围岩变形及初期支护受力进行分析。在抓住主要矛盾的前提下,尽量简化、剔除次要及微小因素的影响,以突出主要研究对象,提高计算效率,故对数值模型进行如下简化:

(1)采用均质单一地层进行建模分析,不考虑地质构造对地应力的影响。围岩属于弱透水和弱含水层,采用水土合算,不分开考虑水压力。

(2)模拟隧道总长度63m,每0.5m为一个开挖支护循环段长度,直至右上导洞开挖至63m,初期支护拆除长度达到5m。

(3)初期支护系统锚杆,主要用于加固开挖引起的破碎围岩,模型中通过维持系统锚杆作用范围内围岩的强度参数来模拟锚杆加固作用。

(4)钢拱架及喷射混凝土综合考虑,采用连续的板单元模拟实际厚度的 C25 混凝土初期支护,板内力结果可用于混凝土和钢拱架内力校验。

(5)边界条件假定设置:底部完全位移约束;顶部边界为自由;其他边界法向位移约束。

三维实体模型网格划分采用10节点高阶四面体单元,在初期支护及临时支撑结构附近加密网格,共划分373579个实体单元,541192个节点,如图2-16所示。

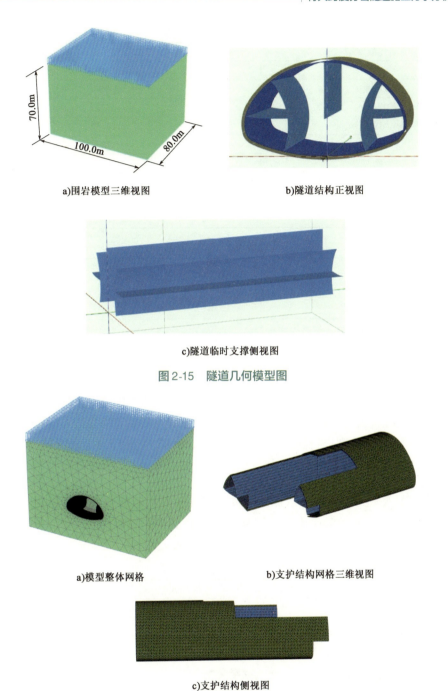

a)围岩模型三维视图　　　　b)隧道结构正视图

c)隧道临时支撑侧视图

图2-15　隧道几何模型图

a)模型整体网格　　　　b)支护结构网格三维视图

c)支护结构侧视图

图2-16　隧道有限元网格模型

2.4.2.2　模型参数

岩土体假定为弹塑性材料,中风化花岗岩采用霍克-布朗模型(HB)模拟,岩土体物理力学参数见表2-8。支护结构(板单元)参数见表2-9。此外,考虑到初期支护喷射混凝土与围岩的接触特点,认为两者紧密结合,不设置接触面。

中风化花岗岩岩体参数　　　　　　　　　　　表 2-8

岩体参数	单位	HB 模型(GSI=70)	HB 模型(GSI=55)
重度 γ	kPa	24	24
弹性模量 E	MPa	36970	36970
泊松比 ν	—	0.22	0.22
单轴压缩强度 $|\sigma_{ci}|$	MPa	118.77	118.77
GSI	—	70	55
m_i	—	10	10
D	—	0	0
单轴抗压强度	kPa	22320	9548
抗拉强度	kPa	1236	399

支护结构(板单元)参数　　　　　　　　　　　表 2-9

岩体参数	单位	初期支护厚度 0.46m	初期支护厚度 0.35m
重度 γ	kPa	24	24
弹性模量 E	MPa	28000	28000
泊松比 ν	—	0.2	0.2
厚度 d	m	0.46	0.35
屈服应力	MPa	25	25

为了研究岩体参数 GSI 的影响,结合上文研究成果,按照 HB 模拟推荐的中风化岩体 GSI 参数取 70,同时根据《公路隧道设计规范 第一册 土建工程》(JTG 3370.1—2018)推荐的强度参数拟合取低值 55,分别进行隧道开挖与支护动态模拟,并进行对比分析。

2.4.2.3 模拟方案

根据 FC5FⅢ型超大断面隧道双侧壁导坑九步法施工方案,9 个台阶按照相应步距进行同步开挖,一次开挖进尺为 0.5m。使用上述数值模型设置不同参数进行分析,共设置 4 个计算模型,具体设置见表 2-10。

参数变化模型设置　　　　　　　　　　　表 2-10

模型编号	GSI 值	初期支护厚度(m)	模型编号	GSI 值	初期支护厚度(m)
模型 1	70	0.46	模型 3	70	0.35
模型 2	55	0.46	模型 4	55	0.35

双侧壁导坑九步法各工序模型图如图 2-17 所示。

a)开挖右侧导坑上台阶　　　b)开挖右侧导坑下台阶　　　c)开挖左侧导坑上台阶

图 2-17

d) 开挖左侧导坑下台阶   e) 开挖中部右上导坑   f) 开挖中部右下导坑

g) 开挖中部左上导坑   h) 开挖中部左下导坑   i) 开挖中部导坑下台阶   j) 逐环拆除临时支护

图2-17 双侧壁导坑九步法各施工步序模型图

2.4.3 计算结果分析

2.4.3.1 围岩变形规律

模型1、模型2、模型3和模型4开挖至63m时,数值模型求解收敛,隧道处于整体稳定状态。

图2-18所示分别为模型1~模型4隧道围岩的竖向变形云图。

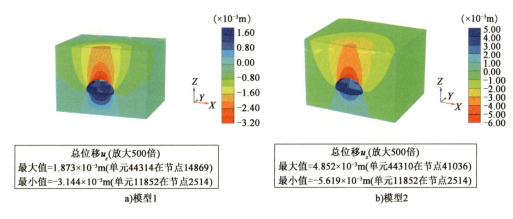

总位移 u_z (放大500倍)
最大值=$1.873×10^{-3}$m(单元44314在节点14869)
最小值=$-3.144×10^{-3}$m(单元11852在节点2514)

a) 模型1

总位移 u_z (放大500倍)
最大值=$4.852×10^{-3}$m(单元44310在节点41036)
最小值=$-5.619×10^{-3}$m(单元11852在节点2514)

b) 模型2

图 2-18

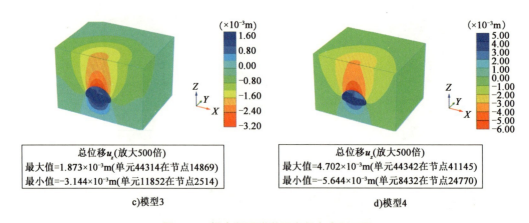

c) 模型3   d) 模型4

图 2-18　超大断面隧道围岩竖向变形云图

从图 2-18 可以看出，主洞开挖后拆除临时支撑的区域($y = 0 \sim 5$m)，由于隧道跨度较大，隧道顶部围岩竖向位移大幅增加，显著高于处于导洞开挖阶段区域($y = 15 \sim 63$m)。模型1、模型2、模型3 和模型4 的拱顶位置沉降最大，极值分别为 -3.144mm、-5.619mm、-3.148mm、-5.644mm。可见，围岩的强度取低值会使得隧道沉降显著增大，而初期支护厚度适当降低隧道沉降增大但不显著。

综上所述，岩体参数取低值、初期支护厚度进行优化情况下，本项目超大断面隧道开挖围岩基本稳定。围岩的强度取低值时隧道沉降显著增大，而初期支护厚度适当降低隧道沉降增大但不显著。此外，硬质围岩整体变形量较小，难以以位移监测作为风险预警依据。

2.4.3.2　围岩内力变化规律

超大断面隧道完成九步法开挖后拆除临时支撑，围岩在整个掘进历程中发生的塑性区以历史塑性点显示。图 2-19 所示为模型1~模型4 在典型剖面($y = 3$m)的历史塑性点。

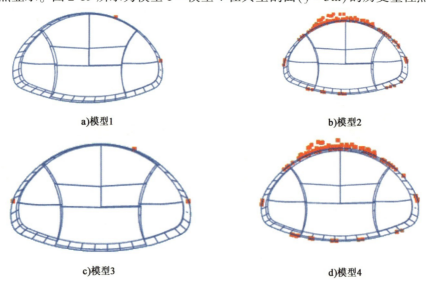

图 2-19　**历史塑性点**(剖面 $y = 3$m)

从图 2-19 可以看出,模型 1 和模型 3 尽管隧道初期支护厚度不同,但周边围岩均未发现塑性区,说明围岩有充足的自稳能力。模型 2 和模型 4(GSI=55)围岩强度较低,拱顶区域塑性区范围最大,其次为隧道侧壁,仰拱区域塑性区分布不显著。

HB 模型采用第一主应力极值表达岩体的强度[式(2-1)],围岩最大有效主应力云图如图 2-20 所示。

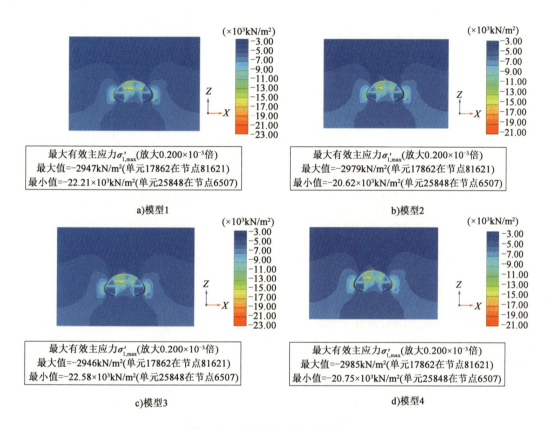

图 2-20 围岩最大有效主应力云图

从图 2-20 可以看出,HB 模型强度与应力相关,主要应力集中区域的强度都显著较高,其中,中部导坑左上台阶掌子面边缘应力集中最明显。模型 1 和模型 3(GSI=70)围岩的强度值分别为 22.21MPa 和 22.58MPa。模型 2 和模型 4(GSI=55)围岩的强度值分别为 20.62MPa 和 20.75MPa,不难发现,围岩的 GSI 输入值与隧道围岩受力状态共同决定围岩强度。而初期支护厚度在合理范围内对围岩强度影响不大。

综上所述,围岩的 GSI 输入值与隧道围岩受力状态共同决定围岩强度,围岩取低强度值(GSI=55)时拱顶出现一定面积的塑性区,围岩取建议值(GSI=70,HB 为中风化花岗岩提供的建议强度值)隧道周边围岩未发现明显塑性区。合理的初期支护厚度变化对围岩强度和塑性区分布影响不大。

2.4.3.3 初期支护结构变形规律

图 2-21 所示为模型 1~模型 4 在典型剖面($y=3$m)的初期支护竖向位移。

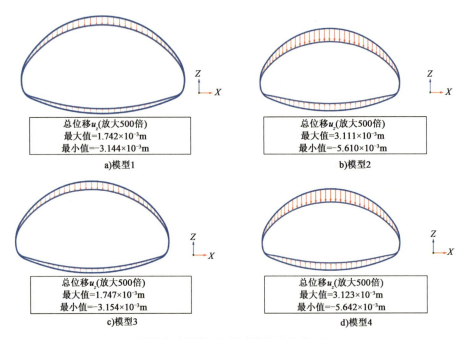

图 2-21 隧道完成拆撑后初期支护竖向位移（剖面 $y=3$m）

从图 2-21 可以看出，隧道开挖完成后，初期支护竖向位移以拱顶沉降为主，模型 1～模型 4 的最大拱顶沉降值分别为 -3.144mm、-5.610mm、-3.154mm 和 -5.642mm，初期支护与围岩变形协同，因此，初期支护竖向最大位移与围岩变形极值基本相同。围岩 GSI 显著影响隧道竖向变形值，而本模型围岩强度和初期支护厚度在合理的范围内取值，围岩 GSI 对隧道拱顶沉降影响不明显。

图 2-22 所示为模型 1～模型 4 在典型剖面（$y=3$m）的初期支护水平位移。

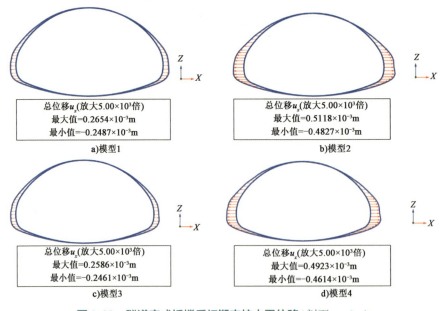

图 2-22 隧道完成拆撑后初期支护水平位移（剖面 $y=3$m）

从图 2-22 可以看出,隧道开挖完成后,双侧壁导坑九步法初期支护水平位移左右基本对称,右侧(先行导坑)略大于左侧。模型 1~模型 4 的水平位移值分别为 -0.514mm、-0.994mm、-0.514mm 和 -0.953mm,因此本隧道水平位移值均不足 1mm。

2.4.3.4 初期支护结构内力规律

图 2-23 所示为采用双侧壁导坑九步法完成隧道开挖时隧道已施加初期支护的弯矩与轴力分布云图。

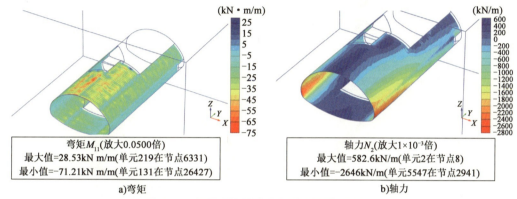

a) 弯矩 b) 轴力

图 2-23 初期支护结构内力分布云图(模型 1)

从图 2-23 可以看出,随着隧道开挖、支护与拆撑,隧道初期支护内力逐渐增大且趋于稳定。不难看出,初期支护弯矩的最大区域位于拱顶,初期支护轴力的最大区域位于侧壁。

为了进一步显示隧道环向上弯矩分布,分别输出 4 个模型典型剖面($y=3m$)的弯矩分布图,如图 2-24 所示。

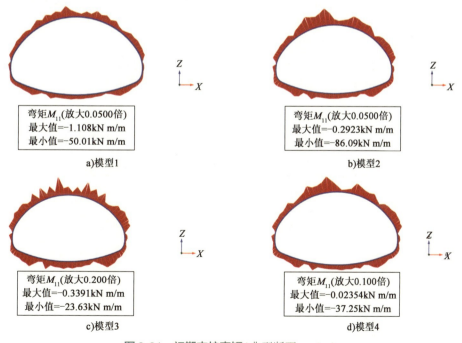

a) 模型 1   b) 模型 2

c) 模型 3   d) 模型 4

图 2-24 初期支护弯矩(典型断面 $y=3m$)

从图2-24可以看出,隧道不同围岩参数和支护参数下,初期支护弯矩显著不同,模型1、模型2、模型3和模型4的典型剖面弯矩极值分别50kN·m、86kN·m、23kN·m、37kN·m。拱顶弯矩最大,侧壁次之,仰拱位置基本不受弯。宜加强中导坑上部的钢架抗弯能力。

分别输出4个模型典型剖面($y=3m$)的轴力分布图,如图2-25所示。

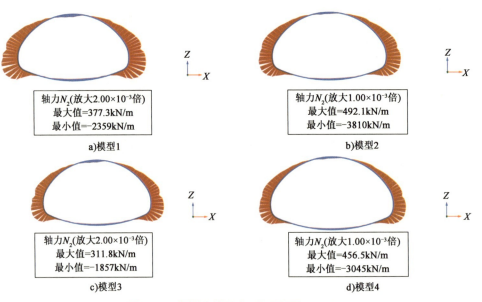

图2-25 初期支护轴力(典型断面 $y=3m$)

从图2-25可以看出,隧道不同围岩参数和支护参数下,初期支护轴力显著不同,模型1、模型2、模型3和模型4的典型剖面轴力极值分别为2359kN、3810kN、1857kN和3045kN。

综上所述,中风化花岗岩采用低参数(GSI=55)时,初期支护弯矩和轴力均增大,增大比例分别为62%和72%,可见,围岩强度参数的取值对初期支护结构内力影响十分显著。支护结构厚度从0.46优化到0.35,初期支护弯矩和轴力均减少,减小比例分别为21%和54%。可见,硬质围岩减少支护刚度,可以降低结构内力,充分发挥围岩自稳能力。下文将验算安全系数。

2.4.3.5 综合对比分析

表2-11中汇总列出了4个模型完成隧道开挖后,初期支护结构的位移和内力极值。

初期支护结构位移和内力极值统计表　　　　表2-11

监测内容	原设计方案(初期支护厚度46cm)		优化方案(初期支护厚度35cm)	
	模型1	模型2	模型3	模型4
拱顶沉降(mm)	3.144	5.610	3.154	5.642
两侧收敛位移(mm)	0.514	0.994	0.514	0.953
初期支护轴力(kN/m)	2359	3810	1857	3045
隧道弯矩(kN·m/m)	50	86	23	37

从表2-11可以看出,优化工法得到的拱顶沉降相对原设计方案增加0.01mm,优化后初期支护变形变化不大。因为变形不变情况下,结构内力与结构刚度成正比,所以优化工法得到的结构弯矩与轴力均更小。围岩地质强度参数GSI采用低值,相对推荐值的拱顶沉降变化2.466mm(增幅78.4%),初期支护内力显著增大,轴力增幅62%,可见,围岩岩体的地质强度参数(GSI)取值至关重要。

表2-12为初期支护内力验算结果,优化方案模型3的钢架和混凝土的安全系数分别为8.4和5.3,与原设计方案模型1安全系数相比几乎没有变化(略微降低),而且均符合《公路隧道设计细则》(JTG/T D70—2010)的要求,即钢架和喷射混凝土安全系数分别不小于2.0(抗拉)和2.4(抗压)。因此,本项目开挖方案还可在循环开挖进尺角度进行优化。

初期支护安全系数分析　　　表2-12

原设计方案(初期支护厚度46cm)				
模型编号	模型1(GSI=70)		模型2(GSI=55)	
材料	钢架	混凝土	钢架	混凝土
弯矩(kN·m/m)	2	48	3	83
轴力(kN/m)	217	2142	350	3460
安全系数	8.4	5.4	5.2	3.3
优化方案(初期支护厚度35cm)				
模型编号	模型3(GSI=70)		模型4(GSI=55)	
材料	钢架	混凝土	钢架	混凝土
弯矩(kN·m/m)	2	21	3	34
轴力(kN/m)	218	1639	357	2688
安全系数	8.4	5.3	5.1	3.3

当围岩地质强度参数GSI采用低值时(GSI=55),优化方案的钢架和混凝土的安全系数分别为5.1和3.3,原方案安全系数分别为5.2和3.3,两者几乎没有变化(略微降低),而且均符合《公路隧道设计细则》(JTG/T D70—2010)的要求,即钢架和喷射混凝土安全系数分别不小于2.0(抗拉)和2.4(抗压)。

综上所述,当GSI采用霍克-布朗模型推荐值时,隧道初期支护具有较大的优化空间;当GSI取低值时,隧道初期支护亦具有一定优化空间。

2.4.4　现场实测数据分析

2.4.4.1　拱顶沉降监测分析

FC4与FC5监测断面者均采用双侧壁导坑九步台阶法进行施工,如图2-26所示。开挖顺序为左导坑→右导坑→中导坑,三个导坑开挖时间间隔约为15d。YK2+530监测至65d时,此时施工至YK+560左导坑;YK2+610监测至65d时,此时开挖至YK2+640左导坑。

图 2-27 为 FC4 与 FC5 监测断面的拱顶沉降代表曲线。

图 2-26 双侧壁导坑九步台阶法开挖过程

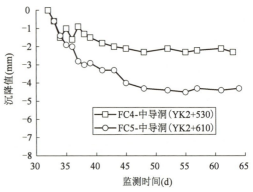

图 2-27 拱顶沉降实测

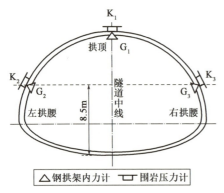

图 2-28 YK2+605 断面围岩压力盒及初期支护内力计布置图

从图 2-27 可以看出，随着开挖拱顶沉降逐渐增大，FC4 与 FC5 拱顶最大沉降为 −2.3mm 和 −4.3mm，与本文数值模型 1 和模型 3 基本符合模型 1 和模型 3 获得拱顶沉降都约为 3.1mm（表 2-11）。由此证明本项目 GSI 取 70 是合理的。

2.4.4.2 隧道支护内力监测分析

对超大断面隧道的代表性地段进行支护内力监测，于跨径为 30.51m 的 FC5 隧道加宽段 YK2+605 断面布置围岩压力盒及初期支护内力计，如图 2-28 所示。隧道右洞 YK2+605 断面初期支护各测点应力-时间曲线如图 2-29 所示。

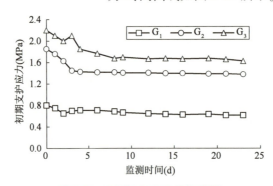

图 2-29 初期支护应力实测曲线

从图 2-29 可以看出，初期支护施作结束后，初期支护应力较大，在浇筑仰拱之后因拱环闭合，初期支护应力有一定的波动，之后除施作二次衬砌后有小幅度的起伏外，初期支护应力基本稳定不变。最终监测点 G_1、G_2 和 G_3 数值分别稳定在 620kPa、1380kPa 和 1630kPa。拱顶轴力小于侧壁拱腰的轴力，与数值模拟结果规律基本吻合（图 2-25）。而数值模拟，模型 1 和模型3分别给出轴力最大值分别为2142kN和1639kN(表2-12)。参考图2-25的轴力分布可知,最大值位于侧腰底部位置,而对应现场监测点 G_1、G_2 和 G_3 数值模拟结果的轴力值分别为377kPa、1290kPa和1722kPa,与实测值基本吻合,验证了本节分析方法的合理性。

2.5 本章小结

本章以厦门疏港通道为工程为依托,通过有限元方法对超大断面隧道双侧壁导坑九步法开挖方案进行施工力学行为研究,研究了霍克-布朗模型在硬质围岩工程中的参数选取与适用性,以及初期支护的优化。总体来看,本项目硬岩大断面隧道采用霍克-布朗模型及推荐的地质强度参数,可以对隧道支护结构进行优化。具体结论如下:

(1)通过现场取芯完整花岗岩进行三轴试验,揭露强度随围压非线性增长的特性,采用霍克-布朗模型可以进行高度的拟合。而采用常用的莫尔-库仑本构模型无法捕捉到该特性,拟合程度低且导致低围压段强度被高估,对于完整岩石的岩体隧道工程围岩稳定性分析是不安全的。

(2)本项目超大断面隧道工程段的围岩岩体实际为微风化花岗岩,出于保守,按照中风化花岗岩考虑。采用霍克-布朗模型进行岩体模拟,根据完整岩石抗压强度、风化程度、节理发育情况,输入推荐的GSI和 m_i(中位值)已经具有一定的安全储备。然而,采用莫尔-库仑进行数值模拟,使用规范建议(结合经验)的获得强度大幅低于霍克-布朗模型推荐(中位值)的强度,与霍克-布朗模型推荐的中风化围岩低值相当。

(3)岩体地质强度参数GSI和初期支护厚度的变化分析结果显示,本项目采用原设计方案和围岩霍克-布朗模型建议参数时,硬质围岩变形量较小,拱顶沉降仅3.1mm,围岩的强度取低值会使得隧道沉降显著增大到5.6mm。现场实测FC4与FC5拱顶最大沉降为 -2.3mm 和 -4.3mm,验证了GSI取70的合理性。硬质围岩整体变形量较小,难以将位移监测作为风险预警依据。

(4)围岩的GSI输入值与隧道围岩受力状态共同决定了围岩强度,当围岩取低强度值(GSI=55)时,拱顶出现一定面积的塑性区;当围岩强度取建议值(GSI=70)时,隧道周边围岩未发现明显塑性区。同时,在合理范围内的初期支护厚度变化对围岩强度和塑性区分布影响不大。

(5)当中风化花岗岩采用低参数(GSI=55)时,初期支护弯矩和轴力均增大,增大比例分别为62%和72%,可见围岩强度参数的取值对初期支护结构内力影响十分显著。支护结构厚度从0.46优化到0.35,初期支护弯矩和轴力均减少,减小比例分别为21%和54%。可见,硬质围岩减少支护截面刚度,可以降低结构内力,充分发挥围岩自稳能力。

(6)根据《公路隧道设计细则》(JTG/T D70—2010),在QZH-Ⅱ基本可变组合下钢架和喷射混凝土安全系数分别为2.0(抗压)和2.4(抗压),初期支护结构厚度从4.6m优化到3.5m,安全系数分别从8.4和5.4变化为8.4和5.3,安全系数显著均大于规范规定值,表明施工优化满足结构安全,且还可以在循环开挖进尺设计角度进行优化。

(7)跨径为30.51m的FC5隧道加宽段YK2+605初期支护内力计现场实测给出拱顶与

侧腰的内力值分别为 620kPa、1380kPa 和 1630kPa,与本文 GSI 取 70 的数值模型结果相近,验证了 GSI 取 70 的合理性。

综上所述,对于硬质围岩的力学计算,建议采用霍克-布朗模型。当前工程设计和分析多次进行了保守考虑:首先,将微风化岩考虑为中风化岩;然后,采用与霍克-布朗模型低值相当的岩体强度参数(内摩擦角和黏聚力);最后,规范要求结构内力安全系数达到 2.0 以上。由上述研究分析可知,本项目大跨度隧道双侧壁导坑九步法初期支护理论上具有充足的优化空间。

第 3 章

特大跨度隧道开挖工法优化技术

FC3、FC4、FC5断面均位于Ⅲ级围岩条件下。FC3断面尺寸为23.03m×13.58m(宽×高),面积272.71m²,设计采用双侧壁九步开挖法;FC4断面尺寸为27.27m×16.13m,面积343.85m²,设计采用双侧壁九步开挖法+临时竖撑+临时仰拱开挖法;FC5断面尺寸为30.51m×17.84m,面积421.73m²,设计采用双侧壁九步开挖法+临时竖撑+临时仰拱开挖法。

由于围岩条件相对较好,为加快工程进度,对工法进行优化:将FC3开挖工法优化为单侧壁开挖法;将FC4、FC5开挖工法优化为双侧壁十步开挖法。数值分析和实测表明,双侧壁十步开挖法具有围岩变形量小、临时支护有效利用率高等优点,在实际施工中表现出工序简单、缩短工期等优点。

3.1 分岔段特大跨度隧道开挖工法优化

3.1.1 FC3断面开挖工法优化

针对FC3断面特大跨硬岩公路隧道的施工特点,开展工法优化研究,提出采用单侧壁七步开挖法与单侧壁八步开挖法替代原双侧壁九步开挖法(图3-1)的方案,能够有效保障大断面隧道施工安全与施工效率。

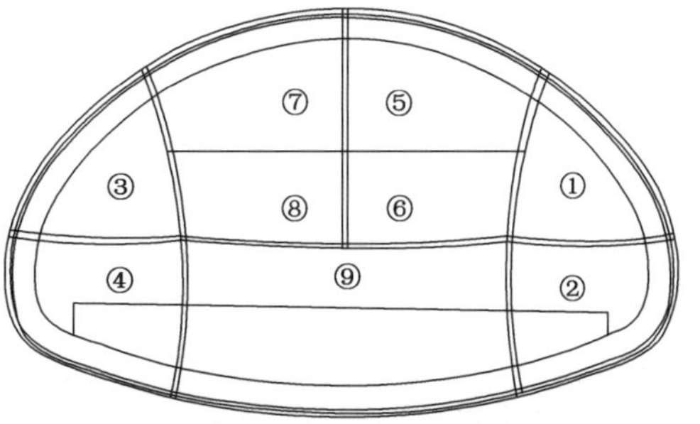

图3-1 原双侧壁导坑九步法示意图

3.1.1.1 单侧壁七步开挖法

当围岩地质情况较好,为Ⅱ、Ⅲ级围岩,拱顶沉降及周边收敛监测数据在监控量测变形允许值范围内,围岩及初期支护稳定时,采用单侧壁七步开挖法,仰拱快速封闭成环,如图3-2所示。

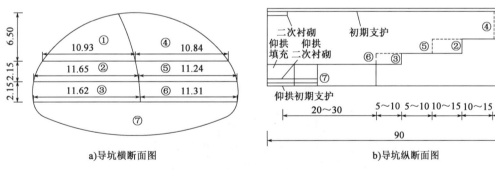

a)导坑横断面图   b)导坑纵断面图

图3-2 单侧壁七步开挖法示意图(尺寸单位:m)
①~⑦-导坑编号

施工步骤如下:
(1)开挖左导坑上部①;施作初期支护(包括拱墙初期支护及临时支护),施工上台阶锁脚钢管。
(2)开挖右导坑上部④;施作初期支护,施工上台阶锁脚钢管;导坑④错开导坑①距离

15~20m 后施作。

(3) 开挖左导坑中部②;施作初期支护(包括拱墙初期支护及临时支护),施工中台阶锁脚钢管;导坑②错开导坑④距离 10~15m 后施作。

(4) 开挖右导坑中部⑤;施作初期支护,施工中台阶锁脚钢管;导坑⑤错开导坑②距离 10~15m 后施作。

(5) 开挖左导坑下部③;施作初期支护(包括拱墙初期支护及临时支护),施工下台阶锁脚钢管;导坑③错开导坑⑤距离 5~10m 后施作。

(6) 开挖右导坑下部⑥;施作初期支护,施工下台阶锁脚钢管;导坑⑥错开导坑③距离 5~10m 后施作。

(7) 仰拱开挖。

逐环拆除中隔壁临时支护,施作仰拱初期支护,施作仰拱二次衬砌及仰拱填充。铺设排水盲沟及防水板,整体浇筑边墙及拱部二次衬砌。

采用单侧壁七步开挖法开挖,上导坑每循环进尺控制在 1~2 榀钢架长度。中、下台阶在上部台阶喷射混凝土强度达到设计强度的 70% 后开挖,中、下台阶单次落底 2 榀钢架长度,应一次落底,尽快封闭成环,改善洞身周边受力条件,促进围岩和支护体系稳定。现场施工情况如图 3-3 所示。

a) 右导坑开挖成型

b) 左导坑开挖成型

c) 各导坑平行作业

图 3-3　单侧壁七步开挖法现场施工情况

3.1.1.2 单侧壁八步开挖法

当围岩地质情况较差,为Ⅳ、Ⅴ级围岩时,在单侧壁七步开挖法的基础上,提出了单侧壁八步开挖法,该方法将中隔壁临时支撑接至仰拱底部,从而确保施工过程中的围岩稳定,如图3-4所示。

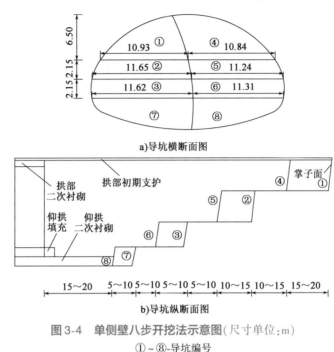

图3-4 单侧壁八步开挖法示意图(尺寸单位:m)
①~⑧-导坑编号

施工步骤如下:
(1)左上导坑①开挖,施作初期支护及临时支撑。
(2)右上导坑④开挖,施作初期支护。
(3)左中导坑②开挖,施作初期支护及临时支撑。
(4)右中导坑⑤开挖,施作初期支护。
(5)左下导坑③开挖,施作初期支护及临时支撑。
(6)右下导坑⑥开挖,施作初期支护。
(7)仰拱左边墙⑦开挖,施作初期支护及临时支撑。
(8)仰拱右边墙⑧开挖,施作初期支护;施作仰拱二次衬砌及仰拱填充;铺设排水盲沟及防水板,整体浇筑边墙及拱部二次衬砌。

上部导坑单次开挖进尺控制在2榀钢架长度;中部及下部导坑单次开挖进尺控制在2~3榀钢架长度;依据监控量测结果,围岩变形稳定后,方可进行临时支撑的拆除,进行仰拱施工。仰拱单次开挖不超过6m,及时封闭成环。

为尽快施作仰拱,在初期支护及临时支撑变形监测稳定的情况下,单次拆除长度不大于6m,仰拱初期支护端头至临时支撑的距离在保证施工需求及安全的前提下,应尽可能减小。

单侧壁八步法开挖工序三维示意图如图3-5所示。

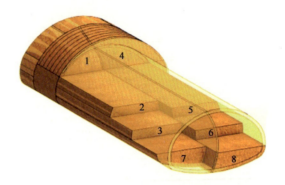

图 3-5 单侧壁八步法开挖工序三维示意图

3.1.2 FC4、FC5 断面开挖工法优化

3.1.2.1 双侧壁十步开挖法(临时支撑落底)

当围岩地质情况较差,为Ⅳ、Ⅴ级围岩时,选择将双侧壁临时支撑接至仰拱底部,如图3-6所示。

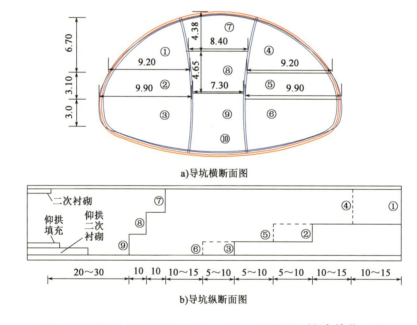

a)导坑横断面图

b)导坑纵断面图

图 3-6 双侧壁十步开挖法(临时支撑落底)示意图(尺寸单位:m)

施工步骤如下:
(1)左上导坑①开挖,施作初期支护及临时支护(含第二层初期支护)。
(2)右上导坑④开挖,施作初期支护(含第二层初期支护)。
(3)左侧中导坑②开挖,施作初期支护及临时支护(含第二层初期支护)。
(4)右侧中导坑⑤开挖,施作初期支护(含第二层初期支护)。

(5)左侧下导坑③开挖,施作初期支护及临时支护(含第二层初期支护)。

(6)右侧下导坑⑥开挖,施作初期支护(含第二层初期支护)。

(7)中部导坑上台阶⑦开挖,施作初期支护(含第二层初期支护)。

(8)中部导坑中台阶⑧开挖。

(9)中部导坑下台阶⑨开挖。

(10)仰拱⑩开挖及施作初期支护,及时进行仰拱二次衬砌及仰拱填充施工;铺设排水盲沟及防水板,整体浇筑边墙及拱部二次衬砌。

上部导坑单次开挖进尺控制在2榀钢架长度;中部及下部导坑单次开挖进尺控制在2~3榀钢架长度;临时支撑拱脚两侧各预留50cm岩墙不开挖,以利于临时支撑稳定;依据监控量测结果,围岩变形稳定后,方可进行临时支撑的拆除,进行仰拱施工,仰拱单次开挖不超过6m,及时封闭成环。

双侧壁十步开挖法(临时支撑落底)开挖工序三维示意图如图3-7所示。

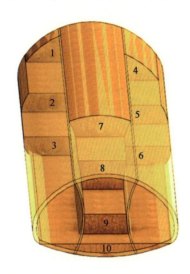

图3-7 双侧壁十步开挖法(临时支撑落底)开挖工序三维示意图

3.1.2.2 双侧壁十步开挖法(临时支撑不落底)

当围岩为Ⅱ、Ⅲ级围岩,拱顶沉降及周边收敛监测数据在监控量测变形允许值范围内,围岩及初期支护稳定时,双侧壁临时支撑不落底,仅接至下导坑底部,仰拱范围内临时支撑不进行接长工作,仰拱施工快速封闭成环,如图3-8所示。

施工步骤如下:

(1)左上导坑①开挖,施作初期支护及临时支护(含第二层初期支护)。

(2)右上导坑④开挖,施作初期支护(含第二层初期支护)。

(3)左侧中导坑②开挖,施作初期支护及临时支护(含第二层初期支护)。

(4)右侧中导坑⑤开挖,施作初期支护(含第二层初期支护)。

(5)左侧下导坑③开挖,施作初期支护及临时支护(含第二层初期支护)。

(6)右侧下导坑⑥开挖,施作初期支护(含第二层初期支护)。

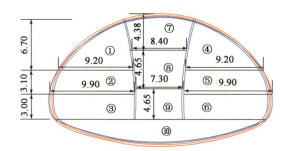

a) 导坑横断面图

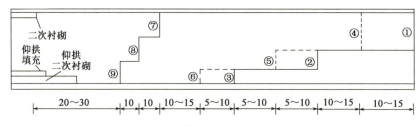

b) 导坑纵断面图

图 3-8　双侧壁十步开挖法（临时支撑不落底）示意图（尺寸单位：m）

（7）中部导坑上台阶⑦开挖，施作初期支护（含第二层初期支护）。

（8）中部导坑中台阶⑧开挖。

（9）中部导坑下台阶⑨开挖。

（10）施作仰拱开挖及初期支护，及时进行仰拱二次衬砌及仰拱填充施工；铺设排水盲沟及防水板，整体浇筑边墙及拱部二次衬砌。

上部导坑单次开挖进尺控制在 2 榀钢架长度；中部及下部导坑单次开挖进尺控制在 2～3 榀钢架长度；临时支撑拱脚两侧各预留 50cm 岩墙不开挖，以利于临时支撑稳定；依据监控量测结果，围岩变形稳定后，方可进行临时支撑的拆除，进行仰拱施工，仰拱单次开挖不超过 6m，及时封闭成环。

在初期支护及临时支撑变形监测稳定的情况下，单次拆除长度不大于 6m，仰拱初期支护端头至临时支撑距离在保证施工需求及安全的前提下，尽可能减小。现场施工情况如图 3-9 所示。

a) 左导坑开挖成型

b) 右导坑开挖成型

图 3-9

c) 中导初期支护

d) 各导坑平行作业

e) 仰拱一次性施工

图 3-9　双侧壁十步开挖法(临时支撑不落底)现场施工情况

3.1.3　开挖工法优化数值模拟分析

以双侧壁九步开挖法和双侧壁十步开挖法(临时支撑落底)为例,开展有限差分数值模拟,揭示两种施工工法下围岩的位移特征与应力情况,综合比较两者的优劣情况。

3.1.3.1　模型建立

根据地质勘察报告文件显示,该隧道地处 3 个土层,分别为砂砾状强风化花岗岩,碎块状强风化花岗岩,中风化花岗岩。在本次 FLAC3D 开挖模拟中,岩层均采用莫尔-库仑模型进行模拟。具体参数见表 3-1。

岩土计算参数　　　　表 3-1

编号	土层名称	重度 (kN/m³)	体积模量 (MPa)	剪切模量 (MPa)	黏聚力 (kPa)	内摩擦角 (°)
1	砂砾状强风化花岗岩	2400	1600	400	100	23
2	碎块状强风化花岗岩	2500	4840	758	357	24
3	中风化花岗岩	2700	7000	900	929	28.29

初期支护为钢筋混凝土衬砌,厚度为 480mm,采用理想弹性模型来进行模拟,初期支护弹性模量为 28GPa,泊松比为 0.2。锚杆采用 C25、直径为 25mm 的中空锚杆,锚杆呈梅花状布

置,锚杆参数见表 3-2,在实际模拟中锚杆布局如图 3-10 所示。在本次模拟中,未涉及二次衬砌有关问题。

锚杆参数   表 3-2

参数	弹性模量（GPa）	横截面积（m²）	黏结力（N）	抗拉强度（kN）
数值	45	1.57×10^{-3}	20×10^4	250

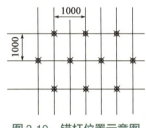

图 3-10　锚杆位置示意图
(尺寸单位:mm)

本文选取厦门海沧疏通工程 B 标段 FC5 断面进行模拟分析,通过有限差分软件 FLAC3D 建立三维模型进行模拟分析。隧道宽为 30.51m,高约为 17.84m,位于模型中部。有关研究表明,隧道开挖施工对隧道直径 3~5 倍的范围内的围岩有影响。在本次模拟中模型 x 方向上长 354m,z 方向上宽度为 200m,y 方向上高度为 85m。在实际中,隧道的埋深平均约为 197m,因此在隧道的顶部施加均布荷载,等效为其上部岩土体的自重,隧道开挖计算模型如图 3-11 所示。

模型前后施加 y 向位移约束,左右施加 x 向位移约束,底部约束三个方向上的位移,顶部为自由边界。

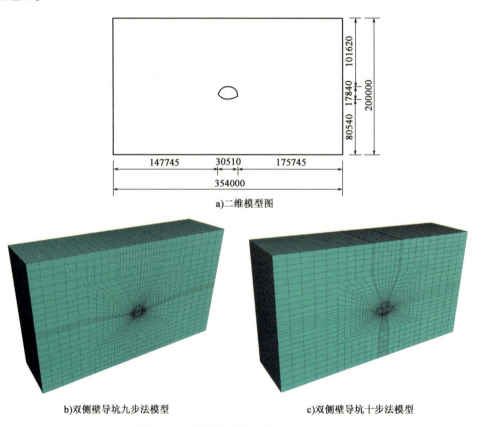

图 3-11　隧道开挖模型(尺寸单位:mm)

3.1.3.2 开挖工序模拟

本次隧道开挖模拟工法分别为双侧壁九步开挖法(简称"九步法")和双侧壁十步开挖法(简称"十步法")两种。模拟开挖工序如图3-12、表3-3、表3-4所示。

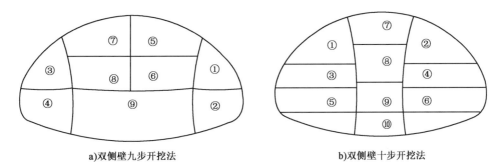

a)双侧壁九步开挖法　　　　　　　　b)双侧壁十步开挖法

图3-12　隧道开挖工序模拟

双侧壁九步开挖法模拟开挖工序　　　　　　　　表3-3

施工工序	施工说明
1	右侧导坑上台阶①开挖、施作初期支护、临时支护
2	右侧导坑下台阶②开挖、施作初期支护、临时支护
3	左侧导坑上台阶③开挖、施作初期支护、临时支护
4	左侧导坑下台阶④开挖、施作初期支护、临时支护
5	中部右上导坑⑤开挖、施作初期支护、中部上导坑临时支护
6	中部右下导坑⑥开挖、施作临时支护、临时仰拱
7	中部左上导坑⑦开挖、施作初期支护
8	中部左下导坑⑧开挖、施作临时仰拱
9	中部导坑下台阶⑨开挖、施作仰拱初期支护、拆除临时支护

双侧壁十步开挖法模拟开挖工序　　　　　　　　表3-4

施工工序	具体说明
1	左上导坑①开挖、施作初期支护、临时支护
2	右上导坑②开挖、施作初期支护、临时支护
3	左侧中导坑③开挖、施作初期支护、临时支护
4	右侧中导坑④开挖、施作初期支护、临时支护
5	左侧下导坑⑤开挖、施作初期支护、临时支护
6	右侧下导坑⑥开挖、施作初期支护、临时支护
7	中部导坑上台阶⑦开挖、施作初期支护、临时支护
8	中部导坑中台阶⑧开挖
9	中部导坑下台阶⑨开挖
10	临时支护拆除、仰拱⑩开挖、施作初期支护

3.1.3.3 计算结果分析

(1)隧道竖向沉降分析

对于超大断面隧道的开挖,要时刻监测隧道周边的变形情况,尤其是隧道拱顶的沉降。在模拟分析中,我们在隧道拱顶处设立监测点,待模型计算完成后,通过提取隧道拱顶沉降量变化曲线来进行对比分析。

初始地应力计算完成后,将位移清零。两种开挖方式随着开挖步的进行,拱顶沉降量的变化有较大的差别。在分析步达到9000时,十步法明显优于九步法,其原因是九步法将左右两个导坑分为上下两个小导坑,而十步法将左右两个大导坑分为上中下三个小导坑,其每次开挖断面面积更小,从而导致刚开始隧道开挖对拱顶产生的沉降量影响较小。

随着分析步的增加,拱顶下沉量在不断变大,对于整个超大断面隧道而言,十步法其最终沉降量达到了15.14mm,而九步法其最终沉降量达到了17.11mm。对比两者的曲线(图3-13)和位移量表(表3-5),十步法的拱顶沉降量低于九步法,两者均满足隧道安全要求。

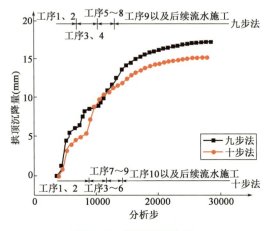

图3-13 拱顶沉降曲线

两种工法拱顶与拱底位移量   表3-5

序号	工法	拱顶沉降量(mm)	拱底隆起量(mm)	变形控制值(mm)
1	九步法	−17.11	9.58	40
2	十步法	−15.14	7.5	40

注:表中负值表示方向向下,为沉降值。

(2)临时支护的应力分析

相较于九步法,十步法改变了开挖顺序以及临时支护的位置,大幅减少了临时支护用量。为此提取出两种方案左侧临时支护的顶部、中部、下部应力情况如图3-14所示,并以此验证临时支护是否处于安全状态。当隧道开始向前挖掘时,两者的应力基本一致,随着开挖步骤的不同,后续两者应力有较明显的差别。

对比临时支护中部受力情况,九步法在进行第六步和第八步时,均设立了横向临时支撑,有效降低了临时支护中部受力,其应力值较十步法小。九步法临时支护底部受力位于隧道最下端,其中部有横向支撑来保持临时支护的整体稳定性。结果表明横向支撑能有效降低临时支护中部受力。但十步法临时支护的底部支撑点位于仰拱上方,减少了"长柱"引起的二阶效应。两者均满足设计强度要求。

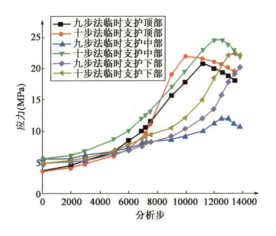

图 3-14　临时支护受力分析

对比临时支护的顶部和底部,两者应力趋势基本一致,十步法临时支护应力出现峰值的时间比九步法短。由于九步法中上部导坑分为左右两侧,导致临时支护结构达到峰值应力的时间相对滞后。

(3) 围岩最大主应力分析

图 3-15 所示为在两种不同开挖方式下,隧道围岩最大主应力分布云图。

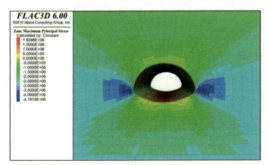
a) 九步法围岩最大主应力

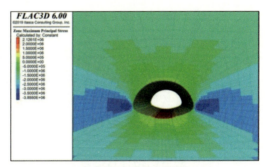
b) 十步法围岩最大主应力

图 3-15　围岩最大主应力分布云图

从图 3-15 中可以看出,两种方法得到的围岩应力分布规律大致相同,均出现在了隧道两侧。采用九步法隧道开挖时,隧道两侧产生的最大主应力为 4.19MPa;采用十步法时,隧道两侧产生的最大主应力为 3.85MPa。两者相差不大。其原因是十步法把将外侧围岩分成 8 块,相对减少了应力集中的现象。

(4) 临时支护利用率

临时支护是为了防止在作业时隧道拱顶产生大的变形而设立的一种支护形式。在实际生产中,临时支护布置的位置与其受力大小有一定关系。数值模拟分析显示十步法引起的拱顶下沉量低于九步法,在保障隧道结构安全的同时,也能合理配置临时支护。

九步法所引起隧道拱顶沉降量为17.11mm,而十步法引起的沉降量为15.14mm,但分析两者临时支护安装量可知:九步法的临时支护设计量达到了每延米26.75m³,而采用十步法的临时支护设计量为11.32m³。两者临时支护的利用率（1m³的临时支护所能减少的沉降量）如图3-16所示。可以看到,十步法增加了一次开挖次数,其临时支护的有效利用率达到了1.34,是九步法的2.1倍,即十步法在临时支护配置上优于九步法。

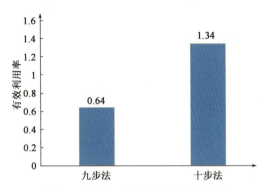

图3-16 每1m³临时支护的利用率

(5) 模拟与实测结果对比

厦门海沧疏港通道工程的大断面隧道采用的是十步法开挖,为进一步证明数值模拟的可靠性,将本次的数值模拟计算结果与现场实测数据进行对比,见表3-6。

数值计算结果与现场实测结果对比   表3-6

数据来源	拱顶沉降(mm)	左拱沉降(mm)	右拱沉降(mm)	变形控制值(mm)
模拟计算结果	15.14	13.28	14.41	40
现场实测结果	18.45	16.15	16.2	

从表3-6可知,数值模拟与现场实测结果误差为11%~18%。产生误差的主要原因是:在模拟计算中,计算软件把岩体视为连续介质进行分析,且不考虑其他因素的影响;而在实际施工过程中,必须考虑到这些因素以及工人施工素质和其他问题,因此可以近似认为数值模拟计算的结果与实际相吻合。

综上所述,数值模拟计算结果表明,十步法具有围岩变形量小、临时支护有效利用率高等优点,在实际工程建设中具有工序简单、工期短等优势。结合数值计算及现场监测手段,验证了该工法的可靠性及可行性。

3.2 分岔段特大跨度岩质隧道开挖工法转换技术

3.2.1 FC3转FC4断面开挖工法

针对超大断面公路隧道单侧壁八步开挖法和双侧壁十步开挖法的施工特点,本工程提出了FC3单侧壁八步开挖法转FC4双侧壁十步开挖法的施工工艺,具体转换步骤如下:

(1) FC3 导坑①开挖至与 FC4 交界里程停止开挖,喷射混凝土封闭掌子面。

(2) FC3 导坑④跟进至与导坑 1 同一里程处,停止开挖,喷射混凝土封闭掌子面。

(3) 中部导坑及下部导坑②、③、⑤、⑥按 FC3 导坑步距持续跟进。

(4) FC3 至 FC4 采用 10m 过渡段,为 FC4 施工台架提供作业空间。

(5) FC3 导坑①向 FC4 导坑①开挖,单次开挖 1.5m,2 榀拱架,因挑顶及扩挖高度较小,可直接挑顶扩挖。施作初期支护及临时支护,临时支撑仍采用中隔壁,中隔壁在过渡段 10m 范围内逐步向 FC4 中隔壁偏移,FC3 与 FC4 中隔壁间距 1.28m,初支拱架间距 0.75m,需支护 13 榀拱架,过渡段中隔壁每榀偏移 10cm。

(6) FC3 导坑①过渡段 10m 施作完成后,喷射混凝土封闭掌子面。导坑④向 FC4 挑顶扩挖,单次开挖 1.5m,2 榀拱架,需经 2 或 3 次爆破形成 FC4 开挖轮廓线,每次爆破完成后及时采用 5cm 厚喷射混凝土进行初喷。开挖到位后及时施作 FC4 导坑④初期支护,导坑④ 10m 过渡段施作完成后,喷射混凝土封闭掌子面。至此,FC4 断面上导坑形成双侧壁施工作业空间。

(7) FC4 导坑①采用双侧壁导坑法开挖,施作初期支护及临时支护。导坑①开挖 15m 后,开挖导坑④,施作初期支护。中部导坑及下部导坑按 FC4 双侧壁开挖法步距持续跟进。

(8) 及时施作仰拱及填充,封闭成环。

FC3 单侧壁八步开挖法转 FC4 双侧壁十步开挖法横断面示意图如图 3-17 所示。

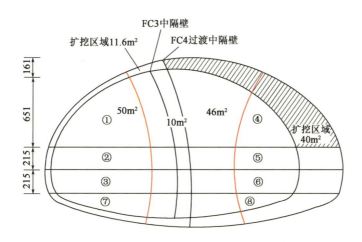

图 3-17　FC3 断面开挖工法转 FC4 断面开挖工法横断面示意图(尺寸单位:cm)

FC3 单侧壁八步开挖法转 FC4 双侧壁十步开挖法三维示意图如图 3-18 所示。

3.2.2　FC4 转 FC5 断面开挖工法

FC4 与 FC5 断面均采用双侧壁导坑法开挖,施工步序一致。工法转换需调整台阶高度及双侧壁临时支撑位置转换,拟在 FC4 内采用 6m 过渡段,将 FC4 临时支撑过渡至 FC5 临时支撑位置,同时逐步挑顶扩挖至 FC5 轮廓,工法转换断面示意图如图 3-19 所示。

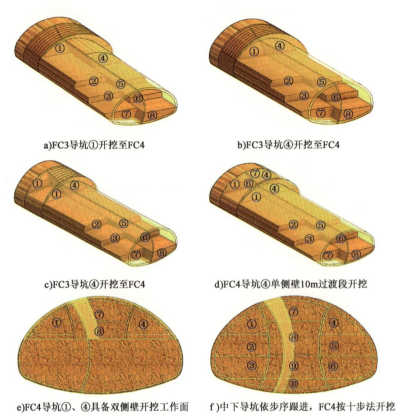

图 3-18 FC3 转 FC4 断面开挖工法三维示意图

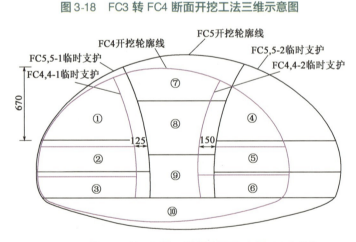

图 3-19 FC4 转 FC5 断面开挖工法横断面示意图(尺寸单位:cm)

工序转换步骤如下：

(1) FC4 导坑①施工至距 FC5 断面 6m 时,开始逐步挑顶扩挖并通过该 6m 过渡段将临时支撑渐变至 FC5 临时支撑位置,过渡段需 9 榀拱架。同时将台阶高度调整与 FC5 台阶高度一致,单次开挖进尺 1.5m,即 2 榀拱架间距。6m 过渡段施作完成,形成 FC5 导坑①开挖轮廓。

(2) FC4 导坑④施工至距离 FC5 里程 6m 时,开始逐步挑顶扩挖并通过该 6m 过渡段将临时支撑渐变至 FC5 临时支撑位置,过渡段需 9 榀拱架。同时将台阶高度调整与 FC5 台阶高度一致,单次开挖进尺 1.5m,即 2 榀拱架间距。导坑④拱部挑顶最大高度约 2.13m,6m 过渡段需经 4 或 5 次爆破方可形成 FC5 开挖轮廓线,单循环爆破结束后及时进行初期支护。6m 过渡段施作完成,形成 FC5 导坑④开挖轮廓,此后,导坑④与导坑①保持 10 ~ 15m 步距同步推进。

(3) 中部及下部导坑按 FC5 各导坑步距同步推进,调整台阶高度与 FC5 一致。

(4) 及时施作仰拱及填充,封闭成环。

施工现场如图 3-20 所示。

图 3-20　双侧壁台阶法右导坑 FC4-FC5 加宽现场施工情况

3.2.3　FC5 转"3 + 2"车道主线及匝道开挖工法

主线三车道采用 SXⅢ衬砌类型,围岩等级为Ⅲ级,开挖工法为上下台阶法,上台阶高度 5m,下台阶高度 3.05m。

FC5 主线三车道的进入位置在导坑①及导坑②范围内,按三车道上台阶高度进行开挖,单次开挖进尺 2 榀拱架间距,即 2.4m,上台阶需横向扩挖 4.53m,形成完整开挖轮廓线;下台阶滞后上台阶 20 ~ 30m 后进行开挖,单次进尺控制在 2 ~ 3 榀拱架间距,下台阶需横向扩挖 4.95m,如图 3-21 所示。

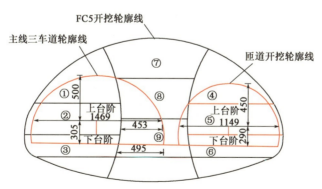

图 3-21　FC5 转"3 + 2"车道主线及匝道开挖工法断面示意图(尺寸单位:cm)

主线车道开挖约 100m 后,再进行匝道隧道开挖,此时,FC5 临时支撑已拆除,仰拱施作完成。匝道隧道按图示上下台阶法开挖即可。

3.2.4 特大跨变截面工法转换数值分析

3.2.4.1 模型建立

针对本项目中难度最大的 FC3 单侧壁八步开挖法转 FC4 双侧壁十步开挖法开展工法转换数值模拟研究,采用有限差分法软件 FLAC3D 对模拟整个隧道开挖过程。为了减少计算量,结合隧道尺寸和设计方案,选取 ZK4+005.0~ZK4+055.0 段建立模型,三维尺寸为 50m、160m、140m,如图 3-22 所示。其中 CD 段长 20m、过渡段长 10m、双侧壁段长 20m。

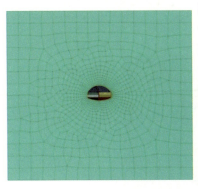

图 3-22 计算模型网格划分图

3.2.4.2 参数选取

计算采用莫尔-库仑本构模型,初期支护采用壳单元模拟,锚杆采用杆单元模拟,二次衬砌、中隔墙均采用实体单元模拟,隧道开挖使用 null 单元(空单元)模拟。模型共有实体单元 93856 个,节点 56836 个。除顶面外,模型其余的 5 个面均设置法向约束。钢支撑和钢筋网的弹性模量通过下式可折算到混凝土的弹性模量中。

$$E = E_0 + \frac{S_g + E_g}{S_c} \tag{3-1}$$

式中:E——折算后喷射混凝土弹性模量(GPa);

E_0——原混凝土的弹性模量(GPa);

S_g——钢拱架的截面积(m^2);

E_g——钢材的弹性模量(GPa);

S_c——喷射混凝土的截面积(m^2)。

围岩及支护参数根据地质工程勘察资料并结合相关规范选取,见表 3-7、表 3-8。

围岩物理力学指标   表 3-7

参数	围岩名称	弹性模量(GPa)	密度(kg/m^3)	泊松比	黏聚力(MPa)	内摩擦角(°)
指标	中风化花岗岩	10	2680	0.27	3	40

支护结构参数表   表 3-8

类型	弹性模量(GPa)	泊松比	厚度(mm)	密度(kg/m^3)	混凝土强度等级
初期支护	30	0.22	24	2420	C30
二次衬砌	33.5	0.2	60	2500	C40
中隔墙	35	0.19	24	2420	—

3.2.4.3 结果分析

数值模拟结果显示,每次开挖导坑完成后,开挖空洞处的围岩均发生较大的变形,隧道顶部向下沉降,隧道底部向上隆起,其中拆除中隔壁引起的变形值最大。变截面前后的变形值显示,隧道在过渡段中并未发生因截面扩大而导致变形超过控制量的情况,按照实际施工方案模拟开挖的位移云图如图 3-23 所示。

隧道纵向每隔 5m 分别在拱顶以及左、右边墙设置监测点,数值模拟计算完成后,导出监测点数据得到稳定的变形值,如图 3-24 所示。从中选取部分监测点的变形与工程实际监测值进行比较,见表 3-9。

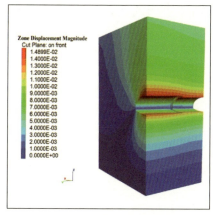

图 3-23 隧道开挖完成模型　　　　　　图 3-24 拱顶、边墙变形图

拱顶位置处数值计算与现场监测变形结果　　　　表 3-9

编号	距边墙距离(m)	现场监测数据(mm)	数值模拟数据(mm)	累积变形控制值(mm)	相对误差(%)
1	5	15.92	13.60	33	14.57
2	15	16.05	13.97	33	12.96
3	25	16.41	14.18	40	13.58
4	35	16.45	14.35	40	12.76
5	45	16.44	14.36	40	12.65

将数值模拟的变形量和现场实测值进行比较,可以看出现场监测与数值模拟结果基本吻合,模拟结果均小于累积变形控制值,施工段内相邻监测点变形没有发生较大变化,证实了对于此类地质,大断面隧道截面进行变截面开挖时,在过渡段中采用此方法能较好地解决开挖过程中的围岩稳定问题。结合数值模拟及现场监测,验证了采用本文工法的合理性和可行性。

3.3　本章小结

本章节主要针对海沧疏港通道工程特大跨变断面公路隧道施工工艺优化进行研究,研究结论如下:

(1)针对 FC3 断面特大跨硬岩公路隧道的施工特点,开展工法优化,提出采用单侧壁七步开挖法与单侧壁八步开挖法替代原双侧壁七步开挖法的方案,能够有效保障大断面隧道的施工安全与施工效率。

(2)FC4、FC5 断面原设计采用双侧壁九步法 + 临时竖撑 + 临时仰拱开挖工法,提出双侧壁十步开挖法:当围岩地质情况较差,为Ⅳ、Ⅴ级围岩时,选择将双侧壁临时支撑接至仰拱底部,仰拱初期支护封闭成环后,在仰拱衬砌及回填施作之前进行拆除;当围岩为Ⅱ、Ⅲ级围岩,围岩及初期支护稳定时,双侧壁临时支撑不进行落底,仅接至下导坑底部,仰拱范围内临时支撑不进行接长,仰拱施工快速封闭成环。数值模拟和现场监测结果表明,十步法具有围岩变形量小、临时支护有效利用率高等优点,在实际工程建设中具有工序简单、工期短等优势。

(3)FC3、FC4、FC5 断面以及"3+2"车道主线及匝道的尺寸不一,工法也不同。结合转换段断面及尺寸特征,提出了相应的转换工法。

第 4 章

特大变截面隧道二次衬砌台车研制与施工质量控制

4.1 工程概况

蔡尖尾山 2 号隧道主线长 4245m,设计为分离式双洞,属特长公路隧道。该隧道分 A、B 两个标段施工,A 标段与 B 标段相向开挖。

A 标段负责:左幅 ZK2+160～ZK3+580,长度为 1420m;右幅 YK2+155～YK3+580,长度为 1425m。隧道左洞进口洞口段为单向 4 车道隧道,后逐渐分岔为 3 车道主线及 2 车道 A 匝道(AK1+602.3～AK1+490,长度为 112.3m),隧道右洞进口洞口段为单向 4 车道隧道,后逐渐分岔为 3 车道主线及 2 车道 D 匝道(DK0+194.4～DK0+480,长度为 285.6m),双洞主线均上跨 A、C 匝道及芦澳路左、右线隧道。2 号隧道进口段 4 车道最大开挖净宽 20.4m,分岔段最大开挖跨度达 30.5m。

B 标段负责:左洞长度为 251.2m(ZK3+917.8～ZK4+169),右洞长度为 522.6m(YK3+997.4～YK4+520)。匝道从主洞三车道分岔出"3+2"车道,主洞隧道与匝道隧道平交口分岔部分采用分段逐步扩大形式,断面轮廓宽度由 14.45m(3 车道)→16.2m(FC1)→18.7m(FC2)→21.45m(FC3)→24.95m(FC4)→28.05m(FC5)逐步扩大,最大开挖净跨度达到 30.5m,最大开挖面积达 421.7m^2,为目前在建的亚洲最大跨度公路隧道断面;分岔段为复合式衬砌(二次衬砌厚度 45～75cm,分别加宽 1.75～3.1m,拱部高度加高 0.57～1.16m),二次衬砌台车需结合不同断面尺寸进行换装。

由于分岔段隧道断面特大而且断面面积变化,二次衬砌的钢筋绑扎及混凝土浇筑体量大,质量控制难度大。如何研制 1 台衬砌台车完成变断面隧道的二次衬砌施工,同时保证二次衬砌质量、提高施工效率、节约工期,是本工程亟待解决的问题。

衬砌台车是隧道施工过程二次衬砌中的专用设备,用于对隧道内壁的混凝土衬砌施工。目前我国的隧道二次衬砌施工台车有简易衬砌台车、全液压自动行走衬砌台车和网架式衬砌台车。虽然现有隧道二次衬砌台车种类繁多,但传统的衬砌台车在遇到加宽加大隧道断面时,存在调节困难、调整时间长、调节后模板轮廓误差大等问题,导致隧道施工二次衬砌质量差,大大降低了施工效率,增加了成本。

针对本工程隧道分岔变截面有 5 个不同尺寸断面组成,二次衬砌浇筑前需依次对衬砌台车进行加宽、加高实现换装功能。若采取传统衬砌台车换装技术,每种衬砌变化断面都要换装 1 次台车,不仅换装工程量大,而且周期长,每次需要 31d 完成改造换装,完成 5 次台车换装共需 155d,工期较长。同时台车更换材料堆积易造成场地及交通拥堵,影响掌子面开挖效率。针对这一工程难题,研制适用于特大变截面隧道的分岔特大变截面可伸缩衬砌台车,实现断面宽度从 14.45m 到 28.05m 的转换,从而缩短了变截面衬砌施作周期。

针对特大断面隧道二次衬砌钢筋容易出现的坍塌风险及二次衬砌拱顶混凝土的脱空问题,采用衬砌钢筋定位安装技术及二次衬砌防脱空监测预警系统,对于提高二次衬砌质量控制具有重要意义。

4.2 分岔特大变截面可伸缩衬砌台车研制

4.2.1 可伸缩衬砌台车基本组成

本项目研发的分岔特大变截面可伸缩衬砌台车按照由 FC1 断面变化为 FC5 断面只增不减的思路进行设计,减少了传统需要拆除构件及二次衬砌施工的时间,节约工程成本。变断面可伸缩式二次衬砌台车通过提升液压缸、横向安装轨道、增加液压缸和加长杆,以及增加横梁、立柱、面板等构件进行变截面改装。台车模板是由模板总成、顶模架体总成、平移机构、门架总成、丝杠千斤顶、液压系统、行走系统、电气系统等组成。

(1)衬砌台车长度 8m,面板厚度 12mm,腹板 12mm,门架面板 14mm。

(2)液压行走系统组成:由 2 套 10 连阀液压泵站控制 26 个液压缸完成台车的液压动作,液压系统压力 $P=16\mathrm{MPa}$,液压泵流量 $Q=14.6\mathrm{L/min}$;主行走采用四驱动力,为 4 台电机功率为 7.5kW 的驱动;横向辅助行走单轮 10 套,带 6 套电机功率 2.2kW 驱动;台车行走速度不大于 8m/min。

(3)单边脱模量为 100mm(局部最小),水平调整量为 125mm(单边)。

通过本项目研发的分岔特大变截面可伸缩衬砌台车,仅需一台衬砌台车即可实现 FC1~FC5 断面的 5 次变截面功能,达到变断面不更换台车的效果,实现快速换装,一台多用。同时确保二次衬砌内实外美、墙面平整、拱部圆顺、颜色协调一致。FC1、FC2 断面衬砌台车整体结构如图 4-1 所示。FC2 和 FC3 断面衬砌台车如图 4-2 所示。

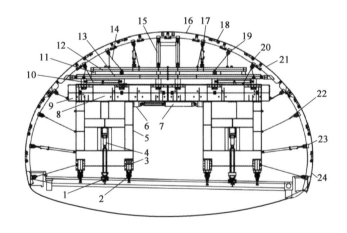

a)FC1 断面

图 4-1

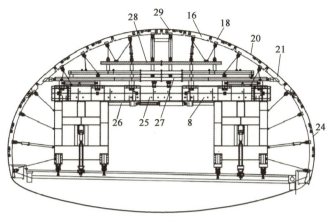

b)FC2断面

图 4-1 FC1、FC2 断面衬砌台车整体结构示意图

1-第一行走机构;2-第二行走机构;3-连接纵梁;4-提升液压缸;5-桁架;6-固定座;7-平移液压缸;8-滑套;9-横梁加长块;10-第一立柱;11-第二立柱;12-第二台架梁;13-第一台架梁;14-顶部支撑杆;15-拱顶立柱;16-第四顶模板;17-拱顶液压缸;18-第三顶模板;19-支撑杆铰支座;20-第二顶模板;21-第一顶模板;22-侧部支撑杆;23-侧向液压缸;24-侧模板;25-内横梁;26-加强杆;27-加长杆;28-第三台架梁;29-顶模加长板

a)FC2断面衬砌台车

b)FC3断面衬砌台车

图 4-2 FC2、FC3 断面衬砌台车现场照片

4.2.2 可伸缩衬砌台车断面变化方式

分岔特大变截面可伸缩衬砌台车通过提升液压缸、横向安装轨道、增加液压缸和加长杆,以及增加横梁、立柱、可调节式面板等构件进行变截面改造,可实现台车快速纵、横向移动和整体伸缩,如图 4-3 所示。换装后,面板轮廓拟合度经严格计算可控制在 3mm/2m 范围内,线形美观。分岔特大变截面可伸缩衬砌台车通过断面加宽或缩减的设计,减少了传统需要拆除构件的时间,减少了二次衬砌施工时间和经济成本。

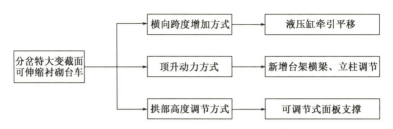

图4-3　分岔特大变截面可伸缩衬砌台车换装系统

液压缸牵引平移系统如图4-4所示：先将4根侧模液压缸安装在门架立柱的相应位置，将所有液压缸通过油管与泵站相连，通过泵站的操作使4个侧模液压缸都达到工作行程，即可实现台车横向、纵向自由移动到需要位置。安装平移液压缸后，门架横向拉伸每滑动1m平均所需2h，可快速实现台车横向跨度调节。

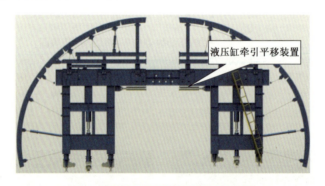

图4-4　液压缸牵引平移系统构造图

新增台架横梁、立柱调节：利用倒链先将顶模上的支撑横梁拆除，然后利用平移液压缸外移到需要位置，依次安装门架横梁、上纵梁、排式台架、小立柱，直至面板轮廓调整至需要的尺寸，即加高台架，台车整体加高系统构造如图4-5所示。可实现台车依次整体加高，起到整体支撑稳固状态，保证整体结构安全性，组装方便快捷，提高施工效率。

图4-5　台车整体加高系统构造图

可调节式面板支撑如图4-6所示。通过门架横梁下部的水平液压缸进行横向移动调宽，然后安装拱部可调节面板及相应丝杆，直至面板轮廓调整至需要的尺寸，即可实现面板轮廓要求，实现台车依次整体加高，且保持整体支撑稳固状态。台车整体加高一次可在4d内完成。

图 4-6 可调节式面板系统构造安装图

隧道施工分为左线施工和右线施工,左线隧道分岔段按 FC1→FC2→FC3→FC4→FC5 依次施工,衬砌台车按此顺序进行拼装及换装;右线隧道分岔段双向施工,经施工横洞进入右线 FC3,大里程方向按 FC3→FC2→FC1 依次施工,小里程方向按 FC3→FC4→FC5 依次施工。先行施作 FC3→FC2→FC1 二次衬砌,后转向小里程施作 FC4→FC5 二次衬砌。FC1～FC5 断面依次加宽过程中的台车加宽参数见表 4-1。

FC1～FC5 断面加宽参数　　　　　　　　　　　表 4-1

变化断面	横向加宽尺寸（cm）	竖向加宽尺寸（cm）	顶模加宽弧长（cm）	台车质量增加值（t）
FC1→FC2	42.6	250	28.32	16.208
FC2→FC3	54	275	30.20	19.214
FC3→FC4	128	350	46.32	25.113
FC4→FC5	112	310	82.54	21.283

台车主桁架按照标准三车道设计,由于衬砌台车左右边墙尺寸完全一致,并未发生改变,故仅通过改变拱顶顶模尺寸和增加门架横梁加长块来增加台车横向与竖向尺寸,由 3 车道加宽至 FC5,分别加宽 17.5cm、42.6cm、54cm、128cm、112cm。

4.2.3　可伸缩衬砌台车力学计算

4.2.3.1　计算参数

混凝土的重度为 $26kN/m^3$,混凝土浇筑速度为 2m/h,混凝土入模时的温度取 20℃,掺外加剂。钢材取 Q235 钢,重度为 $78.5kN/m^3$,弹性模量为 206GPa,容许抗拉、抗压、抗弯应力为 175MPa,容许抗剪应力为 101MPa。部分零件采用 45 号钢,容许抗拉、抗压、抗弯应力为 276MPa,容许抗剪应力为 101MPa。

4.2.3.2　计算荷载

振动器产生的荷载为 $4.0kN/m^2$,倾倒混凝土产生的冲击荷载为 $4.0kN/m^2$,两者不同时计算。

混凝土对侧模产生的压力主要为侧压力,侧压力计算公式为:

$$P = k\gamma h \tag{4-1}$$

式中：P——混凝土对模板产生的最大侧压力(kPa)；

k——外加剂影响修正系数，不掺外加剂时取 $k=1.0$，掺加具有缓凝剂作用的外加剂时 $k=1.2$；

γ——混凝土的重度(kN/m³)；

h——有效压头高度(m)。

式(4-1)中，h 的计算公式为：

当 $V/T < 0.035$ 时，

$$h = 0.22 + 24.9 V/T$$

当 $V/T > 0.035$ 时，

$$h = 1.53 + 3.8 V/T$$

式中：V——混凝土浇筑速度(m/h)；

T——混凝土入模时的温度(℃)。

根据前述已知条件，最大侧压力为：$P = k\gamma h = 1.2 \times 26 \times 1.9 = 60 \text{kN/m}^2$。

混凝土对顶模产生的压力由混凝土的重力和灌注混凝土的侧压力组成。

重力：$P_1 = \gamma h_1 = 26 \times 1.2 = 31.2 \text{kN/m}^2$，其中 h_1 为浇筑混凝土的厚度。

侧压力：$P_2 = k\gamma h = 1.2 \times 26 \times 0.82 = 25.6 \text{kN/m}^2$。

振捣混凝土产生的侧压力：$P_3 = 4 \text{kN/m}^2$。

振动器产生的荷载：$P_4 = 4 \text{kN/m}^2$。

模板自重：$P_5 = 2.2 \text{kN/m}^2$。

总压力：$P_{顶} = P_1 + P_2 + P_3 + P_4 + P_5 = 67 \text{kN/m}^2$。

4.2.3.3 门架检算

除了模板满足受力要求，保证台车的强度和稳定性，门架也需要满足受力要求。门架横梁与门架立柱之间用螺栓紧固，既能传递集中力又能传递弯矩，因此作为一个整体来分析。门架宽22.482m，竖向力主要由22.482m范围内的模板传递下来，8m台车总共4榀门架，中间两榀门架最大，则门架横梁受力为：$q_{榀\max} = (1.2 \times 26 \times 1.2) \times 8/3 \approx 100 \text{kN/m}$。

侧向力由侧模传至千斤，侧模高度6.75m，共4榀门架，中间两榀门架最大，则门架立柱受力为：$q_{榀\max} = 60 \times 8/3 = 160 \text{kN/m}$。

由以上分析，根据台车门架尺寸，得出检算模型如图4-7、图4-8所示。计算结果见表4-2、表4-3。

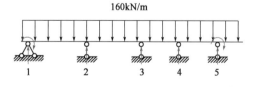

图4-7 侧模反力计算简图

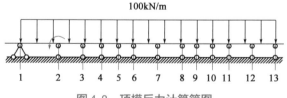

图4-8 顶模反力计算简图

侧模反力节点计算结果　　　　　　　　　表 4-2

支座节点	约束反力(kN)	力矩(N·m)
1	140.40	2×10^{-8}
2	292.57	0
3	248.44	0
4	148.21	0
5	235.18	9.68×10^{-8}

顶模反力节点计算结果　　　　　　　　　表 4-3

支座节点	约束反力(kN)	力矩(N·m)
1	143.56	0
2	239.90	9.69×10^{-8}
3	165.33	0
4	121.34	0
5	140.70	0
6	342.64	0
7	350.66	0
8	191.87	0
9	174.93	0
10	108.34	0
11	168.60	0
12	239.51	0
13	143.62	0

同理，中间设置防变形立柱、斜撑，对其进行强度计算，最终计算结果横梁最大应力为 175MPa，立柱最大应力为 82MPa，斜撑最大应力为 32MPa，都小于或等于容许应力 175MPa；台车门架刚度计算最大变形为 7.9mm，小于 22mm，刚度合格。

分岔特大变截面可伸缩衬砌台车在完成荷载计算后，还应对面板、加强槽钢、弧板、腹板、台架立柱、上纵梁、门架、下纵梁、丝杆千斤顶等构件进行强度与刚度的检算，并对台车进行浮力以及液压系统检算。本章台车已经通过 SM-solver 软件的结构受力计算，除介绍门架强度检算部分过程外其余部分不再进行详细介绍。检算确保了台车满足二次衬砌断面频繁变化要求，但现场施工要求在保证结构刚度与稳定性的同时也要确保实操简单方便，成本亦要合理，理论与实际的结合是保证大跨径隧道二次衬砌施工质量及安全的关键。

4.3 分岔特大变截面可伸缩衬砌台车应用

4.3.1 衬砌台车安装步骤

变截面段采用复合式衬砌施工，按照设计要求分岔特大变截面可伸缩衬砌台车需变化四次，分别加宽 2.5m、2.75m、3.5m、3.1m，二次衬砌应在围岩和初期支护变形基本稳定后及时施作。

台车主桁架按照 FC1 断面设置，FC2 断面在 FC1 断面台车基础上新增门架加长块和顶模。FC1→FC3 逐步加宽 2.5m、2.75m 时，采取新增门架横梁加长块、上部台架和顶模。FC3→FC5 逐步加宽 3.5m、3.1m 时，新增门架横梁加长块、上部台架和顶模。此时门架横梁悬挑较长，需在门架横梁下新增一排副立柱、门架斜撑及辅助从动行走系统，加强横梁中部承重能力，实现横梁顺畅的滑动伸缩，同时增强整个台车的稳定性。具体操作是通过新增顶模，增加门架横梁加长块、中纵梁、小立柱、千斤顶、丝杆、液压系统、行走系统进行转换。

台车安装步骤如下：

（1）轨道安装

台车由 FC1（最小断面）开始安装，首先使用电子经纬仪和水准仪确定隧道中心线，中心线左右各偏移 3.6m 即为台车轨道中心线，台车不用枕木，调平层上直接平稳地安放 60kg/m 的台车轨道，轨道之间用夹板连接。

（2）下纵梁及行走机构安装

将行走系统和举升液压缸根据下纵梁上的孔位安放在台车轨道上，用钢管和钢筋固定。再用吊车或者装载车将另一侧的行走系统和举升液压缸根据孔位拼装完成并放置于台车轨道上，并用螺栓拧紧连接。

（3）门架安装

先将 2 个门架立柱和 1 个门架横梁用螺栓拧紧连接，再用起重机或者装载车将整个门架吊起安放在下纵梁上，用螺栓拧紧连接。4 排门架都按照以上步骤进行安装。再用横梁连接杆和立柱连接杆将 5 排门架用螺栓拧紧连接。

（4）台架安装

先将 6 根中纵梁用起重机或者装载车吊起、安装在相应的门架横梁上，找平、对中后用平移架连接。最后将 5 排台架横梁对准孔位安装在中纵梁上面，并装上相应的小立柱。

（5）模板安装

先将顶模用起重机或者装载车吊起、安装在小立柱上，将小立柱和台架横梁与顶模用螺栓拧紧连接，4 块顶模依次安装。

然后将侧模用起重机或者装载车吊起，通过销子将顶模和侧模进行连接、安装，左右各 4 块侧模依次安装（切记从中间向两边安装）。

（6）侧模液压缸及千斤安装

先将 4 根侧模液压缸安装在门架立柱的相应位置，将所有液压缸通过油管与泵站相连，通过泵站的操作使 4 个竖向液压缸和 4 个侧模液压缸都达到工作行程。依次将所有千斤安装在台车的相应位置，并且使所用千斤都顶紧。

（7）台车试运行

检查、拧紧所有的螺栓和千斤，使所用液压缸都伸到工作位置。电机接通电源，通过控制器控制台车的前行和后退。

最后将台车模板表面抛光、打油，开至浇筑位置，准备进行浇筑，台车进行拆除时按安装逆向操作即可。

4.3.2 不同断面台车截面的转换

4.3.2.1 FC1 断面至 FC2 断面的转换

FC1 断面台车变为 FC2 断面台车的转换步骤如下：

FC1 二次衬砌施工结束后按序拆掉上部台架及拱顶位置的螺栓,主动行走用顶升液压缸提离轨道。在副下纵梁下的辅助轮下横向安装轨道,通过门架横梁下部的水平液压缸横向移动,由于液压缸行程只有1m。需通过增加液压缸加长杆逐渐变宽。加宽总尺寸为2.5m,加高0.426m。新增左右对称弧长为1416mm的模板,新增台架横梁、台架小立柱,加宽部位新增门架横梁加长块。台车质量为150.662t,比FC1断面台车增加了16.208t。变化前后FC1、FC2断面如图4-9、图4-10所示。

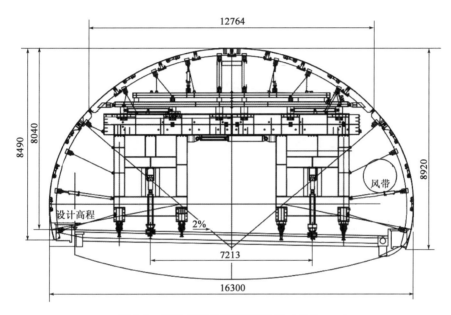

图4-9 FC1标准台车断面图(尺寸单位:mm)

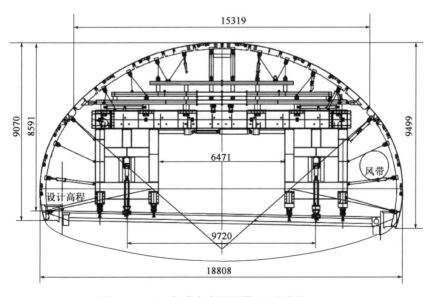

图4-10 FC2标准台车断面图(尺寸单位:mm)

4.3.2.2 FC2 断面至 FC3 断面的转换

FC2 断面台车变为 FC3 断面台车的步骤如下：

FC2 二次衬砌施工结束后按序拆掉上部台架及拱顶位置的螺栓，主动行走用顶升液压缸提离轨道。在副下纵梁下的辅助轮下横向安装轨道，通过门架横梁下部的水平液压缸横向移动，由于液压缸行程只有 1m，需通过增加液压缸加长杆逐渐变宽。加宽总尺寸为 2.75m，加高 0.54m。新增左右对称弧长为 1510mm 的模板，新增台架横梁、台架小立柱，加宽部位新增门架横梁加长块，台车质量为 169.876t，比 FC2 断面台车增加了 19.214t，变化后 FC3 断面如图 4-11 所示。

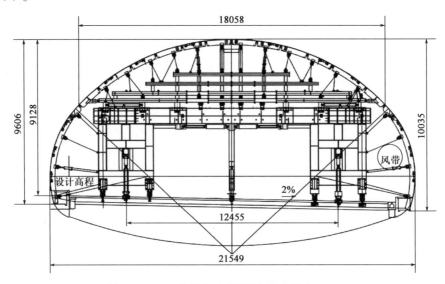

图 4-11　FC3 标准台车断面图(尺寸单位:mm)

4.3.2.3 FC3 断面至 FC4 断面的转换

FC3 断面台车变为 FC4 断面台车的步骤为：FC3 二次衬砌施工结束后按序拆掉上部台架及拱顶位置的螺栓，主动行走用顶升液压缸提离轨道。在副下纵梁下的辅助轮下横向安装轨道，通过门架横梁下部的水平液压缸横向移动，由于液压缸行程只有 1m，需通过增加液压缸加长杆逐渐变宽。加宽总尺寸为 3.5m，加高 1.28m。新增左右对称弧长为 2316mm 的模板，新增台架横梁、台架小立柱，加宽部位新增门架横梁加长块，台车质量为 194.989t，比 FC3 断面台车增加了 25.113t，变化后 FC4 断面如图 4-12 所示。

4.3.2.4 FC4 断面至 FC5 断面的转换

FC4 断面台车变为 FC5 断面台车的步骤为：FC4 二次衬砌施工结束后按序拆掉上部台架及拱顶位置的螺栓，主动行走用顶升液压缸提离轨道。将轨道横向旋转放在副下纵梁下的辅助轮下横向移动，通过门架横梁下部的水平液压缸横向移动，由于液压缸行程只有 1m，需通过增加液压缸加长杆逐渐变宽。加宽总尺寸为 3.1m，加高 1.12m。新增弧长为 4126mm 的模板，新增台架横梁、台架小立柱，加宽部位新增门架横梁加长块，台车质量为 216.272t，比 FC1 断面时增加 21.283t，变化后 FC5 断面如图 4-13 所示。

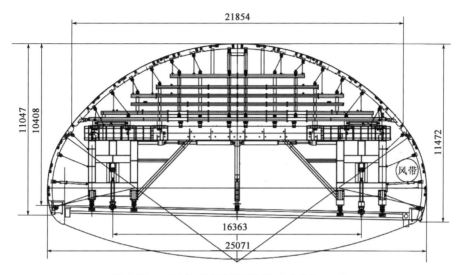

图4-12 FC4标准台车断面图(尺寸单位：mm)

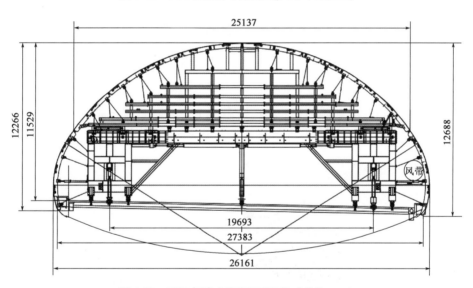

图4-13 FC5标准台车断面图(尺寸单位：mm)

4.4 特大断面隧道二次衬砌钢筋安装定位防坍塌技术

4.4.1 衬砌钢筋施工防倾覆措施

为保证施工安全,避免发生二次衬砌钢筋骨架倾覆事故,根据不同衬砌类型及以往施工经验确定施工方案:利用水平向、环向、径向定位钢筋焊接组成基本支撑骨架,同设计钢筋绑扎形成整体骨架,以自稳定为主,断面较大时前进方向大里程端(远端)拱部辅以锚杆悬吊支撑同定位骨架共同承担部分钢筋重量,达到钢筋骨架稳定、安全施工的目的。

水平定位钢筋采用 φ25mm 螺纹钢筋,一端锚固于已施工衬砌混凝土中,同环向、径向定位筋交叉点焊接连接牢固,另一端伸出二次衬砌混凝土端头 20~30cm,作为下一板二次衬砌端头定位连接筋。水平向定位钢筋单独设置,环向间距约 3m;环向定位筋利用设计主筋沿纵向 2m 间距布置,环向定位主筋沿初期支护轮廓紧压防水板布置。定位骨架钢筋各节点采用绑扎结合焊接连接,主筋连接采用焊接连接,主筋同定位骨架连接采用绑扎连接(每处节点均绑扎,扎丝采用 18 号铁丝),如图 4-14 所示。

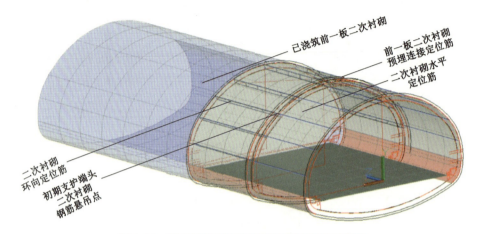

图 4-14 特大断面隧道钢筋定位骨架三维示意图

S4(4 车道)、FC2 断面(分岔断面 2)的衬砌钢筋骨架具备自稳定能力,定位筋骨架一端锚固于已施工衬砌混凝土中,远端不设置锚杆辅助悬吊支撑,如图 4-15 所示。

a)已浇筑二次衬砌端　　　　　　　　b)远离衬砌端

图 4-15 二次衬砌钢筋纵向水平筋固定

FC3~FC5 断面(分岔断面 3、分岔断面 4、分岔断面 5)衬砌断面较大,钢筋骨架自稳定能力较差,除定位筋骨架一端锚固于已施工衬砌混凝土中外,远端拱部相应设置锚杆辅助悬吊支撑,同时 344m²(FC4)及 421m²(FC5)特大断面衬砌钢筋绑扎时,于每板 10m 长钢筋骨架中部再增设 1 榀 I20a 型钢拱架进行固定加强,确保大断面二次衬砌钢筋施工安全,如图 4-16 所示。

图 4-16　防坍塌钢拱架安装

4.4.2　衬砌钢筋安装工艺

(1) 定位钢筋

在二次衬砌防水板铺设完成后,由技术人员在该环二次衬砌中部位置及端头位置的防水板上测出每道定位钢筋断面3个点,用以确定定位钢筋断面,并以红色油漆标识。钢筋班组根据标识(每2m一环)先安装好外层环向定位主筋,并在端头环向主筋上焊接控制层间距及保护层的法向定位钢筋,法向定位钢筋采用L形焊接在环向定位筋上,焊接时注意用竹胶板外贴,防止烧坏防水板,如图4-17所示。

图 4-17　外层定位钢筋施工

在环向定位钢筋及法向定位钢筋安装好之后,由技术人员根据保护层控制厚度进行水平定位钢筋的测量放样(采取两头测量放样,再根据放样点采用细线拉直焊接水平定位钢筋,保证水平定位钢筋顺直水平)。

(2) 外层钢筋

根据法向定位筋上测量点位及层间距宽度,焊接外层钢筋水平定位钢筋,再根据设计要求安装外层钢筋(靠近防水板一侧),其间距、连接方式等应符合设计及规范要求(可采用钢筋卡具或事先在水平定位筋上画好钢筋位置),确保主筋间距均匀,并在外层钢筋与防水板之间安装保护层垫块,每平方米4个,呈梅花形布置,防止钢筋与防水板紧贴及损坏防水板。安装好的外层钢筋应绑扎稳定牢固,不得出现晃动现象,如图4-18所示。

a)拉线控制法向定位钢筋　　　　　　b)水平定位钢筋的焊接

图 4-18　外层钢筋定位

(3) 内层钢筋

在外层钢筋安装完成并验收合格后再进行内层钢筋的安装,在内层钢筋安装前,先根据技术人员对保护层控制测量放样点采用拉线形式焊接水平定位钢筋(确保水平定位钢筋顺直)。

焊接纵向定位钢筋时根据钢筋直径和保护层厚度要求,计算纵向定位钢筋的位置。以蔡尖尾山 FC2Ⅳ 段衬砌 $\phi25mm$ 钢筋为例进行计算:测量放样净保护层控制在 60mm,拱顶位置考虑钢筋下沉影响,保护层控制在 80mm。主筋直径 25mm,勾筋直径 8mm,纵向定位钢筋位置应在测量保护层控制点向外 25+8=33mm 的位置。

在纵向定位钢筋固定好之后,作业人员采用钢筋卡具或事先在水平定位筋上画好钢筋位置点安装内层主筋,且在环向主筋与纵向定位钢筋交叉节点位置处绑扎牢固,确保环向主筋的稳定性,如图 4-19 所示。

图 4-19　定位钢筋骨架安装

(4) 混凝土垫块安装

在衬砌钢筋安装完成后,每 $1m^2$ 绑扎 4 个垫块,梅花形布置,用于防止混凝土在浇筑过程中衬砌钢筋受混凝土挤压或自重产生位移变化,影响保护层厚度,如图 4-20 所示。

（5）设置保护层辅助支撑钢筋

由于二次衬砌拱顶部位的衬砌钢筋保护层较难控制,在浇筑混凝土时,拱顶的钢筋容易出现下沉现象,在拱部应焊接支撑定位钢筋,钢筋预伸长度为净保护层厚度,设置于定位筋骨架各节点处,防止混凝土浇筑过程中拱顶衬砌钢筋受力下沉影响保护层厚度,如图4-21所示。

图4-20 混凝土垫块安装

图4-21 拱部焊接保护层辅助支撑定位钢筋

4.4.3 衬砌台车定位

衬砌台车定位前需要技术人员进行测量放样,采用全站仪放出端头中线,并计算台车中心定位高度及模板底部高度,为保证隧道净空(主要考虑浇筑混凝土过程中台车下沉),在放线时高程抬高2cm。

根据点位定位好台车后,采用全站仪再次检查台车模板轮廓与衬砌设计轮廓线是否重合,若超出规范允许范围需要再次进行调整,直到满足要求确认无误后可对台车进行加固,进入下道工序施工。

4.5 特大断面隧道二次衬砌防脱空措施

4.5.1 拱顶脱空报警监测系统

由于衬砌脱空对隧道结构和运营安全的威胁极大,而脱空形成后进行加固处治又非常困难,加强衬砌浇筑过程管控、主动避免脱空形成尤为重要。造成衬砌脱空的原因多种多样,既有混凝土流动性不足、泵送压力不足、防水层松铺不足等技术原因,也有心理侥幸、责任心不强、监管不严等人为因素,加之与主动监测配套的脱空缺陷补救措施尚不完善,导致衬砌防脱空形势依然十分严峻。

在此背景下,基于衬砌防脱空监测技术,进一步搭建网络管控平台,实时监测,在隧道施工过程中及时进行质量检测并消除质量缺陷,主动避免脱空形成,对彻底破解衬砌脱空多发难题,保障隧道安全运营具有十分重要的意义。

为解决上述实际工程问题,二次衬砌台车设计安装了车防脱空报警监测系统———一种自动监测及预警的系统。该系统可以完成监测信息的自动采集、存储、预警显示等工作,实现信息化、实时化,使生产、安全管理人员可以及时直观地掌握安全参数的实际动态,进行安全评价、预警预报,并指导生产,为加固工程设计、管理及消除隐患提供依据,为安全监测与管理决策提供有力支持,为确保安全生产,充分发挥工程效益,提供一个良好的高新技术平台。二次衬砌台车防脱空报警监测系统分为现场传感系统、数据采集系统、中央处理系统和声光报警系统,如图4-22所示。

图4-22 可视化衬砌防脱空报警监测系统构成

现场传感系统包括4组压力传感器,用于监测二次衬砌混凝土浇筑时的压力;数据采集系统主要采集各传感器的数据;中央处理系统的作用是综合收集和处理各监测终端回传的信息;当衬砌混凝土浇筑达到饱满状态时,压力传感器达到预设阈值,声光报警系统的指示灯会出现相应提示,如图4-23所示。

图4-23 二次衬砌防脱空报警监测系统实物

二次衬砌台车防脱空报警监测系统具有以下优点:

(1)零风险。通过传感设备智能化、自动化监测二次衬砌混凝土浇筑状态,无须人员现场实时查看。

（2）高效率。能够全天候24h实时监测，当混凝土浇筑出现异常时，触发报警机制，系统能够第一时间通过指示灯将预警信息通知相关管理人员。

（3）服务优。可测得连续海量数据，稳定获取有效的数据可持续。存储监测数据，为今后同类工程设计、施工提供类比依据。

二次衬砌台车防脱空报警监测系统可有效降低拱顶脱空，提高二次衬砌的质量。经实体检测：大断面段落拱顶二次衬砌无脱空现象。

4.5.2 拱顶脱空治理

通过预埋活性粉末混凝土（Reactive Powder Concrete，RPC）注浆管及时进行带模注浆，如图4-24所示。带模注浆解决拱顶混凝土厚度不足与拱顶脱空问题，衬砌台车模板顶部设注浆孔，焊接内嵌螺栓的固定法兰盘。混凝土浇筑完成后，4h内进行主注浆孔注浆，注浆完成后调换至下一注浆孔继续注浆。通过带模注浆，实现拱顶脱空的二次充填，保障二次衬砌浇筑质量。

图4-24 二次衬砌带模注浆

4.6 本章小结

（1）针对特大断面隧道分岔变截面段研制特大变截面可伸缩衬砌台车，台车通过提升液压缸、横向安装轨道，增加液压缸和加长杆，增加横梁、立柱、面板等构件，从台车两侧对称增加截面宽度，进行变截面改造，不需对原有台车进行完全拆除，只需新增一部分构件，加宽、加高断面达到变截面隧道的施工，通过增加横向跨度、调节拱部高度等方式实现了台车快速纵、横向自由移动和整体伸缩，大幅减少了变截面衬砌施工时拆除构件与台车更换的时间，降低了经济成本，节约了施工时间；台车在进料窗处设有特别加强筋，防止因变形造成漏浆或错台，两个工作窗之间有设置附着式振动器，以此减少蜂窝麻面；台车所有的行走电机均为自带制动器，可实现动力制动，另设有行走夹轨器来防止溜车现象，能大幅度提升施工的安全性。

（2）特大断面隧道二次衬砌钢筋主筋为$\phi 25mm$、间距15cm，双层布置，断面跨度大，扁平率为0.585，最大断面一板二次衬砌钢筋总质量达27.98t，二次衬砌钢筋骨架自稳能力不足，存在坍塌风险。为确保钢筋绑扎过程施工安全，以及混凝土浇筑过程不发生钢筋下沉，利用水平向、环向、径向定位钢筋焊接组成基本支撑骨架,同设计钢筋绑扎形成整体骨架。二次衬砌钢筋定位骨架水平筋一端预埋至已浇筑混凝土中,另一端延长固定至防水板端头初期支护中,$344m^2$(FC4)及$421m^2$(FC5)特大断面衬砌钢筋绑扎时,于每板10m长钢筋骨架中部再增设1榀I20a型钢拱架进行固定加强。采用防坍塌技术解决了二次衬砌钢筋空间定位问题,确保了钢筋层距、内外保护层厚度,防止了二次衬砌钢筋在绑扎过程及混凝土浇筑过程下沉,有效确保了特大断面隧道二次衬砌钢筋绑扎质量,同时该定位方法能使防水板与初期支护层紧紧密贴,大大减少了二次衬砌背部脱空缺陷。

(3)衬砌脱空既会改变初期支护对二次衬砌的约束和荷载传递,又会造成衬砌厚度不足,从而影响衬砌承载。针对特大断面二次衬砌拱顶脱空问题,采用防脱空监测系统动态监控二次衬砌混凝土的浇筑质量,并通过预埋RPC注浆管及时进行带模注浆,实现拱顶脱空的二次充填,保障二次衬砌浇筑质量。

第5章

特大断面隧道二次衬砌强度发展规律与拆模时间优化研究

海沧疏港通道工程蔡尖尾山2号隧道地下互通立交主线、互通匝道分岔段衬砌断面共加宽5次,最大单次加宽3.75m,累计加宽达13.6m,最大断面可容纳"主线3车道+匝道2车道",设计二次衬砌净跨度28.05m。在超大断面隧道完成开挖和初期支护之后,通过在通用的三车道台车主门架基础上增加单个副门架或两个副门架,安装台车上部加长及新增顶模支撑架体,更换与加宽断面相同半径的拱顶面板,实现短距离变截面隧道二次衬砌台车多次加宽转换施工,有效解决了超大断面隧道衬砌台车短距离变化频繁的技术难题,在此基础上总结形成超大变截面隧道二次衬砌施工工法。

在上述施工过程中,超大断面二次衬砌拆模时间的计算分析同时影响着隧道二次衬砌的安全和施工进度。若拆模时间过早,混凝土强度满足不了超大断面隧道二次衬砌自重稳定或其他偶然超载的承载力,则二次衬砌结构可能发生破坏;若拆模时间过晚,则施工效率被降低造成成本浪费。因此,本章将展开超大断面隧道二次衬砌拆模时间控制研究。

本工程拆模以最后一盘封顶混凝土试件达到的强度来控制。对于超大变截面隧道二次衬砌,一般S3(三车道)、S4(四车道)及FC2段(约同于四车道)混凝土强度应达到10MPa以上(约浇筑完36h后)能承受自重荷载时拆除;FC3(约同于五车道)、FC4(约同于六车道)地段拆模时间应分别不早于浇筑完成后72h、96h拆模;FC5(约同于七车道)地段拆模时间应不早于设计强度的75%拆模(约浇筑完120h后)。

然而,上述拆模控制来自经验。本章将根据超大断面隧道开挖支护与二次衬砌施工流程,开展不同断面和围岩情况下的二次衬砌力学性质的有限元分析研究,通过围岩-初期支护-二次衬砌共同作用对二次衬砌受力进行分析,考虑混凝土强度和刚度非线性,为精细化分析二次衬砌拆模时间安全评估提供参考。

首先,采用混凝土本构模型模拟二次衬砌的结构强度发展,需要对该本构模型的理论和参数含义进行研究。该模型可以较全面地考虑混凝土从注入到凝固全过程的刚度和强度等时间相关属性。结合二次衬砌混凝土抽样试验成果对初凝土本构模型主要参数进行确定,主要参数有3d和28d抗压和抗拉强度、非线性刚度、终凝时间等。

然后,选择FC5段(约同于七车道)建立围岩-初期支护-二次衬砌共同作用的有限元模型,进行拆模时间影响研究。二次衬砌采用混凝土本构模型,研究超大断面二次衬砌拆模时,混凝土的强度、荷载、内力和变形等分布规律,并假定增加15%的上覆荷载对二次衬砌内力进行校验,最终获得关于安全性或优化设计的结论。

最后,对FC2段(约同于四车道)、FC3段(约同于五车道)、FC4段(约同于六车道)均进行拆模时间分析,得出关于安全性或优化设计的结论。

5.1 混凝土模型参数确定

5.1.1 模型输入参数

混凝土本构模型全部属性可以由若干个参数共同确定,包括时间相关非线性刚度和强度、蠕变、收缩、能量等属性。具体参数及简要说明见表5-1。

混凝土模型输入参数　　　　　表 5-1

序号	参数	说明	单位
1	E_{28}	混凝土养护 28d 的弹性模量	kN/m²
2	ν	泊松比	—
3	$f_{c,28}$	混凝土养护 28d 的单轴抗压强度	kN/m²
4	$f_{t,28}$	混凝土养护 28d 的单轴抗拉强度	kN/m²
5	ψ	剪胀角	°
6	E_1/E_{28}	弹性刚度的时间依赖性	—
7	$f_{c,1}/f_{c,28}$	强度的时间依赖性	—
8	f_{c0n}	归一化初始发挥强度	—
9	f_{cfn}	归一化破坏强度（受压）	—
10	f_{cun}	归一化残余强度（受压）	—
11	ε_{cp}^p	1h、8h、24h 时的单轴塑性破坏应变	—
12	$G_{c,28}$	混凝土养护 28d 的压缩断裂能	kN/m
13	f_{tun}	残余抗拉强度/峰值抗拉强度	—
14	$G_{t,28}$	混凝土养护 28d 的拉伸断裂能	kN/m
15	L_{eq}	等效长度（若未使用正则化）	m
16	a	ε_{cp} 随 p' 增量的增量	m
17	Φ_{max}	最大摩擦角	°
18	Φ^{cr}	蠕变应变/弹性应变	—
19	t_{50}^{cr}	50% 蠕变应变对应的时间	d
20	ε_∞^{shr}	最终收缩应变	—
21	t_{50}^{shr}	50% 收缩应变对应的时间	d
22	γ_{fc}	抗压强度安全系数	—
23	γ_{ft}	抗拉强度安全系数	—
24	t_{hydr}	充分水化所需时间（一般为 28d）	d

5.1.2 时间相关材料参数

5.1.2.1 弹性刚度

混凝土的刚度和强度因水泥的水化作用随时间快速增大,模型中弹性模量 E 的计算公式为：

$$E(t) = E_{28} \exp[S_s(1 - \sqrt{t_h/t})] \tag{5-1}$$

式中：E_{28}——混凝土养护 28d 的弹性模量（kPa）；

t_h——达到完全养护的时间（d），通常取为 28d；

t——时间（d）；

S_s——控制刚度随时间变化的参数。

S_s 可通过 1d 和 t_h(d) 的刚度比 E_1/E_{28} 来表示：

$$S_{s} = -\frac{\ln(E_1/E_{28})}{\sqrt{t_h}-1} \tag{5-2}$$

5.1.2.2 强度

单轴抗压强度 f_c 随时间的变化采用与弹性模量 E 类似的方法来描述,见式(5-3);S_{st} 为控制强度随时间发展的参数,通过养护 1d 和 t_h(d)的强度比 f_{c1}/f_{c28} 来描述,见式(5-4)。在初期采用很低的抗压强度值,取 $f_c = 0.005 f_{c,28}$。

$$f_c(t) = f_{c,28}\exp[S_{st}(1-\sqrt{t_h/t})] \tag{5-3}$$

$$S_{st} = -\frac{\ln(f_{c,1}/f_{c,28})}{\sqrt{t_h}-1} \tag{5-4}$$

5.1.3 状态变量

状态变量是监测应力-应变行为、时间相关参数演化和每个应力点蠕变历史的内部变量。状态变量还可给出材料利用现状的有用信息。在初次激活混凝土材料组时会对状态变量进行初始化。在初始化过程中,会对硬化参数 H_c 和 H_t 进行调整,以使初始应力状态处于修正屈服面上。当使用初始材料强度时,不建议在预设材料替换计算(wished-in-place calculation,即不模拟开挖而是采用混凝土模型替换前一材料组)中使用时间相关强度。混凝土模型状态变量见表 5-2。

混凝土模型状态变量　　　　　　　　　　表 5-2

参数	说明	单位
t_0	初次激活的时间	d
$E(t)$	当前计算中的平均弹性模量	kN/m^2
$f_c(t)$	当前计算步结束时的单轴抗压强度	kN/m^2
H_c	归一化压缩硬化/软化参数(0~1:硬化;>1:软化)	—
H_t	归一化拉伸软化参数(0:无软化;0~1:软化;>1:残余)	—
L_{eq}	等效长度	m
f_{cy}	当前压缩屈服应力	kN/m^2
$F_{util,fc}$	压缩状态下混凝土强度	—
$F_{util,ft}$	拉伸状态下混凝土强度	—

5.2 FC5 断面不同拆模时间对二次衬砌混凝土安全影响分析

5.2.1 数值模型建立

5.2.1.1 数值模型设计

基于 PLAXIS 2D 岩土有限元数值分析平台建立超大断面隧道二维数值模型,引入混凝土本构模型描述二次衬砌混凝土材料的强度和刚度特性,对二次衬砌混凝土凝固硬化过程中的强度特性和受力状态进行深入研究。模型基本考虑与假定如下。

(1)为了尽量避免其他过多因素影响,便于研究二次衬砌混凝土材料力学特性和分析规律,基于 FC5 断面,选取中风化花岗岩地层作为围岩材料,建立单一地层超大断面隧道二维有限元模型,如图 5-1 所示。

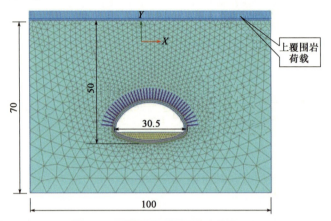

图 5-1　隧道数值模型(尺寸单位:m)

(2)二维数值模型长 100m、高 70m,两侧边界设置水平约束,底部边界设置固定约束,隧道底部埋深 180m,上边界承受 130m 高的压力荷载(3120kPa)。

(3)根据设计资料,导入 FC5 设计剖面图建立模型,超大断面隧道跨度 30.5m。

(4)围岩、初期支护、二次衬砌和仰拱回填均采用 15 节点高阶三角形实体单元进行模拟,中空锚杆采用锚索单元模拟,二次衬砌与初期支护之间设置接触面。围岩力学行为采用霍克布朗本构模型(HB)进行描述,二次衬砌行为采用混凝土模型(CM)进行描述。

5.2.1.2　计算参数

二次衬砌参数基于取样试验数据与经验而获得,见表 5-3。其中,时间相关非线性强度采用 CEB-FIP 公式拟合,如图 5-2 所示。

二次衬砌材料主要参数　　　　　　　　表 5-3

参数	说明	单位	C30 混凝土	C40 混凝土
E_{28}	混凝土养护 28d 的弹性模量	kN/m²	3×10^7	3.25×10^7
ν	泊松比	—	0.2	0.2
$f_{c,28}$	混凝土养护 28d 的单轴抗压强度	kN/m²	38200	48200
$f_{t,28}$	混凝土养护 28d 的单轴抗拉强度	kN/m²	3820	4820
E_1/E_{28}	弹性刚度的时间依赖性	—	0.6	0.6
$f_{c,1}/f_{c,28}$	强度的时间依赖性	—	0.25	0.25
$G_{c,28}$	混凝土养护 28d 的压缩断裂能	kN/m	50	60
$G_{t,28}$	混凝土养护 28d 的拉伸断裂能	kN/m	0.05	0.06
Φ_{max}	最大摩擦角	(°)	37	37
t_{hydr}	充分养护所需时间	d	28	28
γ	重度	kN/m²	23.3	23.4

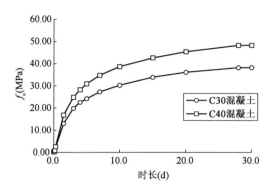

图 5-2 二次衬砌混凝土强度与时间关系曲线

根据图 5-2 选取典型时刻的混凝土强度,结果见表 5-4。从表中不难发现 3d 强度低于实测值,CEB-FIP 公式拟合曲线相对保守。文献[58]中对二次衬砌混凝土 C30 强度随时间的变化进行了监测,28h 可以达到 13.94MPa。相比而言,使用 CEB-FIP 公式拟合曲线给出的 C30 混凝土 36h 强度为 12.96MPa,亦相对保守。本书不考虑二次衬砌混凝土材料蠕变特性。

二次衬砌混凝土典型时刻单轴抗压强度   表 5-4

时长(d)	C30 混凝土(MPa)	C40 混凝土(MPa)	备注
0.0	0.19	0.24	
0.08	0.19	0.24	截断点 1.9h
0.15	0.62	0.80	实测终凝时间为 3.7h
0.29	2.31	2.57	7h
1.50	12.96	16.77	
3.00	19.80(24.5)	24.86(31.3)	括号中为实测值
4.00	22.51	28.25	
5.00	24.20	30.89	
7.00	27.30	34.75	
10.00	30.30	38.65	
15.00	33.90	42.55	
20.00	36.10	45.32	
28.00	38.20	48.20	取样实测值
30.00	38.20	48.20	

中风化花岗岩围岩采用 HB 模型,参数基于第 2 章研究成果而来,见表 5-5。

中风化花岗岩和强风化花岗岩参数　　　　表5-5

参数	单位	中风化花岗岩	强风化花岗岩
重度 γ	kPa	24	22
弹性模量 E	MPa	36970	15500
泊松比 ν	—	0.22	0.25
岩体单轴抗压强度	kPa	22.32E3	3614
岩体单轴抗拉强度	kPa	1236	138.3
单轴压缩强度 $\|\sigma_{ci}\|$	MPa	118.77	60
GSI	—	70	50
m_i	—	10	10
D	—	0	0

初期支护采用莫尔-库仑模型（MC），仰拱回填采用线弹性模型（LE），模型基本参数见表5-6。初期支护中空锚杆根据地质勘察报告输入注浆浆液与围岩的黏结强度600kPa，弹性模量 $3×10^7$ kPa，直径25mm。

初期支护与仰拱材料参数　　　　表5-6

项目	单位	初期支护（C25混凝土）	回填仰拱（C15混凝土）
本构模型	—	MC	LE
重度 γ	kPa	24	23
弹性模量 E	MPa	28000	26000
泊松比 ν	—	0.2	0.2
黏聚力 c	kPa	4000	—
内摩擦角 φ	kPa	55	—

5.2.1.3　计算工况

施工过程模拟步骤如下：

（1）在模型上表面施加上覆岩体压力，模型内部施加重力荷载，计算地层初始地应力场。

（2）开挖隧道，设置应力释放率为10%。

（3）激活超大断面隧道的初期支护，围岩应力释放率为100%，此时初期支护承受了围岩全部压力。

（4）仰拱浇筑，并且养护3d，二次衬砌内壁施加位移约束。

（5）回填仰拱。

（6）边墙与顶拱浇筑，并且养护5d，二次衬砌内壁施加位移约束。

（7）拆模，取消二次衬砌隧道内壁的位移约束。上覆围岩荷载从3120kPa增加到3600kPa，考虑偶然荷载与未完全释放的应力等不利扰动。

具体施工工序数值模型如图5-3所示。

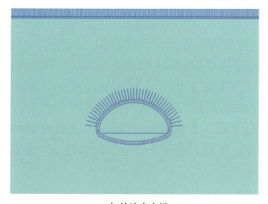

a) 初始地应力场

b) 开挖隧道,应力释放率为10%

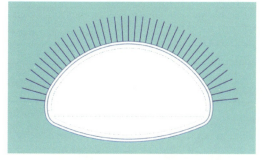

c) 施作隧道初期支护,应力释放率为100%

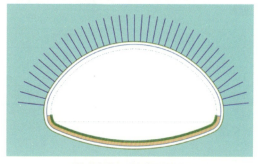

d) 浇筑仰拱,施加位移约束3d

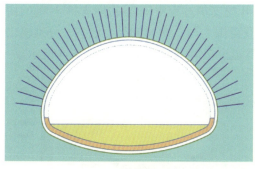

e) 回填仰拱

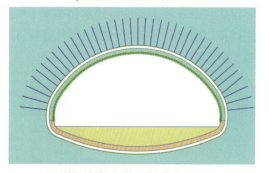

f) 浇筑边墙与顶拱,施加位移约束5d

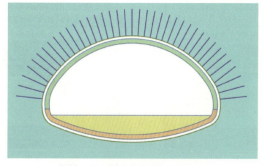

g) 拆模、上覆围岩荷载增加到3600kPa

图5-3 各施工工序模型图

5.2.1.4 计算方案

为了研究本项目不同断面的拆模时间对二次衬砌混凝土安全性的影响,共建立10个模型。其中,FC5断面实际施工拆模时间为5d,另假定拆模时间3d、终凝状态3.7h、最低强度1.9h三个对比模型;FC4断面实际施工拆模时间4d,另建立拆模时间3d对比模型;FC3断面实际施工拆模时间3d,另建立拆模时间2d对比模型;FC2断面二次衬砌混凝土采用C30,实际拆模时间1.5d,另建立拆模时间1.0d对比模型,围岩等级为Ⅳ级强风化花岗岩,上覆荷载初始值与终值分别为2860kPa和3300kPa。基准模型为模型1,其余9个模型参数取值与基准模型参数相同。具体参数变化方案见表5-7。

参数变化方案　　　　表5-7

断面	二次衬砌台车模板拆除或卸落时间							
	5d	4d	3d	2d	1.5d	1.0d	3.7h	1.9h
FC5	模型1	—	模型2	—	—	—	模型3	模型4
FC4	—	模型5	模型6	—	—	—	—	—
FC3	—	—	模型7	模型8	—	—	—	—
FC2	—	—	—	—	模型9	模型10	—	—

5.2.2 计算结果分析

5.2.2.1 二次衬砌受力

建立的FC5超大断面隧道数值模型,考虑了开挖支护过程中围岩-初期支护-衬砌的协同作用以及二次衬砌的混凝土凝固硬化过程,最终获得围岩与二次衬砌受力状态。分别输出模型第一主应力以及二次衬砌承受荷载,FC5断面隧道模型第一主应力云图如图5-4所示。

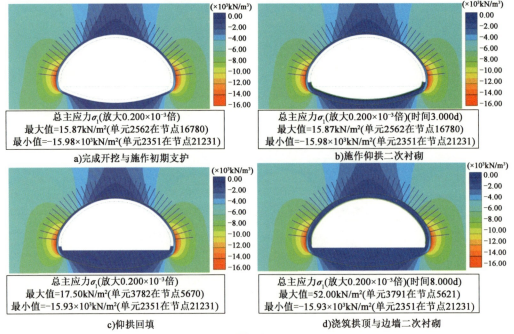

图 5-4

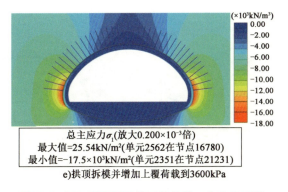

总主应力σ_1(放大0.200×10^{-3}倍)
最大值=25.54kN/m²(单元2562在节点16780)
最小值=-17.5×10^3kN/m²(单元2351在节点21231)

e)拱顶拆模并增加上覆荷载到3600kPa

图5-4　FC5断面不同施工阶段第一主应力云图

从图5-4可以看出,初期支护和围岩已经承受开挖引起的全部围岩荷载,第一主应力压力和拉力极值分别为15980kPa和15.87kPa。仰拱浇筑、仰拱回填和二次衬砌浇筑仅引起仰拱部位局部应力少量增加,对隧道整体应力无显著影响。图5-4e)所示为拱顶拆模并增加上覆荷载至3600kPa(原3120kPa)工况下的围岩应力,新增荷载使得隧道边墙围岩受压区第一主应力从15980kPa增加到17550kPa(增幅9.8%)。

输出二次衬砌与初期支护之间界面单元的正压力,如图5-5所示。

总法向应力σ_N(放大0.0500倍)(时间8.000d)
最大值=38.89kN/m²(单元66在节点20384)
最小值=-89.06kN/m²(单元85在节点14268)

a)施作完成二次衬砌(上覆围岩荷载为3120kPa)

总法向应力σ_N(放大0.0500倍)
最大值=9.027kN/m²(单元23在节点15706)
最小值=-154.9kN/m²(单元63在节点8342)

b)拆模(增加上覆荷载至3600kPa)

图5-5　二次衬砌与初期支护之间界面单元的正压力

从图5-5可以看出,二次衬砌浇筑主要在自重作用下受到仰拱初期支护反力,边墙和拱顶受荷载不显著;二次衬砌分担边墙承受初期支护压力显著增加,从整体微受力变化为最大受力154.9kPa。该结果与文献[59]中大断面隧道监测结果接近,极值与分布规律极其相似,可见本次数值模拟荷载增量的施加合理性较高。

5.2.2.2　二次衬砌状态分析

混凝土本构模型考虑二次衬砌混凝土刚度和强度的时间相关性,对于二次衬砌是否稳定,既取决于拆模时混凝土的强度,也取决于二次衬砌受力状态。

图5-6所示为二次衬砌混凝土的龄期和单轴抗压强度云图。

从图5-6可以看出,FC5断面,拆模时,边墙与顶拱混凝土龄期为5d,仰拱混凝土龄期为8d,分别对应单轴抗压强度为31.00MPa和36.38MPa。可见,混凝土强度已经达到试验峰值(48.2MPa)的64%和75%以上。

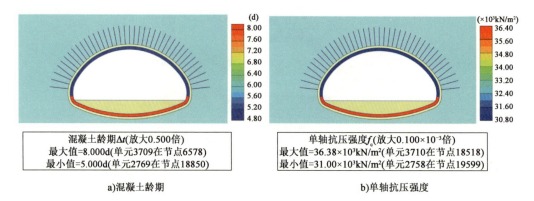

a) 混凝土龄期　　　　　　　　　　　b) 单轴抗压强度

图 5-6　拆模工况二次衬砌混凝土龄期与单轴抗压强度云图

输出二次衬砌的剪切和拉伸破坏点分布图,如图 5-7 所示。

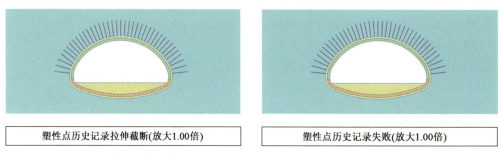

a) 拉伸破坏点　　　　　　　　　　　b) 剪切破坏点

图 5-7　拆模工况二次衬砌混凝土剪切和拉伸破坏点分布图

从图 5-7 可以看出,没有发现任何塑性点,二次衬砌混凝土处于安全状态。进一步输出二次衬砌混凝土抗拉和抗压强度利用率云图,如图 5-8 所示。

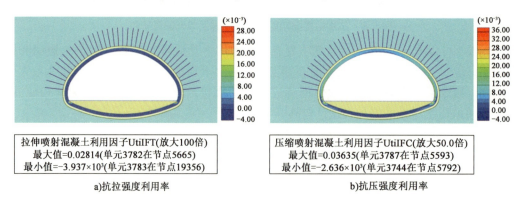

a) 抗拉强度利用率　　　　　　　　　b) 抗压强度利用率

图 5-8　拆模(5d)抗拉和抗压强度利用率云图

从图 5-8 可以看出,抗拉强度利用率和抗压强度利用率分别为 2.8% 和 3.6%(换算压应力 1.296MPa),可见,即使上覆荷载考虑增加到 3600kPa,二次衬砌产生的应力相比二次衬砌混凝土强度仍然有很大的安全储备。文献[60]通过现场测量Ⅲ级围岩隧道二次衬砌应力,得到二次衬砌最大压应力值仅为1.56mPa(为设计强度的12%),亦得出"二次衬砌工作状态良好,安全储备较大"的结论。

综上所述,尽管数值模拟中混凝土时间相关强度采用相对保守的CEB-FIP公式拟合曲线,结果显示,二次衬砌5d拆模时,单轴抗压强度达到31MPa,二次衬砌没有塑性破坏点,强度利用率仅3.6%,安全储备较大,可进行二次衬砌拆模时间优化。换算压应力1.296MPa与文献[61]实测结果相近。

5.2.2.3 不同拆模时间二次衬砌强度

输出3d、3.7h(终凝时间)和1.9h(强度曲线中最低值)等不同拆模时间的二次衬砌混凝土单轴抗压强度云图,如图5-9所示。

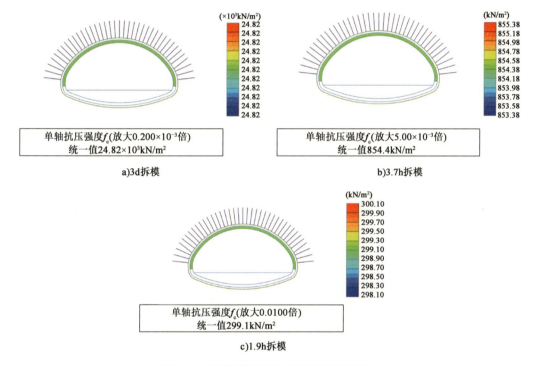

图5-9 不同拆模时间二次衬砌强度云图

从图5-9可以看出,三者对应的单轴抗压强度分别为24820kPa、854kPa、299kPa,可见终凝时间混凝土强度不足1MPa。

5.2.2.4 不同拆模时间二次衬砌强度利用率

输出不同拆模时间二次衬砌强度利用率,如图5-10所示。

结果表明,3d时拆模,混凝土强度利用率依然不到5%,终凝时间进行拆模,二次衬砌混凝土仍然安全,抗拉安全系数达到3.15以上(利用率的倒数);最低强度拆模(1.9h),混凝土抗拉和抗压利用率分别为100.6%和40.5%,可见二次衬砌没有安全储备,局部发生破坏。输出模型4的塑性点,如图5-11所示,拱顶区域显著受拉破坏。

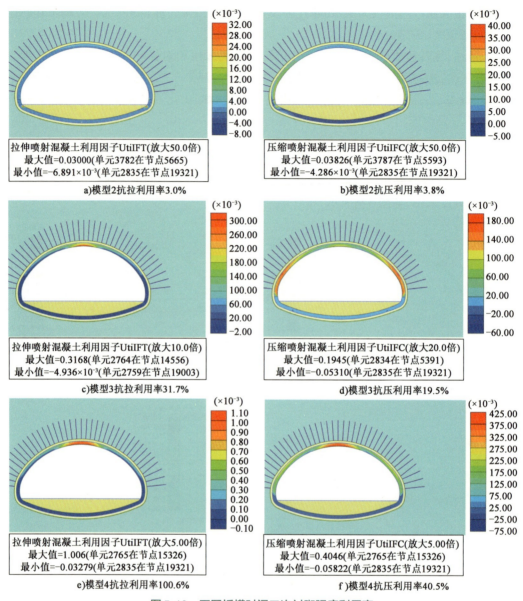

图 5-10　不同拆模时间二次衬砌强度利用率

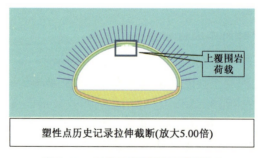

图 5-11　最低强度拆模拉伸破坏点

综上所述,由于二次衬砌内力水平不高,3d 和 3.7h(终凝时间)拆模均处于安全状态。但 1.9h(强度曲线最低值)拆模时,拱顶会发生拉伸破坏。需注意,尽管 3.7h 拆模强度不足 1MPa,但此时混凝土刚度相对 5d 时低很多,因而,与初期支护共同分担上覆增量荷载时比例更低,二次衬砌应力更低。

5.2.2.5 拆模时间优化

本工程设计与施工中,考虑到超大断面特点,确定 FC 拆模时间为 5d。然而,实际超大断面二次衬砌内力并不高,拆模时间可以优化。对拆模时间 5d、3d、3.7h 和 1.9h 进行模拟,获得成果统计见表 5-8。其中安全系数为强度利用率的倒数,取抗拉安全系数和抗压安全系数中的小值,绘制曲线如图 5-12 所示。

不同拆模时间安全系数统计表　　表 5-8

FC5 断面	单位	C40 二次衬砌边墙与拱顶模具拆除时间			
		5d	3d	3.7h	1.9h
单轴抗压强度	kPa	31000	24820	854	299
抗拉利用率	%	2.8	3.0	31.7	100.6
抗压利用率	%	3.6	3.8	19.5	40.5
安全系数	—	27.8	26.3	3.15	0.99

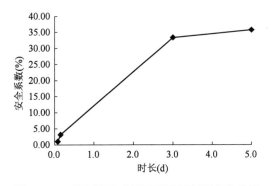

图 5-12　二次衬砌安全系数随拆模时间变化曲线

整体看来,二次衬砌混凝土达到终凝时间之后,安全系数已经大于 3.15,且继续快速增大。考虑二次衬砌混凝土可能遭遇例如爆破、断层等偶然荷载及未完全释放的围岩应力的干扰,需要足够的安全储备。拆模时间 5d 和 3d 的安全系数分别为 27.80 和 26.30,5d 的安全储备比 3d 的仅多出 1.50(5.6%)。因此,建议优化拆模时间为 3d。

5.3　FC2、FC3、FC4 断面二次衬砌混凝土力学特性及其拆模影响分析

5.3.1　数值模型概况

根据 FC4、FC3 和 FC2 三个断面的结构和围岩特性,建立相应的超大断面隧道二维数值模型,在考虑二次衬砌混凝土硬化过程的条件下研究不同开挖支护和围岩条件对二次衬砌拆模

时间与安全性的关系。具体参数变化方案见表3-8。

(1) FC4断面分别建立模型5和模型6。围岩为Ⅲ级中风化围岩,隧道跨度27.2m,二次衬砌厚度70cm,采用C40混凝土。

(2) FC3断面分别建立模型7和模型8。围岩为Ⅲ级中风化围岩,隧道跨度23.0m,二次衬砌厚度55cm,采用C40混凝土。

(3) FC2断面分别建立模型9和模型10。围岩为Ⅳ级强风化围岩,隧道跨度20.3m,二次衬砌厚度55cm,采用C30混凝土。上覆荷载设置初始值2860kPa,高值为3300kPa。

数值模型如图5-13所示。

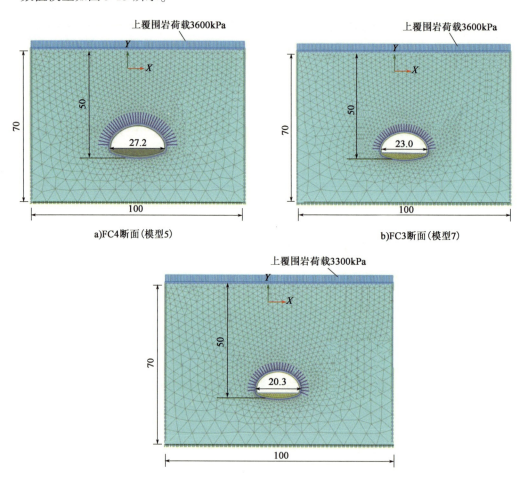

图5-13 不同断面尺寸隧道数值模型(尺寸单位:m)

5.3.2 计算结果分析

5.3.2.1 二次衬砌受力

FC4、FC3、FC2断面隧道模型第一主应力云图如图5-14所示。

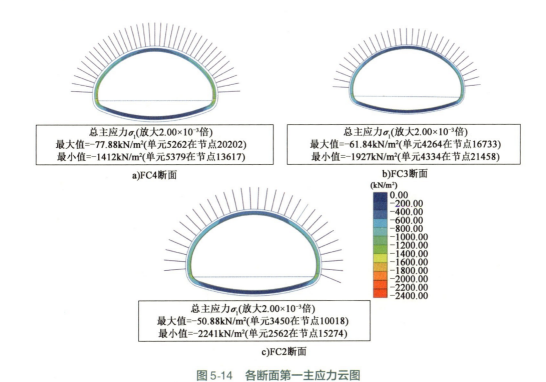

图 5-14　各断面第一主应力云图

从图 5-14 可以看出，FC4、FC3、FC2 断面二次衬砌第一主应力最大值分别为 1412kPa、1927kPa、2241kPa，FC2 断面应力最大。分析认为，是由于Ⅳ级强风化围岩自稳能力低于Ⅲ级中风化围岩所致。

5.3.2.2　不同断面与不同拆模时间二次衬砌强度

输出模型 5～模型 10 的二次衬砌混凝土单轴抗压强度云图，如图 5-15 所示。

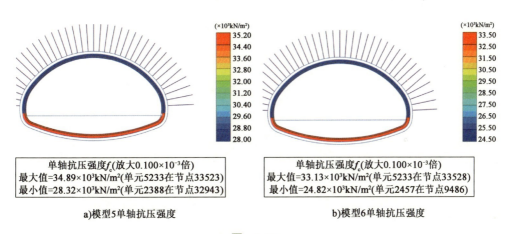

图　5-15

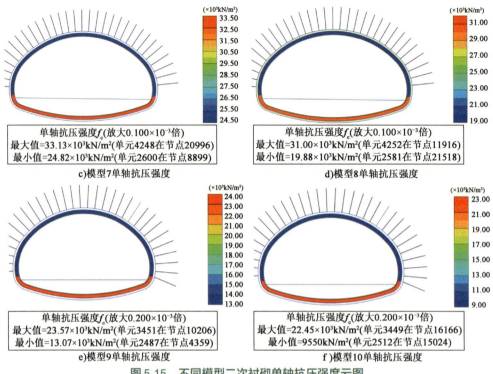

图 5-15 不同模型二次衬砌单轴抗压强度云图

从图 5-15 中可以看出,FC4 断面拆模时间从 4d 优化到 3d,拱顶单轴抗压强度从 28.32MPa 降至 24.82MPa;FC3 断面拆模时间从 3d 优化到 2d,拱顶单轴抗压强度从 24.82MPa 降至 19.88MPa;FC2 断面拆模时间从 1.5d 优化到 1d,拱顶单轴抗压强度从 13.07MPa 降至 9.55MPa。

整体来看,优化后最短拆模时间是 1d,FC2 断面二次衬砌强度达到 9.55MPa,略微低于本项目设计的施工要求。但是由于数值模型使用了相对保守的强度随时间的增长曲线,分析获得的隧道二次衬砌应力水平不高。

5.3.2.3 不同拆模时间二次衬砌强度利用率

输出不同模型的二次衬砌强度利用率,如图 5-16 所示。

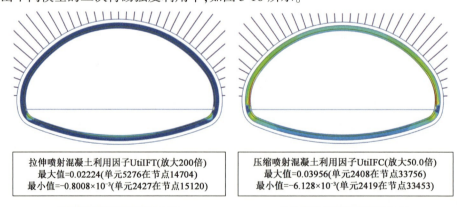

图 5-16

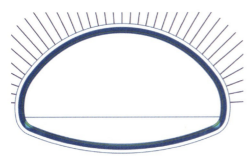

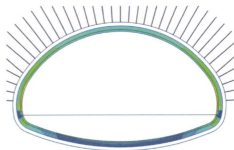

c) 模型6抗拉强度利用率为3.4%

d) 模型6抗压强度利用率为5.2%

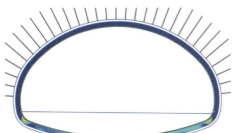

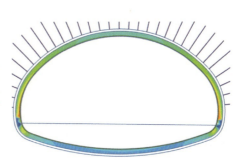

e) 模型7抗拉强度利用率为1.6%

f) 模型7抗压强度利用率为3.9%

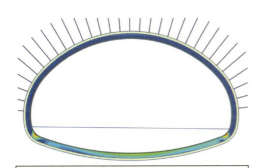

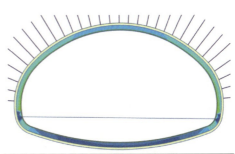

g) 模型8抗拉强度利用率为1.7%

h) 模型8抗压强度利用率为7.7%

图 5-16

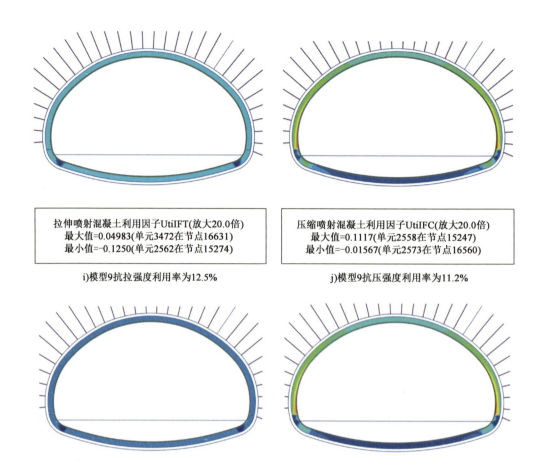

图5-16 不同断面和拆模时间二次衬砌强度利用率

从图5-16可以看出,FC4断面拆模时间从4d优化到3d,二次衬砌混凝土强度利用率从3.9%增加到5.2%(抗拉强度利用率与抗压强度利用率取其中大值);FC3断面拆模时间从3d优化到2d,二次衬砌混凝土利用率从3.9%增加到7.7%;FC2断面拆模时间从1.5d优化到1d,二次衬砌混凝土强度利用率从12.5%增加到14.9%。

综上所述,FC4、FC3和FC2断面二次衬砌拆模时间优化后,混凝土强度利用率仍然不高,二次衬砌混凝土处于安全范围内。其中,FC2断面1d拆模的二次衬砌强度9.55MPa,混凝土强度利用率仅14.9%。这是因为二次衬砌的实际内力较低,所以本项目施工设计要求的10MPa是过高估计了二次衬砌中的应力。

5.3.2.4 拆模时间优化结果

将FC4、FC3和FC2断面拆模时间优化结果进行统计,见表5-9。其中安全系数为强度利用率的倒数,取抗拉安全系数和抗压安全系数中的小值。

FC4、FC3、FC2 断面拆模时间优化结果统计表　　　表 5-9

项目	单位	结果					
二次衬砌材料	—	C40 混凝土				C30 混凝土	
断面	—	FC4		FC3		FC2	
模型号	—	模型 5	模型 6	模型 7	模型 8	模型 9	模型 10
拆模时间	—	4d	3d	3h	2h	1.5d	1
第一主应力	kPa	1412	1412	1927	1927	2241	2241
单轴抗压强度	kPa	28320	24820	24820	19880	13070	9550
抗拉利用率	%	2.2	3.4	1.6	1.7	12.5	14.7
抗压利用率	%	3.9	5.2	3.9	7.7	11.2	14.9
安全系数	—	25.6	19.2	25.6	13.0	8.0	6.7

整体看来,FC4、FC3 和 FC2 断面优化后最不利的 FC2 断面安全系数为 6.7,所有优化方案二次衬砌均具备足够的安全储备。因此,提出建议如下:FC4 原设计的拆模时间 4d 优化为 3d;FC3 原设计的拆模时间 3d 优化为 2d;FC2 原设计的拆模时间 1.5d 优化为 1d 拆模。

5.4 本章小结

超大断面隧道施工设计中往往对二次衬砌拆模的力学特性分析过于简化,对二次衬砌内力估计过高,拆模时间考虑较保守。本章基于 PLAXIS2D 数值分析平台,引入考虑强度和刚度时间相关的混凝土本构模型(CM),对超大断面隧道二次衬砌的时间相关力学特性及拆模施工力学行为进行精细化数值模拟,得出以下结论:

(1)CM 模型非线性强度采用 CEB-FIP 公式能较好地进行拟合。分别与本项目现场取样混凝土 3d 强度实测值和文献[1]中二次衬砌混凝土(C30)强度监测对比,结果显示 CEB-FIP 公式拟合曲线略低于实测值,视为保守考虑。

(2)二次衬砌浇筑过程中,主要在自重作用下受到仰拱初期支护反力,边墙和拱顶受荷不显著;二次衬砌拆模时增大 15% 上覆荷载,隧道边墙受到压力荷载随之增大,从轻微受力变化为最大受压力 154.9kPa。与文献[2]中大断面隧道监测的极值与分布规律极其相似。保证了数值模拟荷载施加的合理性。

(3)尽管数值模拟中混凝土时间相关强度采用相对保守的 CEB-FIP 公式拟合曲线,FC5 断面二次衬砌 5d 拆模时,单轴抗压强度仍可以达到 31MPa,没有塑性破坏点,强度利用率仅为 3.6%,安全储备较大,可进行二次衬砌拆模时间优化。

(4)对 FC5 断面进行拆模时间变化分析的结果显示,拆模时间为 3d 和 3.7h(终凝时间)时,二次衬砌均处于安全状态。但拆模时间为 1.9h(强度曲线最低值)时,拱顶会发生拉伸破坏。5d 的安全系数(27.8)比 3d 的安全系数(26.3)仅多出 1.5(5.6%)。因此,建议 FC5 断面优化拆模时间为 3d(安全系数 26.3)

(5)FC4、FC3 和 FC2 断面二次衬砌拆模时间优化后,混凝土强度利用率仍然不高,二次衬砌混凝土处于安全范围。其中1d拆模的FC2断面二次衬砌强度9.55MPa,混凝土强度利用率仅14.9%。这是因为二次衬砌的实际内力较低,所以本项目施工设计要求的10MPa是过高估计了二次衬砌中的应力。

  本书所依托的工程实际拆模控制如下:拆模以最后一盘封顶混凝土试件达到的强度来控制。对于超大变截面隧道二次衬砌,一般S3(3车道)、S4(4车道)及FC2段(约同于4车道)混凝土强度应达到10MPa以上(约浇筑完36h后)能承受自重荷载时拆除;FC3(约同于5车道)、FC4(约同于6车道)地段拆模时间分别不应早于浇筑完成后72h、96h拆模;FC5(约同于7车道)地段拆模时间不应早于设计强度的75%(约浇筑完120h后)。本书不仅考虑了二次衬砌混凝土自重,还考虑了增加上覆荷载,结果显示,二次衬砌拆模时间具有优化可行性。因此,优化建议如下:

  (1)建议数值模拟中CM模型参数采用CEB-FIP公式。

  (2)FC5断面拆模时间原设计的5d优化为3d;FC4断面拆模时间原设计的4d优化为3d拆模;FC3断面拆模时间原设计的3d优化为2d拆模;FC2断面拆模时间原设计的1.5d优化为1d拆模,二次衬砌混凝土强度大于8MPa即可。

第 6 章
小净距隧道施工力学分析与开挖方案优化

海沧疏港通道主线 2 号隧道左线分岔段的小净距段如图 6-1 所示,其主线 3 车道小净距标段为 ZK2+665~ZK2+775,其匝道 2 车道小净距标段为 AK1+600~AK1+490,长 110m。

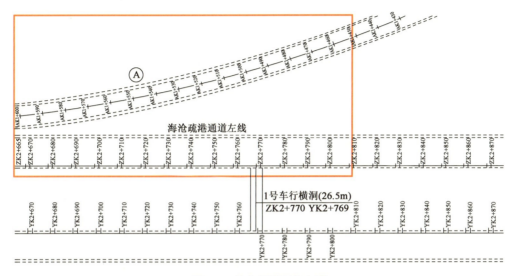

图 6-1　分岔段平面分布图

分岔段(编号为 SX3Ⅲ)断面开挖最大跨度为 16.17m,高度 11.32m,限界跨度为 14.45m;小净距段(编号为 ZXⅢ)断面开挖最大跨度为 12.62m,高度 10.40m,限界跨度为 11.10m,该 SX3Ⅲ~ZXⅢ区段为大断面过渡段,是"3+2"车道的开始部分,也是其小净距段部分。其主要穿越燕山晚期第二次侵入花岗岩地层,以中风化为主,为Ⅲ级围岩,属于较完整岩石,处于山岭中的深埋隧道,埋深接近 100m。

针对 SX3Ⅲ~ZXⅢ研究区段,采用台阶法、短台阶法、中隔壁(CD)法、双侧壁导坑法进行对比分析,开挖后施作复合式衬砌,包括一道锚喷钢筋网初期支护、工字钢架临时支护以及拱墙和仰拱的二次衬砌混凝土层。该区段支护参数见表 6-1。

SX3Ⅲ~ZXⅢ研究区段支护参数　　表 6-1

区段	支护名称		支护内容
SX3Ⅲ段	初期支护	混凝土喷层	C25 喷射混凝土 20cm
		系统锚杆	φ22mm 砂浆锚杆,长 300cm
		钢筋网	φ8mm 钢筋网,间距 25cm×25cm
	临时支护	工字钢架	I18 工字钢架,纵向间距 50cm
		混凝土喷层	C25 喷射混凝土,厚度 22cm
		钢筋网	φ8mm 钢筋网,间距 20cm×20cm
	二次衬砌	拱墙	C30 防水钢筋混凝土,厚度 40cm
		仰拱	C30 防水钢筋混凝土,厚度 40cm
ZXⅢ段	初期支护	混凝土喷层	C25 喷射混凝土,厚度 20cm
		系统锚杆	φ22mm 砂浆锚杆,长 250cm
		钢筋网	φ8mm 钢筋网,间距 25cm×25cm

续上表

区段	支护名称		支护内容
ZXⅢ段	临时支护	工字钢架	I18 工字钢架,纵向间距50cm
		混凝土喷层	C25 喷射混凝土,厚度22cm
		钢筋网	ϕ8mm 钢筋网,间距20cm×20cm
	二次衬砌	拱墙	C30 防水钢筋混凝土,厚度40cm
		仰拱	C30 防水钢筋混凝土,厚度40cm

本章针对小净距隧道施工中存在的开挖方案优化选择、不同岩性条件、不同进尺长度、不同净距宽度、不同错开距离、不同行洞方案等方面开展相关研究分析工作,为现场施工提供一定的依据。

6.1 三维数值模型构建

6.1.1 模型建立

根据开挖的应力影响范围为洞径的 3~5 倍,构建的模型边界尺寸为 x 方向长 200m,z 方向长 110m,y 方向长 160m,隧道埋深 100m,距离底部边界 60m。采用有限元软件 ABAQUS 进行分析,以双侧壁导坑法和中隔壁法(CD 法)为例,如图 6-2 所示。地层、隧道、初期支护、二次衬砌、临时支护均采用实体单元 C3D8R 模拟。初期支护厚度为 20cm,临时支护由工字钢材承载,厚度为 18cm,二次衬砌厚度为 40cm。两条隧道互为角度,主线段 SX3Ⅲ沿着 Z 轴方向,匝道段 ZXⅢ沿着与 Z 轴水平夹角为 8.28°的方向延伸,两条隧道由小净距逐渐过渡为分离式隧道。

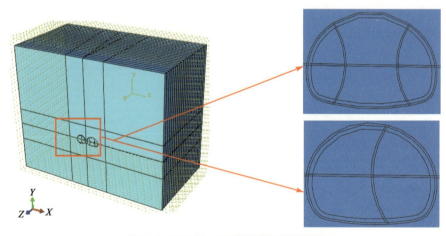

图 6-2 SX3Ⅲ~ZXⅢ研究区段模型图

对隧道开挖断面及周边围岩等重要位置进行局部网格加密,统一采用六面体网格,生成单元数共 117355 个。前后、两侧及底面均约束法向位移,顶面不设约束。岩土体力学行为符合莫尔-库仑破坏准则。

6.1.2 参数选取

假设岩土体符合莫尔-库仑破坏准则,围岩及支护参数汇总见表6-2。

SX3Ⅲ~ZXⅢ研究区段围岩及支护参数　　　　　　　　表6-2

材料名称	密度(kg/m³)	弹性模量(GPa)	泊松比	黏聚力 c(MPa)	摩擦角(°)
Ⅲ级围岩	2200~2300	6~10	0.25~0.30	2.0	39~50
初期支护	2500	30	0.20	—	—
二次衬砌	2500	32.5	0.15	—	—
临时支护	7900	150~200	0.30	—	—

6.2 小净距隧道施工力学分析

6.2.1 不同开挖方案施工行为分析

研究区段为小净距隧道,最小净距为1.6m,为研究开挖方案对隧道稳定性的影响,设置四种常用开挖方案进行模拟,见表6-3。

各工况开挖布置方案　　　　　　　　表6-3

工况	开挖方案	施工顺序
1	左右洞均为台阶法	右洞先行
2	左右洞均为全断面开挖法	右洞先行
3	左洞CD法,右洞短台阶法	右洞先行
4	左洞双侧壁导坑法,右洞CD法	右洞先行

开挖进尺为5m,小净距段长110m,共划分为22段,选择第4段与第5段的交界位置处作为目标断面进行分析,如图6-3所示。

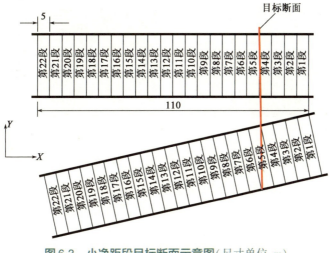

图6-3　小净距段目标断面示意图(尺寸单位:m)

6.2.1.1 围岩整体位移分析

取掘进至目标断面时刻处,将后行洞到目标断面全部开挖支护施作作为结束,图6-4中左侧图给出4种工况下围岩整体竖向位移云图。同时,各工况均为右洞主线三车道先开挖,进尺5m,台阶错距根据使用的开挖方案调整,先后行洞错距保持15m不变。

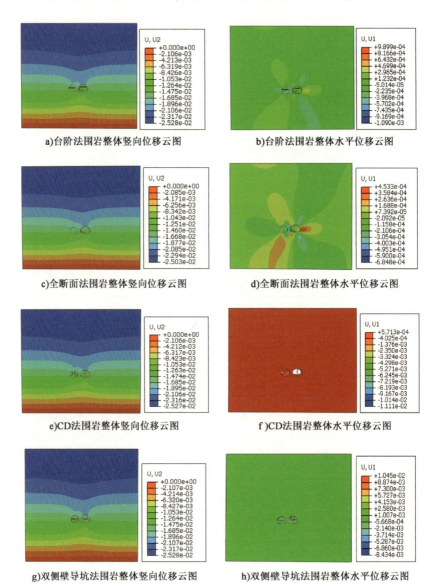

图6-4 不同工况下整体围岩竖向位移、水平位移云图

从图6-4中可以看出,施作临时支护对控制水平的效果明显,在台阶法及全断面法中,由于土体一次开挖范围较大,隧道周边围岩产生较大范围的水平位移,容易在衬砌上产生应力集中现象,不利于衬砌结构的整体受力。而在CD法和双侧壁导坑法中,整体的水平位移比较平均,有助于衬砌结构的完整性和围岩整体位移的稳定。

6.2.1.2 隧道周边围岩及衬砌变形分析

各开挖方案下主线三车道及匝道两车道拱顶位置随隧道掘进过程的竖向位移变化曲线如图 6-5 所示。

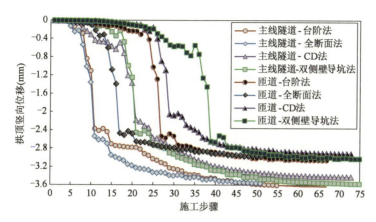

图 6-5 小净距段隧道拱顶竖向位移变化曲线

由图 6-5 可知,拱顶竖向变形特征为迅速跌落而后转平,迅速跌落段对应目标断面处主线隧道和匝道的完整开挖。通过对四种方法的位移比较,CD 法 < 双侧壁导坑法 < 台阶法 ≈ 全断面法,说明 CD 法相比于全断面法来说虽然增加了施工的步序,但初始沉降发生较慢、沉降的绝对值较低;对于 CD 法和双侧壁导坑法,曲线跌落前双侧壁导坑法能够保持较长施工步骤的平稳,而 CD 法在一定斜率下缓慢下降。

针对两隧道拱腰位置的变形情况,考虑到两者之间的关系为小净距,相近的衬砌及中部所夹围岩为变形较大的控制区域,因而选取如图 6-6 所标识的相近拱腰处节点作为监测点,给出各开挖方案下主线隧道、匝道隧道在拱腰监测点处的水平位移变化曲线,如图 6-7 所示。

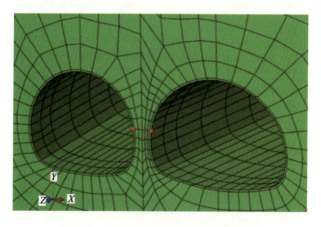

图 6-6 小净距段隧道拱腰监测点布置

(1)就隧道贯通后水平位移在隧道通长范围的分布情况而言,采用 CD 法、双侧壁导坑法施工,其水平位移主要集中在临时结构变形上,初期支护上分布均匀,有利于其保持整体稳定;采用台阶法及全断面法施工,其水平位移主要集中在两隧道内侧拱腰位置处,说明拱腰是初期支护水平位移的控制位置,隧道前部位移较大,随着衬砌的逐步施作,对水平方向变形逐步限制,隧道后部水平位移逐渐减少。同时可见在拱腰位置较大水平位移范围内,全断面法要比台阶法的分布范围更广。

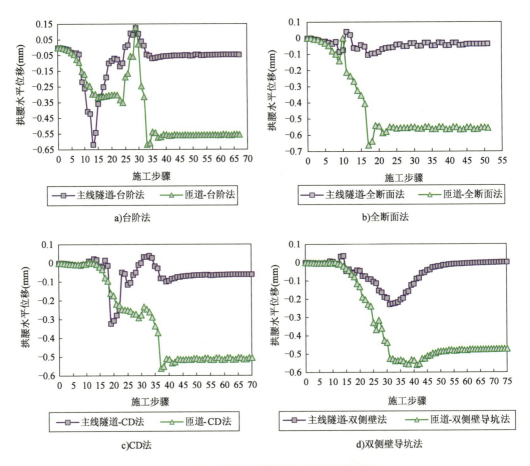

图6-7 小净距段隧道拱腰水平位移变化情况

(2)就拱腰水平位移在隧道施工过程中的变化而言,对于主线隧道,可以发现将断面剖分开挖的方案(台阶法、CD法、双侧壁导坑法)都存在一段下跌段而后上升恢复,这是由于开挖至主线隧道监测点附近断面时,拱腰附近岩体不能完全开挖释放应力,在下部岩体变形中挤压拱腰位置,随着下部岩体开挖施作衬砌形成闭环后,拱腰位移得以控制;而全断面由于一次性开挖支护,能够迅速闭环,拱腰水平位移波动性较低。同时,由于双侧壁导坑法在水平方向上设置了临时支撑,因而其对水平位移控制效果最好,最终位移趋近于0。对于匝道,随施工步骤进行,拱腰水平位移整体呈下降趋势,即拱腰处有向左水平位移的趋势,且水平位移终值为双侧壁导坑法<CD法<台阶法≈全断面法。

因此,对于整体水平位移,双侧壁导坑法能够保持初期支护结构位移的整体性且在拱腰位置处保持较小的初期支护水平位移,在变形过程中由于横向支撑的作用也没有出现明显剧烈的波动性,说明了临时横向支撑对控制拱腰变形的有效性。

6.2.1.3 支护结构受力分析

图 6-8 所示为不同开挖方案的主线隧道及匝道支护结构的最大主应力分布云图,云图中正值为受拉状态,负值为受压状态,即红色至蓝绿色区域范围为受拉,蓝色至深蓝色区域范围为受压。

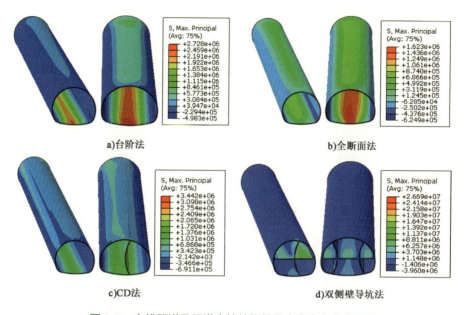

图 6-8 主线隧道及匝道支护结构的最大主应力分布云图

由图 6-8 可知,无临时支护的,如台阶法和全断面法,在拱顶周边存在受拉状态,其中在全断面法中主线隧道及匝道几乎通长分布,不利于初期支护结构发挥承压性能;CD 法存在局部的受拉范围;双侧壁导坑法在上部区域几乎不存在受拉范围。在仰拱区域,全断面法和台阶法在仰拱段分布着主应力最大值,为红色区域,而 CD 法和双侧壁导坑法的仰拱段能很好承接上部衬砌传递到下部的荷载,没有出现较大的最大主应力数值,即对于衬砌结构安全性而言,仰拱段属于受力状态控制部位。

对比主线隧道与匝道,匝道在仰拱段主应力的分布范围及数值大都比主线隧道要小。其在台阶法和全断面法中表现得更加明显,这是由于先行洞开挖后,应力首先释放于先行洞的衬砌上。但若主洞布置了临时支撑,则能对主洞受力不利位置进行有效调整,见图 6-8c)、图 6-8d)。

因此,4 种开挖方案对拱顶竖向变形影响差异不大,CD 法在竖向位移上最小,而双侧壁导坑法对拱腰水平位移的控制较好。受力方面,采用了临时支撑的 CD 法和双侧壁导坑法中衬砌整体受力状态合理,而全断面法和台阶法中存在较大范围的受拉分布。

6.2.2 不同岩性条件施工行为分析

在疏港主线隧道 ZK2+780~ZK3+120 等范围分布着Ⅳ~Ⅴ级围岩,在软弱围岩中开挖需要控制变形,通过对不同岩性的模拟,对施工中可能会出现危险的部位提前判断,本节针对于此设置三类围岩级别参数,见表 6-4。

三类围岩级别参数设置 表6-4

材料名称	密度(kg/m³)	弹性模量(GPa)	泊松比	黏聚力(MPa)	摩擦角(°)
Ⅲ级围岩	2200	6	0.25	2.1	50
Ⅳ级围岩	1900	3	0.30	1.4	30
Ⅴ级围岩	1600	1.5	0.35	0.7	10
初期支护	2500	30	0.20	—	—

模型中其他条件参数保持一定,网格划分相同,隧道通长110m,划分为22段,采用上下台阶法开挖,主线3车道隧道作为先行洞,匝道2车道隧道作为后行洞,先后行洞错距25m,台阶掌子面错距25m,分析断面选择如图6-3所示的目标断面。

6.2.2.1 地层与衬砌变形分析

图6-9给出在不同围岩级别下目标断面随施工进行的地表沉降、主线隧道和匝道拱顶位置处竖向位移变化曲线。

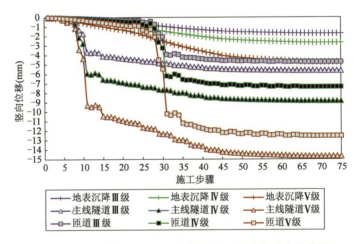

图6-9 不同围岩级别下地表沉降及拱顶竖向位移变化曲线

从图6-9可以看出,岩体质量越差,地表沉降越大。对于两隧道衬砌拱顶竖向位移,均在相同施工步骤处存在下落段,主线隧道在第9步下落,匝道在第29步下落,对应于目标断面掌子面的开挖引发的拱顶沉降,在之后掌子面的逐步开挖中转平。各岩性条件下竖向位移差异对比见表6-5。

各岩性条件下竖向位移值差异对比(单位:mm) 表6-5

围岩级别	地表沉降	主线隧道拱顶位移	匝道隧道拱顶位移	两隧道拱顶位移差值
Ⅲ级	1.71	5.62	4.71	0.91
Ⅳ级	2.70	8.85	7.36	1.49
Ⅴ级	4.73	14.66	12.54	2.12

从表6-5可以看出,随着岩性质量的变差,除了地表沉降及衬砌拱顶位移增加外,主线隧道与匝道拱顶位移差值也增加了,说明相对主线隧道而言,匝道位移减少了,这是由于围岩较

为软弱,在右侧洞先行时,较多位移发生在主洞拱顶,这与围岩级别下降、位移增速变快互相形成验证。

图 6-10 给出目标断面拱腰位置处(图 6-6)水平位移随施工进程的变化曲线。

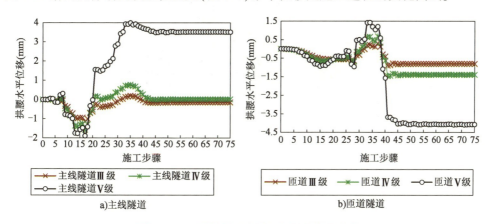

a) 主线隧道　　　　　　　　　　b) 匝道隧道

图 6-10　不同围岩下拱腰水平位移变化曲线

从图 6-10 中可以看出,主线隧道的拱腰变形曲线历程为先下降,后上升,最后转平。这是由于标准断面上半台阶开挖后,断面还未形成闭环,下半台阶发生隆起,挤压拱腰位置,使其向围岩侧移动,曲线下降;在对下半台阶开挖后又向洞内临空面移动,曲线上升;在形成闭环稳定结构后,曲线逐渐转平。Ⅲ、Ⅳ级围岩下拱腰水平位移控制较好,隧道贯通后拱腰水平位移趋近于 0,而Ⅴ级围岩下,隧道贯通曲线转平后还有残余的变形。匝道段曲线走势与主线隧道相近,由于监测点选在右侧拱腰处,因而向洞内变形为负值,曲线向下逐渐下降,与主线隧道不同之处在于,拱腰发生的变形不可逆。隧道贯通后的变形数值方面,Ⅲ级围岩<Ⅳ级围岩<Ⅴ级围岩,Ⅲ级围岩与Ⅳ级围岩差值为 0.58mm,差异性不大,而Ⅲ级围岩与Ⅴ级围岩差值为 3.27mm。对比图 6-7 中 CD 法、双侧壁导坑法中的变形为 0.5mm,Ⅴ级围岩若无临时支撑措施,拱腰位置会发生较大变形。

6.2.2.2　支护结构受力分析

图 6-11 所示为不同岩性条件下的主线隧道及匝道支护结构的最大主应力分布云图,云图中正值为受拉状态,拱顶及仰拱处为受拉区域。

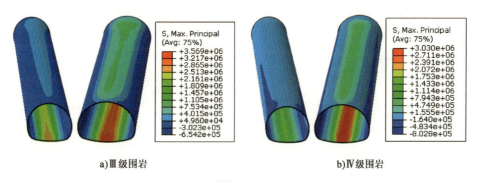

a) Ⅲ级围岩　　　　　　　　　　b) Ⅳ级围岩

图　6-11

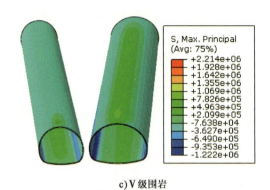

c) Ⅴ级围岩

图 6-11　主线隧道及匝道支护结构的最大主应力分布云图

比较主应力的最大及最小值可以发现:受拉方面,Ⅲ级围岩 > Ⅳ级围岩 > Ⅴ级围岩;受压方面,Ⅲ级围岩 < Ⅳ级围岩 < Ⅴ级围岩。主线隧道在Ⅲ、Ⅳ级围岩条件下,相比于匝道的拱腰水平位移较小,Ⅴ级围岩下无临时支撑时拱腰至拱脚区域是容易发生大变形的位置,同时应注意Ⅲ级围岩下仰拱底部受拉区的状态。

6.2.3　不同进尺长度施工行为分析

进尺长度是权衡施工进度与施工安全的一个重要因素。在围岩较为稳定、断面较小等情况下,增大进尺可以加快施工速度,有利于提高工程效率;而在通过较为特殊断面的时候,则需要控制合理的进尺长度,以保证施工安全。本节针对主线隧道及匝道各设置进尺长度 3m、4m、5m。

在模型中不同进尺需要建立 3 个独立模型对应独立网格,隧道通长 110m,进尺 3m 划分为 36 段,进尺 4m 划分为 28 段,进尺 5m 划分为 22 段,采用上下台阶法开挖,主线 3 车道隧道作为先行洞,匝道 2 车道隧道作为后行洞,错距保持不变,先后行洞错距 15m,台阶掌子面错距 15m,围岩级别方面均为Ⅲ级围岩。

6.2.3.1　地层与衬砌变形分析

图 6-12 所示为目标断面处(图 6-3)在不同进尺下的地表沉降及主线隧道、匝道在拱顶位置的竖向位移变化曲线。

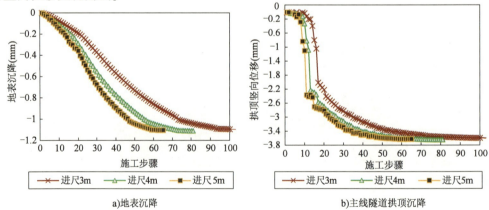

a) 地表沉降　　　　　　　　　　b) 主线隧道拱顶沉降

图　6-12

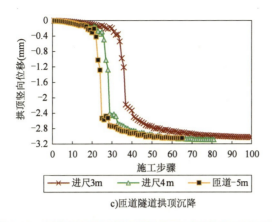

c)匝道隧道拱顶沉降

图 6-12　不同进尺下目标断面地层及衬砌竖向位移变化曲线

从图 6-12 可以看出,对比隧道贯通后整体地层及衬砌的变形,主线隧道拱顶位移＞匝道拱顶位移＞地表沉降,三者在曲线的终端数值也非常接近,即在不同进尺下最终变形是差不多的。但在隧道掘进过程中,观察曲线可以明显发现,在同一施工步骤节点下,进尺越小,竖向位移也越小。当进尺为 3m 时,曲线要明显位于进尺 4m、进尺 5m 曲线的上方;而进尺 4m 与进尺 5m 在竖向位移方面差值很小,即当穿越地质条件、设计条件不好的区段时,每步进尺设置得越小,对沉降控制效果越好。进尺减少量在 1m 以内时则效果一般。

为观察进尺对隧道通长不同断面的影响,在距离洞口位置 48m 的范围内,每 6m 选取一个断面,不同进尺长度下各断面处拱顶竖向位移变化曲线如图 6-13 所示。

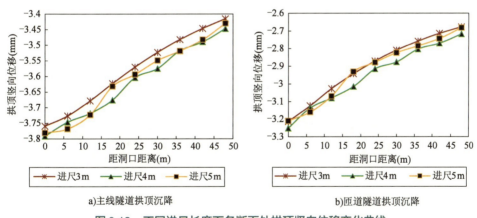

a)主线隧道拱顶沉降　　　　　　　　　　b)匝道隧道拱顶沉降

图 6-13　不同进尺长度下各断面处拱顶竖向位移变化曲线

从图 6-13 中可以看出,曲线为整体向上趋势,即在净距较小段,随着断面距离洞口位置越远,主线隧道和匝道的拱顶竖向位移就越小,并且两者隧道在不同进尺下具有相近的规律。进尺为 3m 的曲线大部分数据点要在进尺 4m 及进尺 5m 的上方,即在距洞口相同位置处的拱顶变形中,进尺 3m ＜ 进尺 4m = 进尺 5m,说明减少进尺的长度有助于控制竖向位移,同时进尺 4m 与进尺 5m 数据点互有交叉,说明进尺调节量较少的话,对位移改变的效果一般。由此得出,若将进尺长度继续减少,同一断面下的拱顶竖向位移还将继续减小。

图 6-14 为不同进尺下拱腰处水平位移的变化曲线。

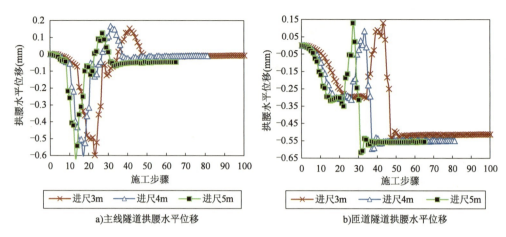

a) 主线隧道拱腰水平位移   b) 匝道隧道拱腰水平位移

图 6-14 不同进尺长度下拱腰水平位移变化曲线

由图 6-14 可以看出,进尺的不同首先影响了断面拱腰发生位移的先后。进尺小的位移发展相对滞后,主线隧道与匝道有所区别,主线隧道在贯通后拱腰水平位移趋近于零,而匝道隧道则有向洞内发生位移的趋势,这是由于匝道隧道约呈 8°倾斜开挖产生的重分布向主线隧道偏移,对匝道存在一定的偏压作用。对比不同进尺的影响,除了在施工中存在变形先后外,不同进尺下拱腰处位移曲线的整体发展模式大体相同,进尺较小对拱腰水平位移有积极作用,但若要用通过控制进尺的方式来改善拱腰处的变形情况则效果并不显著。

6.2.3.2 支护结构受力分析

在不同进尺条件下,图 6-15 为初期支护的 Mises 应力分布云图,反映了整体的屈服情况。

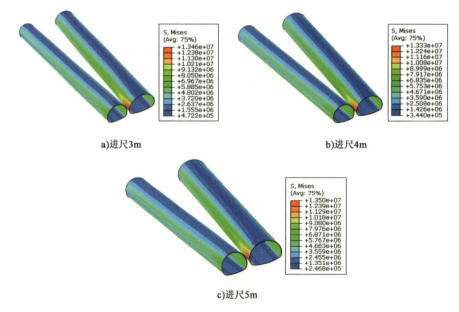

a) 进尺 3m   b) 进尺 4m

c) 进尺 5m

图 6-15 主线隧道及匝道支护结构的 Mises 应力分布云图

由图6-15可知，应力集中峰值存在于主线隧道左侧拱腰位置0~5m范围，匝道隧道由于开挖支护后拱腰位置整体位移的影响，主线隧道拱腰位置水平位移趋近于零，上方的应力作用在无水平位移的拱腰处产生了较大的应力集中。同时，对比各进尺条件，发现整体分布位置及应力集中区域均比较一致，但数值上有所区别，进尺4m＜进尺5m＜进尺3m，因此在4m进尺条件下隧道受力状态更好。

因此，进尺对地层变形、衬砌受力及变形的影响程度较小，减少进尺有利于拱顶、拱腰处的变形控制，随着距洞口越远，位移减小程度越大。但进尺较小时，整体的受力偏大，也增加了施工步序，不利于整个工程的经济效益。因而，在地质条件较好时，可以选择较大的进尺快速掘进；而在穿越特殊区段时，需要减小进尺以控制变形，同时加强支护，避免发生支护结构的破坏。

6.3 中夹岩稳定性影响因素分析及开挖方案优化

第5章对两隧道在小净距段施工中自身的变形和受力影响因素开展了分析，而中夹岩作为小净距隧道段重要的承载与变形控制部位，在一定程度上对两隧道的稳定与施工安全性有决定性的作用，本节主要针对不同施工措施下中夹岩在施工全过程阶段的变形情况开展分析。

6.3.1 开挖方案的影响

本节分析全断面法、台阶法、CD法、双侧壁导坑法4种开挖工法对中夹岩的变形、受力、塑性区分布的影响。在建模中对中夹岩区域进行统一的划分：宽度范围为两小净距隧道中心轴线水平之间的距离，高度为中心隧道上下垂直各20m、共40m的距离。进尺保持5m一致，先行洞与后行洞保持错距15m。图6-16为中夹岩划分的示意图，其中由上至下划分为三个区域，中间区域与隧道开挖断面高度保持平齐，剩下两部分为中夹岩上区域、下区域，每个区域在中心位置布置一个监测点，即在中夹岩每个断面的中心垂线上共布置3个测点。

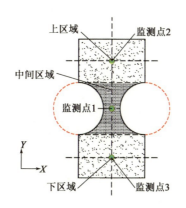

图6-16 中夹岩划分及监测点布置示意图

各开挖方案特点对比见表6-6。

各开挖方案特点对比 表6-6

比选项目	全断面法	台阶法	CD法	双侧壁导坑法
隧道拱顶位移	→	→	↓	↓
隧道拱腰位移	↓	→	↓	↓
衬砌受力	↓	→	↓	↓↓
中夹岩竖向变形	→	→	↑	↓
中夹岩水平变形	↓	→	↓	↓
中夹岩受力、塑性区	↓	→	↓↓	↓↓↓
工法安全性	不安全	中等	安全	安全
施工技术难度	低	较低	高	高
施工环境下实现难度	高	较低	高	高
施工机械类型	大型	大、中型	小型	小型
施工工序	简单	较简单	多	多
工程造价	低	较低	较高	高
施工速度	快	较快	较慢	慢
环保及交通影响	小	小	小	小

注：本表以台阶法特点为基础水平箭头表示数值与台阶法基本一致，上、下箭头表示数值比台阶法高、低，两个或三个箭头表示高或低的程度增加1倍或2倍。

研究表明，中夹岩体受到上下区域变形的挤压作用，使得中心区域是变形及受力的危险部位，台阶法、全断面法相比于其他方案，虽然在施工速度及工序转换上较为简便，但对于控制中夹岩上、中、下区域的变形是不利的，同时CD法不能有效控制中夹岩竖向变形。从施工小净距隧道整体的安全性角度出发，双侧壁导坑法在竖向、水平向变形上相对较小，而且能同时兼顾危险部位的受力状态及对称性。

因此，在塑性区贯通段从安全角度出发选用CD法、双侧壁导坑法是相对可靠的，在净距逐渐增大后，可以选择台阶法作为考虑施工安全性与经济性的综合方案。

6.3.2 进洞先后顺序的影响分析

为了进一步分析主线隧道或匝道先行对中夹岩稳定性的影响，本节选取净距最小、距离洞口0m的断面作为目标断面，即图6-3中的第一段入口所在断面。采用上下台阶法，进尺为5m，台阶掌子面错距15m，进洞先后错距15m，研究进洞先后顺序对中夹岩变形及受力的影响。

等效塑性应变最大值（$PEEQ_{max}$）随净距的变化曲线见图6-17。

从图6-17可以看出，在两类进洞顺序下，由于无临时支撑，塑性区在中夹岩通长段均有分布，在入洞口位置数值最大。随着距离洞口越远逐渐减小保持稳定，在出洞口位置处有所增加。主线隧道先行曲线在净距为4.0m处跌落,匝道先行曲线在净距接近6.0m处才逐渐转平,匝道先行要比主线隧道先行的塑性区贯通范围要大。比较塑性区应变值大小,可以看出匝道先行下数值更大。

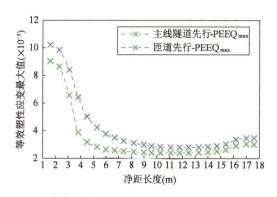

图6-17 等效塑性应变最大值($PEEQ_{max}$)随净距的变化曲线

研究表明,开挖的影响范围在掌子面前方10m处;以主线隧道先行作为对比基础,匝道先行的措施有利于中夹岩上、中区域的竖向变形控制,中夹岩中部区域与上、下区域位移相反容易产生错动扭转,不同进洞顺序下水平位移方向相反而数值比较接近;匝道先行情况下中夹岩塑性区范围及数值较大,相比于变形,塑性区应当作为安全施工的控制性因素,因而主线隧道先行施工更为安全。

6.3.3 错开距离的影响分析

在小净距两隧道施工中,错开距离包含两个方面:一是指在所用的开挖方案中同一隧道下各分块开挖岩体掌子面的错开距离;二是指两隧道进洞开挖所保持的错开距离;这两个方面均在施工过程中对中夹岩变形和应力状态有一定的影响。合理的错开距离能兼顾施工进度与施工安全,本节设置了7种错开距离工况,见表6-7。

错开距离工况设置 表6-7

工况序号	掌子面错开距离(m)	先后进洞错开距离(m)	开挖方案	进洞顺序
1	5	15	上下台阶法	主线隧道先行
2	10	15	上下台阶法	主线隧道先行
3	20	15	上下台阶法	主线隧道先行
4	15	5	上下台阶法	主线隧道先行
5	15	10	上下台阶法	主线隧道先行
6	15	20	上下台阶法	主线隧道先行
7	15	15	上下台阶法	主线隧道先行

为保证变量统一,进尺均为5m;为了控制错开掌子面的唯一性,选择上下台阶法开挖,采用主线隧道先行的进洞顺序。

在不同错距类型及距离下,塑性区随净距值的变化曲线见图6-18。

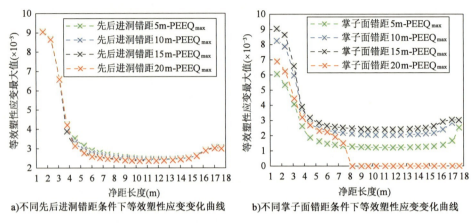

a) 不同先后进洞错距条件下等效塑性应变变化曲线   b) 不同掌子面错距条件下等效塑性应变变化曲线

图 6-18 等效塑性应变最大值（$PEEQ_{max}$）随净距值的变化曲线

从图 6-18 可以看出，在先后进洞错距下，中夹岩通长范围内塑性区均存在，在净距值为 4.0m 处跌落，贯通范围在 15.0m，各距离曲线重合程度较高，说明在先后行洞条件下，错开距离对塑性区的分布影响很小。可见，减少先后进洞错开距离有利于控制中夹岩的竖向变形及中心点受力，而对塑性区几乎不产生影响。在掌子面错开条件下，错开距离在 5~15m，曲线形式相同，在净距值为 4.0m 处跌落且通长内均有分布，贯通范围在 15.0m；随着错开距离的增加，曲线上移，在中夹岩截面上存在的塑性应变随之增加；当错开距离为 20m 时，在净距为 8.0m 处塑性应变为 0，塑性区分布范围减小。可见，在一定范围内减少掌子面错开距离有利于中夹岩水平位移及控制塑性应变值。

错开形式及距离对隧道的影响见表 6-8。研究表明：先后行洞错距是影响中夹岩竖向变形及中心点受力的主要因素，其错开距离的增加属于中夹岩的不利因素；掌子面错距是影响中夹岩水平变形及隧道断面变形的主要因素，掌子面错距增加对隧道断面开挖有利而对中夹岩水平位移、中心受力及塑性分布不利。

各错开形式及距离对比　　　　　　　　　　　　　　　　　　　　表 6-8

错开方案	比选项目				
	中夹岩竖向变形	中夹岩水平变形	中夹岩应力	塑性区	隧道变形
掌子面错开距离 15m	→	→	→	→	→
掌子面错开距离 5m	↓↓	↓↓	↓↓	↓↓	↑↑
掌子面错开距离 10m	↓	↓	↓	↓	↑
掌子面错开距离 20m	↑	↑	↑	↓↓↓	↓
先后进洞错开距离 5m	↓↓	↓↓	↓↓	→	→
先后进洞错开距离 10m	↓	↓	↓	→	→
先后进洞错开距离 20m	↑	↑	↑	→	→

注：本表以错开距离 15m 为对比基础，水平箭头表示数值与错距 15m 的数值基本一致；上、下箭头表示数值比错距 15m 高、低，两个或三个箭头表示高或低的程度增加 1 倍或 2 倍。

因此，在实际施工中，要在各因素中衡量隧道及中夹岩变形的相互关系，在净距较小时主要控制因素为中夹岩稳定性,在此区段要减少错开距离保证中夹岩安全稳定,同时减少进尺、控制断面开挖方案以确保隧道施工的安全性。在净距增加通过中夹岩贯通区后,主要控制因素为隧道断面稳定性,中夹岩的变形基本稳定,在此区段可以适当增加错开距离保证隧道安全,同时可以增加进尺及调整开挖方案增加施工进程,对两种错开形式及数值应进行合理调整,以实现开挖整体性的稳定。

6.3.4 下穿既有隧道施工的影响分析

小净距隧道穿越上覆既有隧道时,下方两个小净距隧道施工过程对上覆既有隧道有一定的影响。本节设置掘进隧道下穿已建隧道的工况,见表6-9,研究隧道施工对围岩及中夹岩变形及内力的影响。

下穿掘进隧道工况设置　　　　　　　表6-9

方案	下方新建小净距隧道	上覆既有隧道
隧道类型	小净距隧道	单一独立隧道
开挖方案	主线隧道采用双侧壁导坑法,匝道隧道采用CD法	CD法
围岩级别	Ⅲ级	Ⅲ级
进尺(m)	5	5
错距	先后行洞错开15m	先后行洞错开15m
隧道间距	上下方间距19.0m,小净距段间距线性增加,最小值为1.6m	

为充分保证下穿隧道施工安全及保护既有隧道的稳定,下方隧道采用双侧壁导坑法施工,上方隧道采用CD法施工。围岩为Ⅲ级,先后行洞错开15m,开挖进尺5m;上方隧道长200.0m,下方穿越隧道长110.0m,上方已建隧道最大跨度为12.62m、高度为10.40m。如图6-19所示,模拟过程为先对上方空间开挖形成已建隧道,再施工下方隧道。

图6-19　小净距隧道穿越上方既有隧道模型图

(1)已建及下穿隧道周边围岩位移分析

当下穿隧道推进掌子面与上方隧道距离最短时,已建隧道拱顶位置竖向位移最大,因此该截面是危险截面,将该截面设置为研究下穿隧道施工过程的两个目标断面,见图6-20。

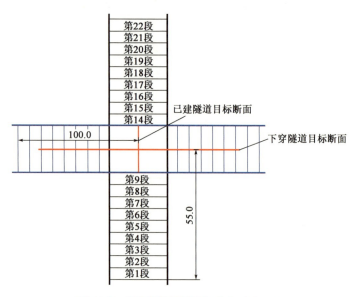

图 6-20 目标断面示意图(尺寸单位:m)

通过图 6-20 中的两个目标断面,绘出已建隧道拱顶、拱底及下穿隧道拱顶随施工过程发生的竖向位移变化曲线(图 6-21),以具体分析这两类隧道支护结构的位移规律。

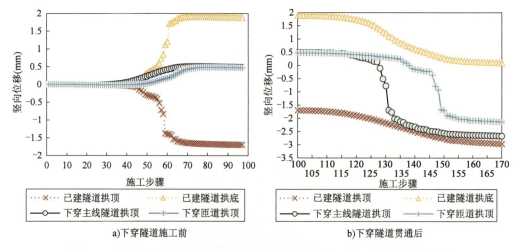

图 6-21 已建及下穿隧道目标断面衬砌竖向位移随施工过程发生的变化曲线

由图 6-21a)可知,在下穿隧道开挖前,施工步骤在 1~100 步内完成上部隧道掘进,在掘进接近第 60 步时至已建隧道目标断面时,拱顶快速沉降,而与之相反,拱底竖向位移则持续减小,呈现拱底隆起、曲线上升的形态。在上部隧道施工过程中,对下穿主线及匝道隧道的地层位移影响很小,在已建隧道拱底隆起的程度上地层有隆起,但基本水平,而在施工步骤 100~170 步中,下穿隧道的施工对其本身及已建隧道均产生影响,如图 6-21b)所示。随着施工进行,已建隧道位移持续发生,大小关系可表示为已建隧道拱顶 > 下穿主线隧道拱顶 > 下穿匝道拱顶 > 已建隧道拱底。

（2）已建及下穿隧道中夹岩变形特征分析

本节中夹岩的面向对象有两个，一是小净距段本身主线隧道和匝道水平向的中夹岩体，二是小净距段作为下方地层隧道穿越上方已建隧道时，小净距隧道上方与已建隧道下方之间垂直向的中夹岩体，并通过对两者布置监测点的形式开展分析。小净距自身的中夹岩部分在上、中、下区域中心垂线上各布置一个监测点（1~3），在已建隧道和下穿隧道之间的中夹岩部分水平中心线上布置一个监测点（4）。监测点1~3沿着Z方向垂直于纸面纵深布置，监测点4沿着已建隧道X轴线横向布置，见图6-22。

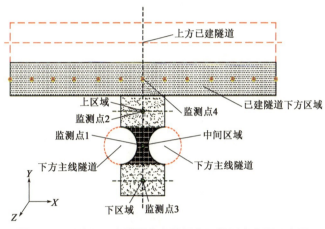

图6-22　已建及下穿隧道中夹岩划分及监测点布置示意图

考虑不同的净距长度条件对中夹岩变形特征的影响，为反映施工整体过程中的变形，选取了下穿隧道施工前、下穿隧道后行匝道施工至目标断面处、下穿隧道贯通后三个典型时刻，通过布置的4个监测点描述了下穿隧道与已建隧道形成的中夹岩片区竖向位移情况，见图6-23。

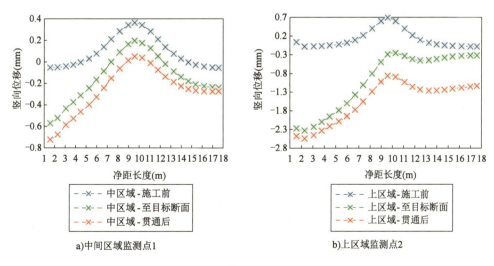

a）中间区域监测点1　　　　b）上区域监测点2

图 6-23

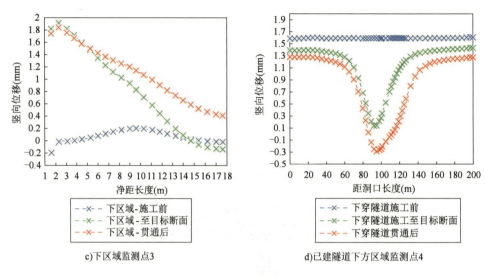

c) 下区域监测点3　　　　d) 已建隧道下方区域监测点4

图 6-23　中夹岩各区域随净距变化的竖向位移曲线

由图 6-23 可以看出,由于已建隧道的开挖,拱底下方地层有隆起效应,因而在图 6-23a)、图 6-23b)中曲线在净距为 9.5m 附近出现峰值,位移最小;而在图 6-23c)中下穿隧道施工前曲线基本保持水平。说明上方隧道开挖引起的位移变化对中夹岩下区域影响很小,即上跨隧道开挖对下穿隧道中夹岩的影响范围主要分布在上、中间区域。中夹岩的上区域、中间区域、已建隧道下方区域竖向位移值随施工进程变化,大小关系为施工前 < 施工至目标断面 < 贯通后,而中夹岩下区域正好相反,说明随施工进行,中间区域以上部分发生沉降,而下区域有隆起的趋势,这对中心区域的受力是不利的。

中夹岩中、上区域位移随净距增加先上升后下降,在目标断面位置出现位移最小峰值,在进洞位置竖向位移最大而下区域的竖向位移处于最小值,因此对于下穿隧道中夹岩中心位置存在上下向中心位移的挤压作用,容易发生破坏,为下穿隧道的不利位置。在两隧道中心线距离最近,即处于图 6-20 目标断面位置处时,已建隧道下区域中夹岩发生最大竖向沉降,而小净距中夹岩上区域在该位置竖向位移最小,同样受到上下挤压作用,属不利位置。

综上所述,在小净距段入口处的中夹岩和已建隧道下区域目标断面处的中夹岩皆属不利位置。

(3) 已建及下穿隧道中夹岩受力特征分析

对于已建隧道下方中夹岩区域及小净距段各片区中夹岩的受力特征,图 6-24 为三个关键时刻下的 Mises 应力分布云图,图 6-25 为各监测点的应力变化曲线。在下穿隧道施工前,已建隧道拱底下方中夹岩区域为受力最小区域。

当小净距隧道开挖后,在中夹岩体中心进洞位置进深 5.0m 范围为中夹岩应力最大值集中区域,随着施工进程净距长度逐渐增加,集中值逐渐减少,符合图 6-25a)中间区域变化过程。中夹岩应力集中范围内除中心位置外,在两隧道拱肩、拱脚处分布的应力值也较大,因而小净距段中夹岩中间区域为整体受力不利处。

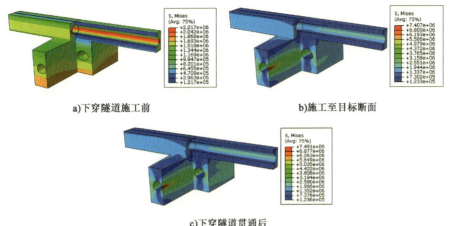

a)下穿隧道施工前　　b)施工至目标断面

c)下穿隧道贯通后

图 6-24　不同施工时刻下的中夹岩 Mises 应力云图

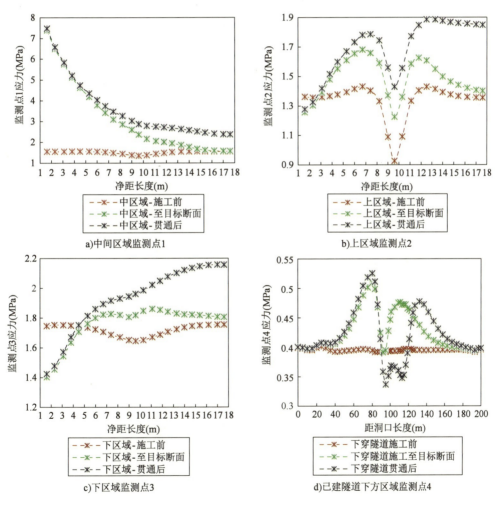

a)中间区域监测点1　　b)上区域监测点2

c)下区域监测点3　　d)已建隧道下方区域监测点4

图 6-25　中夹岩各区域随净距变化的 Mises 应力曲线

而与中间区域相反,在小净距段下区域由于上部围岩体积增加,随净距增加应力是逐渐增大的,见图6-25c)。而对于上部的两个中夹岩区域来说,在净距为9.6m、距洞口长度为100.0m位置,即目标断面位置处为应力最小值分布,属于中夹岩上部区域的受力有利位置[图6-25b)、图6-25d)]。

因此可得出:下部隧道穿越既有隧道对中夹岩的整体影响,在两隧道贯通后中心线距离最近时不利于中夹岩竖向的稳定,而对于水平位移和受力则属于有利位置,小净距段施工至该位置时水平向变形最大,应采取控制措施,同时要注意小净距段中夹岩进洞位置属于竖向位移及受力的不利位置。

6.4 本章小结

本章通过数值分析,研究小净距隧道施工力学行为、中夹岩稳定性影响因素,针对不同开挖方案、岩性级别、进尺长度、进洞先后顺序、错开形式及错开距离、下穿隧道的施工等方面进行分析,主要得到了以下结论:

(1)开挖方案整体影响因素。从施工小净距隧道整体的安全性角度出发,双侧壁法在竖向、水平向变形上相对较小而且能同时兼顾危险部位的受力状态及对称性。在塑性区贯通段,从安全角度出发,选用CD法、双侧壁导坑法是相对可靠的;在净距逐渐增大后,可以选择台阶法作为考虑施工安全性与经济性的综合方案。

(2)岩性级别因素。地表与拱顶竖向位移与岩体弹性模量成正相关关系,Ⅲ、Ⅳ级围岩条件下,主线隧道相比于匝道的拱腰水平位移较小;Ⅴ级围岩下无临时支撑时,拱腰至拱脚区域是容易发生大变形的位置。

(3)进尺长度因素。减小进尺有利于控制拱顶、拱腰处的变形,但进尺较小会导致施工步序增加,降低整个工程的经济效益。因此在地质条件较好时可以选择较大的进尺快速掘进;而在穿越特殊区段,则需要减小进尺控制变形,同时加强支护避免发生破坏。

(4)进洞先后顺序对中夹岩的影响。水平位移方面,匝道先行的措施有利于中夹岩上、中区域的竖向变形控制,中夹岩中部区域与上下区域位移相反容易产生错动扭转,不同进洞顺序下水平位移方向相反而数值比较接近;塑性区分布方面,匝道先行情况下中夹岩体塑性区范围及数值较大。相比于变形,塑性区应当作为安全施工的控制性因素,因而主线隧道先行施工更为安全。

(5)先后行洞错距。在实际施工中,要在各因素中衡量隧道及中夹岩变形的相互关系。在净距较小时,主要控制因素为中夹岩稳定性,在此区段要减少错开距离,保证中夹岩安全稳定,同时减少进尺、控制断面开挖方案以确保隧道施工的安全性。

(6)下穿隧道施工对中夹岩体影响因素。两隧道中心线距离最近时不利于中夹岩竖向的稳定,而对于水平位移和受力则属于有利位置。小净距段施工至该位置时水平向变形最大,应加以控制措施。同时,应注意小净距段中夹岩进洞处属于竖向位移及受力的不利位置。

第 7 章

小净距隧道中夹岩分级标准改进方法

就岩体本身的固有特性而言,寻求一个通用、统一的岩体分级标准是非常必要的,但由于岩体面向的工程对象不同、各类工程的断面、尺寸、用途、服务年限也有所不同,也演化出公路隧道岩体分级、铁路隧道岩体分级、TBM施工隧道围岩分级、岩溶围岩分级等。在划分标准及考虑因素上有统一的一面,也有差异的一面,随着城市建设的推进,城市路网越来越密集,更多出现了立体分岔公路隧道,针对本项目在分岔小净距隧道的研究难点,结合岩体强调的特殊分级性,分级向更加专门化、实用化的趋势发展,本章基于此开展了针对中夹岩的分级标准改进研究。

7.1 中夹岩分级指标的选取

7.1.1 分级因素的选择

小净距隧道中夹岩的质量及稳定性受到诸多因素的综合影响,归纳总结可以分为两大类:中夹岩的本质特性和外界人为因素。

7.1.1.1 中夹岩的本质特性

(1)物理力学特性

岩体的物理力学特性包括岩体的重度、抗压强度、抗剪强度、压缩模量、含水率、黏聚力、内摩擦角等;一般重度、强度较高的岩体,其质量、稳定性好。

(2)结构状态

岩体结构状态即岩体的原生结构和次生变动特征,细化成结构面的发育程度、结构面的起伏和延伸性状、结构面的充填和胶结状况、结构面的组数和密度,可以反映岩体本身的完整密实程度。

(3)含水状态

水会对岩体产生软化、强度降低甚至失稳的影响。当中夹岩存在软弱结构面或软弱夹层时,水会降低结构面的摩擦阻力,诱发岩体沿软弱面滑移,同时,水对可溶岩、黏土岩的溶蚀作用明显影响岩体的质量。

(4)初始应力状态

就中夹岩体而言,其两侧隧道开挖产生的应力释放及重分布,直接影响到中夹岩的二次应力状态。当初始应力不高,中夹岩强度足以承受洞室开挖后的二次应力时,初始应力对岩体稳定性的影响不显著;当初始应力高到岩体无法承受二次应力时,两侧隧道的开挖就会对中夹岩的稳定产生影响甚至造成破坏。

(5)风化程度

风化作用影响岩体的物理力学性质,把坚固岩石变为软质岩,扩大了原有结构面的张开度,并演化出新的裂隙,同时影响岩体的坚硬程度和岩体的完整性。

7.1.1.2 外界人为因素

该因素指在设计方案中所确定的工程规模和尺寸、工程结构布置和埋置深度、工程开挖方案、进尺、错开距离等,就中夹岩的设计影响因素而言,对其稳定性的影响取决于中夹岩体在不同截面处的高度、宽度,这些不同的尺寸带来的尺寸效应影响着中夹岩的稳定性。

通过对以上因素的归类分析,本章选取中夹岩三个维度指标(即几何指标、物理指标、力学指标)进行研究。

7.1.2 中夹岩的几何指标

中夹岩的几何指标为中夹岩本身的几何尺寸及其与两侧隧道的跨度的相互关系,如图 7-1 所示,选取中间区域部分将中夹岩体的宽度设置为 W,将中夹岩两侧的隧道跨度设置为 B,则中夹岩体的几何指标即为以上尺寸的组合。

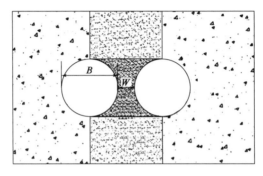

图 7-1 中夹岩体的尺寸示意图

由图 7-1 可以看到,中夹岩中间区域最小宽度与隧道的跨度之比反映了隧道跨度与中夹岩宽度的相互关系,对一般隧道而言,隧道的跨度增加,净高也会增加,洞周围岩的破碎范围也就变大,围岩的稳定性就越差。而中夹岩的宽度增加,两条隧道之间的距离就相对应增加,但开挖引起的重分布及松弛范围没有重复作用,稳定性就可以相对得以保证。所以当 W/B 值越大,其他物理指标、力学指标、工法不变时,中夹岩的稳定性越好。

7.1.3 中夹岩的物理指标

中夹岩的物理指标反映了中夹岩体的物理状态,描述岩体物理状态的指标有很多,但为了简单、直接地表征中夹岩体的质量分级,本节用中夹岩的完整性、透水性、主要结构面与洞轴线的组合性来表征中夹岩的物理状态。

(1) 中夹岩的完整性

中夹岩体的完整程度受到结构的切割程度、单元岩块的大小、块体间的结合状态影响,决定于结构面的密度、组数、产状延伸度、张开度、粗糙度、起伏度、充填情况、充填物性质等,但这些因素只能从不同侧面、不同程度反映岩体的完整程度。为了综合、全面反映岩体的完整状态,目前普遍采用的描述指标是岩体完整性系数 K_v、岩石质量系数 RQD。

①岩体完整性系数 K_v

K_v 值由同一岩体的声波纵波速度与岩石的声波纵波速度之比的平方确定,即:

$$K_v = \left(\frac{v_{pm}}{v_{pr}}\right)^2 \tag{7-1}$$

式中：v_{pr}——岩石纵波速度(m/s)；

v_{pm}——岩体纵波速度(m/s)。

因为声波在岩体中的传播速度 v_{pm} 与岩体结构面的发育程度、结构面的形状、充填物性质、含水状态等因素有关，而 v_{pr} 是在不含有明显结构面岩石上测得的波速，基本能反映完整岩石的物理状态，因而依据 v_{pr} 和 v_{pm} 与确定的 K_v 值反映岩体的完整状态，是一项能较全面、综合评价中夹岩体完整程度的定量物理指标。

②岩石质量系数 RQD 值

岩石质量系数 RQD 值也是一项能够反映岩体完整状态的定量物理指标，该值表示长度在 10cm 以上的岩芯获得率，即：

$$RQD = (10cm 以上岩芯的累计长度/钻孔长度) \times 100\% \tag{7-2}$$

因为岩芯采取率、岩芯长度受岩体裂隙发育程度、岩体硬度、岩体均质程度强烈影响，即 RQD 指标反映了岩体被各类结构面切割的程度，但就现实操作而言，RQD 值虽是定量指标，但数值受钻孔机具无法规范统一、工艺水平没有得到普及等因素影响较大，即使是同一岩体得到的数值也会差异很大，因而目前在国内并没有广泛应用。

(2)中夹岩的透水性

表征中夹岩物理状态的第二个方面是其透水性，即地下水对中夹岩体质量和稳定性产生的影响，地下水除了对岩体产生软化作用外，更重要的是改变了中夹岩体的内外部物理环境，同时地下水的流动、压力作用带来的动、静水压力降低了中夹岩体强度、增大了中夹岩体内部的活动应力。为了全面地对地下水在中夹岩体中的状态分布进行评价，通过参考关宝树教授《关于地下工程围岩分类的基本建议》、巴顿岩体质量指标 Q 值分类法、公路隧道围岩分级法中的流量及压力分类，形成表7-1，可以为下一节分级体系的构建创建基础。

地下水在中夹岩体中的状态分布　　　　　　　表7-1

状态	干燥	稍潮湿	偶有渗水	经常渗水	大量渗水
水量 (L/min×10m)	0	<10	10~25	25~125	>125
水压 (MPa)	0	0	<0.1	0.1~0.25	>0.25

(3)中夹岩主要结构面与洞轴线的组合性

表征中夹岩物理状态的第三个方面是其主要结构面与洞轴线的组合性。对于中夹岩体而言，由于两侧存在间距较近的两条隧道，两者的走向并不一定是平行的，也可能是斜交的，且中夹岩体主要结构层面的走向与两条隧道洞轴线存在不同组合关系，因此评价这种相互关系十分复杂。

为了较为全面地评价这三者之间的关系，对国内各行业、各基建部门涉及的结构面与洞轴线的分类进行梳理，提出了中夹岩体主要结构面与隧道轴线的组合关系[62]，见表7-2。

中夹岩体主要结构面与相邻两条隧道轴线的组合关系　　　表7-2

左侧隧道评估			右侧隧道评估			综合评估
结构面走向与洞轴线夹角	结构层面本身倾角	等级分数	结构面走向与洞轴线夹角	结构层面本身倾角	等级分数	
60°~90°	60°~90°	1.0	60°~90°	60°~90°	1.0	1.00
60°~90°	30°~60°	0.9	60°~90°	30°~60°	0.9	0.81
60°~90°	0°~30°	0.8	60°~90°	0°~30°	0.8	0.64
60°~90°	60°~90°	1.0	30°~60°	60°~90°	0.7	0.70
60°~90°	30°~60°	0.9	30°~60°	30°~60°	0.6	0.54
60°~90°	0°~30°	0.8	30°~60°	0°~30°	0.7	0.56
60°~90°	60°~90°	1.0	0°~30°	60°~90°	0.6	0.60
60°~90°	30°~60°	0.9	0°~30°	30°~60°	0.5	0.45
60°~90°	0°~30°	0.8	0°~30°	0°~30°	0.6	0.48
30°~60°	60°~90°	0.7	60°~90°	60°~90°	1.0	0.70
30°~60°	30°~60°	0.6	60°~90°	30°~60°	0.9	0.54
30°~60°	0°~30°	0.7	60°~90°	0°~30°	0.8	0.56
30°~60°	60°~90°	0.7	30°~60°	60°~90°	0.7	0.49
30°~60°	30°~60°	0.6	30°~60°	30°~60°	0.6	0.36
30°~60°	0°~30°	0.7	30°~60°	0°~30°	0.7	0.49
30°~60°	60°~90°	0.7	0°~30°	60°~90°	0.6	0.42
30°~60°	30°~60°	0.6	0°~30°	30°~60°	0.5	0.30
30°~60°	0°~30°	0.7	0°~30°	0°~30°	0.6	0.42
0°~30°	60°~90°	0.6	60°~90°	60°~90°	1.0	0.60
0°~30°	30°~60°	0.5	60°~90°	30°~60°	0.9	0.45
0°~30°	0°~30°	0.6	60°~90°	0°~30°	0.8	0.48
0°~30°	60°~90°	0.6	30°~60°	60°~90°	0.7	0.42
0°~30°	30°~60°	0.5	30°~60°	30°~60°	0.6	0.30
0°~30°	0°~30°	0.6	30°~60°	0°~30°	0.7	0.42
0°~30°	60°~90°	0.6	0°~30°	60°~90°	0.6	0.36
0°~30°	30°~60°	0.5	0°~30°	30°~60°	0.5	0.25
0°~30°	0°~30°	0.6	0°~30°	0°~30°	0.6	0.36

由《工程岩体分级标准》(GB/T 50218—2014)中的岩体基本质量指标法(BQ法)中对结构面走向的修正系数分类可知,最不利的组合是结构面与隧道轴线夹角小于30°,结构面倾角为30°~60°;最有利的组合是结构面与隧道轴线夹角大,同时结构面倾角也大的情况。将最有利的等级设置为1.0,最不利的等级设置为0.5,差值由介于最有利与最不利的情况分担。

结构面走向与洞轴线夹角在60°~90°属于有利范围,随着结构层面本身倾角的减小,等级从1.0阶梯形减少0.1;而结构面走向与洞轴线夹角在0°～60°属于不利范围;结构层面本身倾角为30°～60°为最不利情况,等级设置为0.5,其他范围内的结构面倾角等级从0.5阶梯形增加0.1。最后综合评估的分数即为两条隧道分数的积,反映了两者的综合值。

7.1.4 中夹岩的力学指标

中夹岩的力学指标能够反映岩体本身的强度和应力环境,为了能够直接、简洁地表达中夹岩体的力学质量分级,本节通过描述中夹岩体的坚硬程度、初始应力状态来表征中夹岩的力学指标。

(1)中夹岩的坚硬程度

中夹岩的坚硬程度是岩体的基本力学性质,衡量中夹岩体坚硬程度的指标有很多,目前普遍采用的是岩石单轴抗压强度、点荷载强度。

①岩石单轴抗压强度R_c

岩石单轴抗压强度R_c是定量化表征岩体坚硬程度的一个指标,具有容易测取、代表性强、与其他力学指标有良好的相关换算性等特点,同时是应用最为广泛的一个指标。通过梳理《公路隧道施工技术规范》(JTG/T 3660—2020)、《铁路隧道设计规范》(TB 10003—2016)中岩体坚硬程度的等级划分,提出依据R_c值对中夹岩体坚硬程度的划分方法,见表7-3。

中夹岩体坚硬程度划分　　　　　　　　　　　表7-3

坚硬程度	硬质岩			软质岩		
	极坚硬岩	坚硬岩	较坚硬岩	较软岩	软岩	极软岩
R_c(MPa)	>120	70～120	30～70	15～30	5～15	<5
代表性岩石	未风化的花岗岩、片麻岩、闪长岩、石英岩、硅质灰岩等	微风化及弱风化的大理岩、凝灰岩、白云岩、岩浆岩等		强风化的极坚硬岩、弱风化的硬岩、砂质泥岩、粉砂岩、泥岩等	泥岩、煤及泥质胶结的砂岩、砾岩等	全风化的各类岩石

②岩石点荷载强度I_s

点荷载强度I_s作为评价岩石坚硬程度的辅助指标,通过点荷载现场试验完成,主要用于预估岩石单轴抗压和抗拉强度,试件可以不加工,便于测定风化严重的岩体强度,应用日趋广泛,但是,点荷载作用范围较小,结果存在偏差,且该指标是辅助性指标,还需要通过点荷载强度的换算来得到直接反映岩体坚硬程度的单轴抗压强度R_c。

(2)中夹岩的初始应力状态

表征中夹岩力学状态的第二个方面是其初始应力状态,中夹岩体在小净距隧道中不仅作为荷载的载体,同时作为组成岩体结构的主要部分,其初始的应力状态是影响岩体稳定性不可忽视的重要因素,对中夹岩的变形和破坏有明显的影响。

当初始应力处在中低应力段时,隧道开挖后的受力变形特征接近线弹性、黏弹性,而当初始应力处在高、极高应力段时,隧道开挖后的收敛变形特征接近弹塑性、塑性、黏弹塑性[18],也就是说在岩体坚硬程度及完整性保持一定的条件下,初始应力较高的岩体稳定性更差。衡量初始应力状态的指标通常用围岩强度应力比S表示,即:

$$S = \frac{R_c}{\sigma_{max}}$$ (7-3)

式中：R_c——岩石单轴抗压强度(MPa)；

σ_{max}——岩体最大初始应力(MPa)，一般取 $\sigma_{max} = \gamma H$。

通过围岩强度应力比 S 可以定量对中夹岩的初始应力状态进行分级评价，划分为极高应力、中~高应力、低应力，见表7-4。

中夹岩体初始应力状态划分 表7-4

中夹岩初始应力状态	主要现象		围岩强度应力比 S
	硬质岩	软质岩	
极高应力	开挖可能存在岩爆，新生裂缝多	岩芯饼化现象，持续性大位移	<4
中~高应力	洞壁岩体剥离、掉块，成洞性差	洞壁岩体位移显著，持续性位移	4~8
低应力	初始应力状态弱，岩体强度有利于稳定		>8

通过围岩强度应力比的分级，对中夹岩初始应力状态进行了划分，为下一节分级体系的构建创立基础。

7.2 中夹岩分级标准的建立

7.2.1 中夹岩的指标体系

在梳理了国内外分级方法的基础上，本节分析影响中夹岩分级的一系列指标，考虑了中夹岩的几何因素、物理因素及力学因素。在对众多因素、指标的分析中，只考虑单一、少量指标的分级方法，以及将众多指标不区分层级，统一处理的分级方法都是不合理的。例如，早期普式分级法只考虑了岩石抗压强度，RQD分级法只考虑了岩体的完整度，虽然指标单一，符合使用方便的需求，但是过分强调单一因素的决定作用，对复杂岩体的适用性不够。又例如，有的分级方法会将单轴抗压强度、弹性模量、节理产状、风化系数、完整性系数、地应力状态、地下水状态等因素全部考虑，表面上似乎十分全面，但是同时获取众多指标在操作上是很困难的，更为关键的是这些指标对岩体的影响是重复的，存在相互制约关系。

因而，本节在建立中夹岩的指标体系过程中考虑了以下几点来保证指标分层级、指标不相互制约。

(1)对各指标梳理主次关系，划分层次。主要因素为各类中夹岩体的强度及稳定性，作为各类岩体的共性，属于基础指标；次要因素视工程设计类型、赋存条件、现场条件不同而异，属于辅助指标。先由基础指标确定中夹岩的基本质量和基础框架，再按照辅助指标对中夹岩的基本质量进行修正。

(2)各分级因素及指标对中夹岩的影响作用应相互独立，单一指标的影响应该对应岩体单一方面的性质。例如岩体的风化程度不能作为基础指标的原因是其既影响强度，同时也影响岩体的完整性。

(3) 通过定性描述与定量划分相结合建立指标体系，利用综合评估来提高分级的准确率。

在梳理了影响中夹岩质量三个方面的分级因素的基础上，从基础指标及辅助指标两个维度构建中夹岩的指标体系，如图7-2所示。将中夹岩完整性指标和坚硬性指标归为基础指标，因为这两个指标是岩体的共有性质，对中夹岩质量的影响起到基础性、决定性的作用，同时两者是可以定量评估的，将可定量化的指标作为基础，可以更准确地评估岩体质量。要说明的是，完整性指标选用了岩体完整性系数 K_v 而不是岩石质量系数 RQD 值，坚硬性指标选用了岩石单轴抗压强度 R_c 而不是岩石点荷载强度 I_s，这是因为 K_v 和 R_c 应用更为广泛、操作产生的偏差更小、量化更为准确。

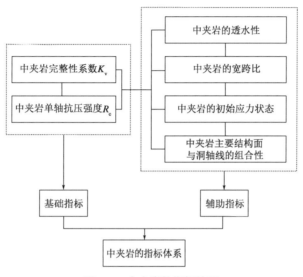

图 7-2　中夹岩的指标体系

在辅助指标方面，考虑了中夹岩的透水性、中夹岩的宽跨比、中夹岩的初始应力状态以及主要结构面与洞轴线的组合性这四个指标。一方面是因为这些指标是从现场条件、设计方案中对中夹岩进行更为具体细致的修正，以符合实际条件，同时也无法从单一方面对岩体质量产生决定性的影响；另一方面，这些指标分级中存在较多的定性描述以及缺乏定量评价经验的情况。

7.2.2　中夹岩的分级标准

在建立了中夹岩的指标体系后，需要将各指标进一步细化分级，确定评估中夹岩质量的标准，通过评分法对影响中夹岩质量的基础指标、辅助指标进行评价，最后再汇总得分，根据不同的分数划分不同的中夹岩等级。

(1) 基础指标

① 中夹岩完整性系数 K_v

在对岩体完整性系数进行梳理后，发现对于一般性岩体而言，其完整性包含了较破碎、破碎、极破碎等方面，考虑到对中夹岩的完整性要求较高，指标分级应更偏于保守，评价破碎的范围应当适度变大，最后给出不同完整性系数对应的评分，见表7-5。

中夹岩完整程度评价表 表7-5

分级依据	完整程度					
	极完整	完整	较完整	较破碎	破碎	极破碎
中夹岩完整性系数 K_v	>0.9	0.8~0.9	0.6~0.8	0.4~0.6	0.2~0.4	≤0.2
对应分数 T_1	42~50	34~42	26~34	18~26	10~18	≤10

注:数值范围"~"为含右边数值,不含左边数值。

②中夹岩单轴抗压强度 R_c

中夹岩单轴抗压强度 R_c 作为第二个基础指标,根据坚硬程度的分级对其进行评分,见表7-6。

中夹岩坚硬程度评价表 表7-6

坚硬程度	硬质岩			软质岩		
	极坚硬岩	坚硬岩	较坚硬岩	较软岩	软岩	极软岩
中夹岩单轴抗压强度 R_c(MPa)	>120	70~120	30~70	15~30	5~15	≤5
对应分数 T_2	42~50	34~42	26~34	18~26	10~18	≤10

注:数值范围"~"为含右边数值,不含左边数值。

（2）辅助指标

在中夹岩的完整性及坚硬性确定了基础性质之后,通过辅助指标在基础指标确定的分数的基础上进行扣减修正,得到更为真实准确的中夹岩质量情况。

①中夹岩的透水性

根据中夹岩体的透水量及透水压力的分级,设置相应的扣减分数,因为有四个辅助指标共同影响最终评价,对应于每个指标的扣减值相应调低,干燥状态时不进行扣减,即该情况对中夹岩质量不产生影响,当岩体发生大量渗水时,扣减值使岩体等级降一级,见表7-7。

中夹岩的透水性评价表 表7-7

状态	干燥	稍潮湿	偶有渗水	经常渗水	大量渗水
水量(L/min×10m)	0	≤10	10~25	25~125	>125
水压(MPa)	0	0	≤0.1	0.1~0.25	>0.25
对应分数 T_3	0	−2	−4~−2	−8~−4	−16

注:数值范围"~"为含右边数值,不含左边数值。

②中夹岩的宽跨比

为了更好地为海沧疏港通道小净距隧道提供数据支撑,中夹岩的宽跨比指标的量化和分级以该段中夹岩中心区域的竖向、水平向的变形数据、受力数据、塑性区数据作为基础。选取小净距隧道段110m长度内的1~23段中夹岩断面,净距长度在1.6~17.6m范围内,两隧道跨度均为14.0m。四种典型的开挖方案下宽跨比指标变化与受力指标、变形指标、等效塑性应变指标变化的关系曲线如图7-3所示,图中左坐标轴为各段截面参数与1号初始截面参数的百分比值,对应于四条曲线;右坐标轴为宽跨比的具体数值,对应于各断面立柱体。

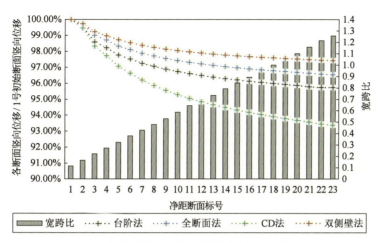

a) 中夹岩中心区域各断面竖向位移与宽跨比的关系

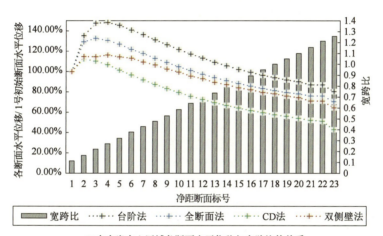

b) 中夹岩中心区域各断面水平位移与宽跨比的关系

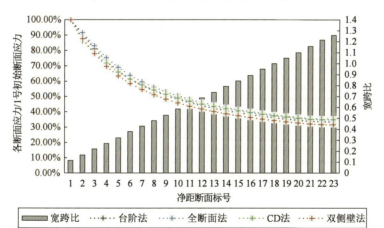

c) 中夹岩中心区域各断面应力与宽跨比的关系

图 7-3

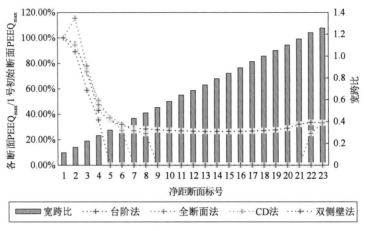

d) 中夹岩中心区域各断面等效塑性应变最大值($PEEQ_{max}$)与宽跨比的关系

图 7-3 中夹岩区域变形、受力、塑性区数据与宽跨比之间的关系

从图 7-3 可以看出,对于竖向位移,在断面标号 3 之前,对应宽跨比在 0.11~0.20 内时,位移曲线斜率明显较大,说明该宽跨比范围对竖向位移的影响较大。对于水平位移,在断面标号 4 之前,对应宽跨比在 0.11~0.27 内时,水平位移是增加的,不利于中夹岩区域的稳定,该宽跨比范围对水平位移不利。对于中心区域受力,在断面标号 18 之前,对应宽跨比在 0.11~1.00 内时,曲线斜率逐渐减少,净距对应力数值的影响逐渐减少,在宽跨比为 1.00 处时斜率趋近于 0。对于中心区域存的等效塑性应变最大值 $PEEQ_{max}$,在断面标号为 5 的附近,对应宽跨比数值范围为 0.11~0.32 时,等效塑性应变最大值曲线由快速跌落状态迅速转平,在中夹岩中心区域分布的塑性区范围大幅减少甚至消失,因而通过以上分析在对中夹岩宽跨比指标的量化和分级中,以疏港通道小净距隧道段为例,将宽跨比 0.11~1.26 细分为 0.11~0.30、0.30~1.00、1.00~1.26,在 0.11~0.30 范围内塑性区分布面积较大,受力及变形需要格外关注。

同时为了全面考虑更大的净距值带来的分级影响,参考了日本铁道综合技术研究所发布的《近接隧道施工指南》中的净距值指标,给出宽跨比的量化分级及对应评分,当宽跨比大于 2.5 时,扣减分数较小,即该情况对中夹岩质量影响较小;当宽跨比小于 1.0 进入限制范围时,是中夹岩变形的重点控制区域,划分两个等级,扣减的分数使岩体等级下降一级,见表 7-8。

中夹岩的宽跨比评价表   表 7-8

宽跨比 W/B	≤0.3	0.3~1.0	1.0~1.5	1.5~2	2~2.5	>2.5
影响程度	很大	大	较大	稍大	较小	小
对应分数 T_4	-16	-16~-12	-12~-8	-8~-4	-4~-2	0

注:数值范围"~"包含右边数值,不含左边数值。

③中夹岩主要结构面与洞轴线的组合性

在中夹岩分级指标的选取中,表 7-2 展示了对中夹岩主要结构面与其两侧隧道洞轴线组合关系的评估方法,并得到了 27 种不同情况下的综合评估分数,通过对 0.36~1.0 区间的综合评估分数进行分级,对不同级别设置相应的扣减分数,以确定两条隧道不同的轴线方向对中夹岩稳定性的影响程度,见表 7-9。

中夹岩主要结构面与相邻两条隧道轴线的组合关系评价表　　表7-9

综合评估分数	0.36~0.45	0.48~0.54	0.56~0.64	0.7~1
中夹岩稳定性影响	最不利	不利~稍不利	稍有利~有利	最有利
对应分数 T_5	−16	−12~−6	−5~−3	−2

注：数值范围"~"为包含右边数值,不含左边数值。

由表7-9可以看出,从最不利至最有利四个等级都存在分数的扣减,主要考虑了在两侧隧道开挖施工中,即使中夹岩结构面的方向有利于稳定,但还是会增加弱面,降低岩体的有效强度,因而都采用了扣减分数的方式,同时,在最不利的结构面方向下,扣减的分数使岩体等级下降一级。

④中夹岩的初始应力状态

在表7-4中夹岩初始应力状态的划分中,根据围岩强度应力比S的计算值可以得到不同的中夹岩初始应力状态,在基础性质之上,针对不同的应力状态增加对中夹岩体应力环境的修正,设置对应的扣减值,得到表7-10,可以看出,在低应力环境下,扣减值较小,中夹岩分级主要由基础指标决定,在极高应力下,较大的扣减值修正了岩体等级。

中夹岩的初始应力状态评价表　　表7-10

围岩强度应力比 S	≤4	4~6	6~8	>8
初始应力状态	极高应力	高应力	中应力	低应力
对应分数 T_6	−16	−12~−6	−6~−4	−2

注：数值范围"~"为包含右边数值,不含左边数值。

7.2.3　中夹岩等级的评估计算

通过对中夹岩基础指标和辅助指标建立分级和评价标准,得到T_1~T_6的分数,就可以开展对中夹岩等级的计算与评估,并通过以下原则及方法确定中夹岩的等级。

（1）在中夹岩基础指标和辅助指标的各项性质中,各指标是通过给出不同数值范围来分级的,相对应的分数也是存在一个范围,为了确定具体的各项评估分数值,采用线性对应的方法,即若某中夹岩的单轴抗压强度R_c为50MPa,查表7-6,可知在30~70MPa之间,属于较坚硬岩,对应的分数在26~34之间,线性对应的话分数值应为30,即该项T_2为30。

（2）中夹岩总评分$T = T_1 + T_2 + T_3 + T_4 + T_5 + T_6$。

（3）中夹岩总评分T反映了中夹岩体各项指标的综合值,T的最大值可以取到96,在最不利的情况下小于0,若$T<0$按$T=0$处理。

由以上原则及已建立的分级标准,共设置Ⅰ、Ⅱ、Ⅲ、Ⅳ、Ⅴ 5个中夹岩等级,每个等级都有对应的总评分T范围。对于等级Ⅰ而言,其上限为由基础指标确定的最大值100,然后再减去各辅助指标最小值之和(4),即96,其下限为由基础指标确定的极完整和极坚硬岩的最小值84,再减去四个辅助指标中各分数的组合值,考虑到Ⅰ级中夹岩的下限应包含四个辅助指标最有利的情况外,还可以包含辅助指标中一些第二梯度有利的指标,可以扣减的分值最大为11,即84−11=73,即Ⅰ级中夹岩的总评分T范围为73~96。根据上述思路,逐步确定各级别对应的分数范围及描述,见表7-11。

中夹岩分级　　　　　　　　　　　　　　　表 7-11

中夹岩级别	Ⅰ	Ⅱ	Ⅲ	Ⅳ	Ⅴ
总评分 T	$73<T\leqslant96$	$57<T\leqslant73$	$38<T\leqslant57$	$20<T\leqslant38$	$T\leqslant20$
中夹岩基本性质描述	岩体完整~极完整； 岩体坚硬~极坚硬	岩体较完整~完整； 岩体较坚硬~坚硬	岩体较破碎~较完整； 岩体较软~较坚硬	岩体破碎~较破碎； 岩体软~较软	岩体极破碎~破碎； 岩体极软~软
中夹岩辅助性质描述	较为干燥； 宽跨比大； 结构面有利于稳定； 低应力~中应力	稍微潮湿； 宽跨比较大； 结构面有利于稳定； 低应力~中应力	稍潮湿~潮湿； 宽跨比适中~小； 结构面稍不利~稍有利； 低应力~高应力	潮湿~很潮湿； 宽跨比较小~小； 结构面稍不利~不利； 高应力~极高应力	渗水量大； 宽跨比小； 结构面不利于稳定； 高应力~极高应力

通过建立评分计算方法，对中夹岩进行评估的等级与现场建设环境整体围岩级别评估的等级进行对比，若两者等级相同，说明对应背景工程的中夹岩质量较高，若经过计算发现中夹岩对应质量低于整体环境围岩，则需要在中夹岩体参数与环境围岩参数保持一致的基础上，对施工工况中存在的各影响因素进行调整，见表 7-12。

中夹岩等级下调对施工各影响因素的调整　　　　　　　　　　表 7-12

施工影响因素	调整	施工影响因素	调整
开挖方案	采用有临时支撑的加固方案	进尺	减少进尺
掌子面错距	减少掌子面错距	先后行洞错距	减少先后行洞错距
进洞先后	条件满足下匝道先行	辅助超前措施	对穿锚杆、注浆

7.3 中夹岩分级标准的应用

7.3.1 工程背景

本章针对中夹岩开展分级研究，选择的研究区段位于海沧疏港通道 2 号隧道左线标准断面小净距段 ZK2+665~ZK2+775 与 2 号隧道 A 匝道 AK1+602.3~AK1+490 之间的中夹岩段，见图 7-4 红框范围。

为了确定中夹岩体的工程地质概况，需要分别判别其两侧隧道在中夹岩区间对应里程号的基本情况，对于疏港通道 2 号隧道左线标准断面小净距段而言，根据地质勘察报告可知，其通过燕山晚期第二次侵入花岗岩地层 $\gamma_5^{3(1)b}$，中粗粒结构，块状构造，以中风化为主，节理、裂隙较发育，主要节理为 N10°~39°E/65°~85°S，部分裂隙填充石英脉，岩体较完整，地下水为岩裂隙水，主要赋存于花岗岩节理、裂隙中。对于 A 匝道而言，与主线隧道工程地质概况相同，正常涌水量为 63m³/d。左线隧道小净距段地质纵断面如图 7-5 所示。

由图 7-5a)钻孔数据可知，完整性系数 $K_v=0.74$，透水量为 63m³/d，水量总体较小，构造裂隙水带来的突水、突涌现象可能对工程产生不利影响。

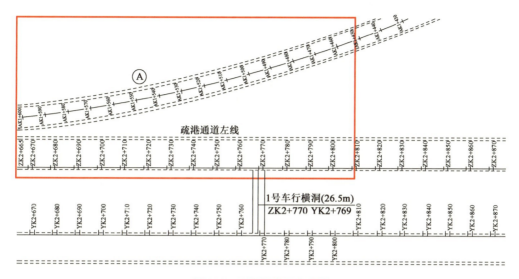

图 7-4 分岔段平面分布图

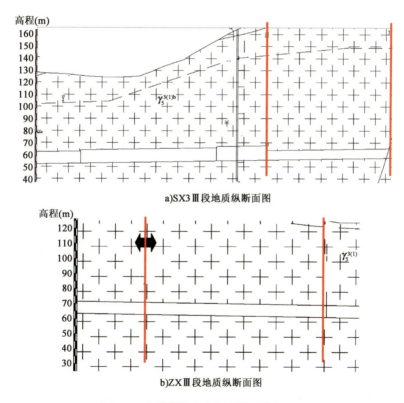

a) SX3Ⅲ段地质纵断面图

b) ZXⅢ段地质纵断面图

图 7-5 左线隧道小净距段地质纵断面图

7.3.2 现场中夹岩的分级应用

根据以上的现场情况,通过已有的勘察数据评估各分级指标。

(1) 中夹岩完整性系数 K_v

根据钻孔数据,完整性系数 $K_v = 0.74$,查表 7-5 可知属较完整中夹岩,通过完整性系数线性对应到分数,即 $T_1 = [(34-26)/(0.8-0.6)] \times (0.74-0.6) + 26 = 31.6$。

(2) 中夹岩单轴抗压强度 R_c

中夹岩段为 $\gamma_5^{3(1)b}$ 花岗岩地层,根据勘察报告, $R_c = 93.61$ MPa,查表 7-6 可知属坚硬岩,通过坚硬岩级别对应的强度范围对应到分数,即 $T_2 = [(42-34)/(120-70)] \times (93.61-70) + 34 = 37.78$。

(3) 中夹岩的透水性

透水量方面,根据换算,正常涌水量为 4.375 L/min × 10m,最大涌水量为 13.19 L/min × 10m。查表 7-7 可知,对应分数 T_3 范围在 $-4 \sim -2$,取 $T_3 = -4$。

(4) 中夹岩的宽跨比

由图 7-3,中夹岩段宽度最小值为 1.6m,疏港左线小净距段跨度为 16.17m,A 匝道小净距段跨度为 12.62m,因而在最危险处的宽跨比 $W/B = 0.10$ 和 0.13,均小于 1。查表 7-8 可知,此时影响程度很大,取最不利的情况 $T_4 = -16$。

(5) 中夹岩主要结构面与洞轴线的组合性

主要节理方向为 N10~39°E/65~85°S,由图 7-5 和表 7-2 可知,结构面走向与左侧洞轴线夹角在 0°~-30° 之间,与右侧洞轴线夹角在 60°~-90° 之间,结构面自身的倾角在 60°~-90° 之间,因而综合评估的分数为 0.60。查表 7-9 可知,分数 T_5 范围在 $-5 \sim -3$,取 $T_5 = -5$。

(6) 中夹岩的初始应力状态

根据式 (7-3) 首先确定中夹岩的初始应力状态, $R_c = 93.61$ MPa, $\gamma_5^{3(1)b}$ 花岗岩地层的重度 γ 取 26kN/m³,中夹岩段埋深 $H = 100$m,即 $\sigma_{max} = \gamma H = 26 \times 100 = 2600$ kN/m³,因此 $S = R_c / \sigma_{max} = 93610/2600 = 36.00$。查表 7-10 可知属于低应力状态,对应分数 $T_6 = -2$。

由上述分析,可确定中夹岩总评分 T 及对应等级,见表 7-13。

海沧疏港通道主线与 A 匝道的中夹岩分级评价表 表 7-13

指标	T_1	T_2	T_3	T_4	T_5	T_6	T
分数	31.6	37.78	-4	-16	-5	-2	42.38

查表 7-11 可知,中夹岩级别为 Ⅲ 级,但该区间存在中风化的花岗岩,其单轴抗压强度 R_c 在 60~70MPa 之间,经过验算属 Ⅳ 级围岩,即该区间总的中夹岩属 Ⅲ~Ⅳ 级围岩,相比原设计方案中的 Ⅲ 级围岩要低,中夹岩评级结果的降低,这是因为在该区段中存在中风化花岗岩区域,该区域强度较低,并且评价的最小宽跨比 (0~0.3) 属于相互影响程度很大的范围,对应的净距宽度在 1.6~4.2m 之间,因此在该区段范围中夹岩属 Ⅳ 级围岩,随着两隧道开挖的进行,净距值逐渐增加,随之宽跨比也在增长,当宽跨比大于 0.3 之后两隧道的相互影响程度减少,扣减的分数减少,中夹岩的评级上升至 Ⅲ 级围岩。

因此,在 Ⅳ 级中夹岩掘进区域中需要采取相关措施,例如减小进尺、减小先后行洞错距、增加临时支护措施等,以保证中夹岩区域的施工安全。

7.4 本章小结

本章针对小净距隧道工程存在的一种较为特殊形式的岩体——中夹岩开展了相关的分级标准改进研究,通过选取分级指标、建立分级标准、开展质量评估工作,为工程现场评估中夹岩质量提供了依据。

(1)从岩体的几何因素、物理因素、力学因素三个方面选取了影响中夹岩质量的6项指标,包括中夹岩的完整性、中夹岩的坚硬性、中夹岩主要结构面与洞轴线的组合性、中夹岩的透水性、中夹岩的初始应力状态、中夹岩截面的几何状态,并对这些指标进行分类分级。

(2)针对6项指标,建立了基础指标+辅助指标的分级体系,并对每项指标提出定量+定性的评估方式,给出具体评估方法,可以定量化地对中夹岩进行分级,同时,根据现有的现场岩体勘察资料及相关确定指标,将其实际应用到疏港通道小净距段的中夹岩质量评估环节中,评定的对应区段中夹岩体等级为Ⅲ~Ⅳ级围岩。相比于原设计方案中的Ⅲ级围岩,Ⅳ级围岩的出现是因在该区段中存在的中风化花岗岩区域强度较低形成的,并且在1.6~4.2m的净距宽度较小范围内。

第 8 章

小净距隧道中夹岩稳定性判据

为服务于设计阶段对中夹岩稳定状态的判断,本章采用强度折减法确定小净距隧道极限状态的力学参数;同时,将强度折减法与施工力学全过程分析相结合,从中夹岩稳定性的各影响因素角度出发,以施工中实际监测断面的拱底沉降、净空收敛作为判据的自变量;以中夹岩体对应的力学特征作为因变量,基于大量数据分析,探讨小净距隧道断面变形、中夹岩体各区域变形与受力特征的相互关系,从而建立不同角度的中夹岩稳定性判据,包括位移判据、应力判据、塑性区判据。

8.1 中夹岩稳定性前期判据的建立

为服务于前期小净距隧道的安全控制,在"影响中夹岩稳定性各因素"及"中夹岩分级标准的分析"研究成果基础上,需要对设计阶段中夹岩可能出现的受力、变形情况进行判断和评价,以确保中夹岩的变形和受力是符合正常规律且在最大值限度内进行掘进工作。描述这种限值的工具是判据,通过判据可对施工过程进行动态化控制,以保证施工安全。

对于在设计阶段进行中夹岩体稳定性的判定,围岩级别及其对应的施工方案、支护措施是中夹岩稳定性的主要影响因素,因而本节在主要考虑围岩级别的基础上通过量化中夹岩力学参数指标,研究在不同参数变化下的小净距隧道稳定状态的变化过程,选取一种标准施工工况——台阶法施工、主线隧道先行、错距15m。决定中夹岩强度的主要参数为黏聚力值,采用强度折减法改变单变量岩体黏聚力值从0.2MPa到2.0MPa(以0.1MPa为变化间隔),探究隧道整体稳定的破坏过程,具体见表8-1、表8-2。

围岩参数　　　　　　　　　　　　　　　　　　　　　　表8-1

参数	密度(kg/m³)	弹性模量(GPa)	泊松比	摩擦角(°)
数值	2200	3.6	0.25	20

不同工况围岩黏聚力设置　　　　　　　　　　　　　　　表8-2

黏聚力(MPa)	破坏/收敛	至洞口的距离(m)	施工步骤
0.2	破坏	0	1
0.3	破坏	0	1
0.4	破坏	5	3
0.5	破坏	5	3
0.6	破坏	10	5
0.7	破坏	10	5
0.8	破坏	10	6
0.9	破坏	15	7
1.0	破坏	45	19
1.1	破坏	45	20
1.2	破坏	45	20
1.3	破坏	45	20
1.4	收敛	110	63
1.5	收敛	110	63

续上表

黏聚力 c(MPa)	破坏/收敛	至洞口的距离(m)	施工步骤
1.6	收敛	110	63
1.7	收敛	110	63
1.8	收敛	110	63
1.9	收敛	110	63
2.0	收敛	110	63

取破坏不收敛状态数值为0,收敛状态数值为1,隧道整体稳定状态随不同黏聚力值变化过程如图8-1所示,其中净距值为施工至不收敛位置处对应的净距长度,稳定状态及净距长度作为柱状图参照次坐标轴,至洞口距离及施工步骤作为折线图参照主坐标轴,稳定状态出现红色柱状图代表收敛,范围为1.4~2.0MPa,此时对应的施工步骤、至洞口距离都达到最大值并贯通,0.2~1.4MPa为不收敛状态,因此在密度、弹性模量保持一定的条件下稳定的极限状态存在于黏聚力1.3~1.4MPa之间。

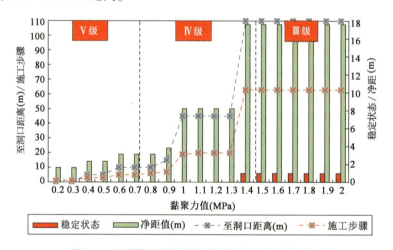

图8-1 隧道整体稳定状态随黏聚力值的变化过程

因而在设计阶段,通过现场岩体的黏聚力值对照图8-1中稳定状态随黏聚力变化过程,可对隧道稳定状态进行前期判定,但是岩石的密度及弹性模量同样是影响岩石变形及施工状态的主要因素,因此为了避免多因素共同作用的影响,从单因素角度出发,设置不同密度、弹性模量梯度,并在对应梯度值下模拟得出能够使得模型收敛的最小黏聚力值,见表8-3、表8-4。

密度梯度设置及对应收敛的最小黏聚力值　　　　表8-3

密度 (kg/m³)	对应收敛的 最小黏聚力(MPa)	弹性模量 (GPa)	泊松比	内摩擦角 (°)
1900	1.2			
2000	1.3			
2100	1.3	3.6	0.25	20
2200	1.4			
2300	1.5			

弹性模量梯度设置及对应收敛的最小黏聚力值   表8-4

弹性模量（GPa）	对应收敛的最小黏聚力（MPa）	密度（kg/m³）	泊松比	内摩擦角（°）
2.4	1.2			
3.6	1.4			
4.8	1.4	2200	0.25	20
6.0	1.4			
7.2	1.5			

以表中数据得出密度、弹性模量与黏聚力值之间的相互关系曲线，如图8-2所示。

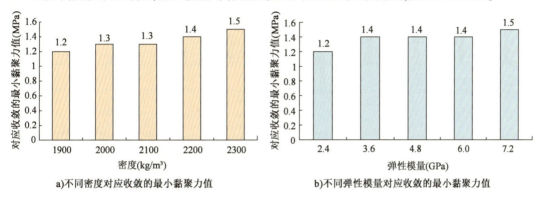

a) 不同密度对应收敛的最小黏聚力值　　　　b) 不同弹性模量对应收敛的最小黏聚力值

图8-2　不同密度、弹性模量与对应收敛的最小黏聚力值的变化关系

由图8-2可以看出，随密度、弹性模量的增加使模型收敛通过的最小黏聚力也随之增加，不同密度、不同弹性模量对黏聚力值影响差异在0.1~0.3MPa之间。因此，可用图8-1中基础黏聚力数值结合密度、弹性模量情况进行初期判定。

8.2　中夹岩稳定性综合判据的建立

8.2.1　施工阶段中夹岩稳定性判据分析

为了通过判据判断中夹岩的稳定性，需要找到中夹岩稳定值的下限，当大于该值时可以判定为稳定，而各级别的围岩参数是归于一个范围。为了表征中夹岩上塑性区的变化特征，在前述研究的基础上对Ⅲ~Ⅳ级围岩参数进行局部调整，在前期判据的基础上，以0.01MPa作为黏聚力值的调整单位，采用黏聚力值强度折减的思路和方法找到接近于中夹岩体破坏的极限状态从而设置参数，此时黏聚力为1.32MPa，具体见表8-5。

围岩模拟参数设置   表8-5

项目	密度（kg/m³）	弹性模量（GPa）	泊松比	黏聚力（MPa）	内摩擦角（°）
围岩初始状态	2200	3.6	0.25	1.32	20
中夹岩强度折减	2200	3.6	0.25	0.93	20
开挖岩体模量软化	2200	1.2	0.3	1.32	20

围岩初始状态值对应地应力平衡后未开挖前的围岩参数,在对掌子面进行开挖时,需要对开挖岩体区域进行模量软化以实现支护与围岩的共同作用。同时,为了考虑现场施工阶段存在的大型机械工作、爆破、地下水等因素产生的对中夹岩力学状态的影响,随掌子面推进过程在开挖每块岩体结束后,依次对中夹岩体的塑性指标进行折减,折减范围见图8-3的中夹岩区域。由于黏聚力是主要因素,对其折减70%,即力学指标折减后为 $1.32 \times 70\%$ = 0.93MPa。

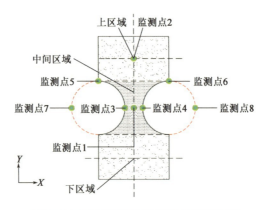

图8-3 中夹岩判据的监测点布置示意图

在施工过程中的位移、应力分布情况已在中夹岩影响因素章节中详细讨论,而经过参数调整后的极限状态中塑性区的分布部位及随施工的变化情况是施工中需要特别关注的,因此采用施工力学行为与强度折减相结合的模拟方法,选取一个标准施工工况——台阶法施工、主线隧道先行、错距15m作为模拟工况。图8-4为施工过程阶段中夹岩塑性区的变化云图,为优化施工中的关键掘进节点提供依据。

a)主线隧道上台阶开挖10m　　　　b)主线隧道上台阶开挖20m

c)主线隧道上台阶开挖30m　　　d)主线隧道上台阶开挖40m,匝道隧道上台阶开挖10m

图 8-4

e)主线隧道上台阶开挖60m，匝道隧道上台阶开挖30m　　f)主线隧道上台阶开挖90m，匝道隧道上台阶开挖60m

g)主线隧道上台阶开挖110m，匝道隧道上台阶开挖90m

图8-4　施工过程的中夹岩塑性区变化云图

从图8-4a)可以看出，由主线隧道先进洞时塑性区首先出现在其上台阶开挖10m左侧壁中间部位，而中夹岩中间区域及匝道侧则无塑性区域。随着主线隧道上台阶掌子面的推进，当距离洞口20~30m位置时，匝道隧道还未进洞，塑性区沿着主线隧道左侧壁延伸，并且塑性区范围增加到了中夹岩中间区域的右下位置[图8-4b)、图8-4c)]。当匝道隧道进洞后上台阶开挖10m时，中夹岩塑性区主要分布于中心位置，且两洞靠近中夹岩侧壁位置均有塑性分布[图8-4d)]。随着两洞掌子面的持续推进，中心区域分布的塑性区范围有所增加，同时，匝道侧壁的塑性区范围要比主洞侧壁塑性区范围大，这主要是由于匝道进洞晚，掌子面距离洞口位置较近导致[图8-4e)~图8-4g)]。随着主线隧道上台阶贯通，主线隧道侧壁塑性区也由进洞口延伸至出洞口。因此，在施工过程中开挖主洞和匝道上台阶10m后是中夹岩塑性区开始分布于洞内侧壁、中心位置的两个施工节点，需要在施工中注意施工速度、支护措施以保证施工安全与岩体质量。

为了服务于小净距隧道施工的安全控制，本节对主要影响因素下的数据结果归类处理，见表8-6，由基础工况及各对比工况组成，分别对各工况下应力情况、位移情况、塑性区情况进行分析，结合中夹岩分级中的宽跨比指标，形成针对不同评价角度、不同影响因素的中夹岩稳定性综合判据，其中相邻两洞净距范围为1.6~18.0m。

小净距隧道中夹岩稳定性影响因素工况设置　　表8-6

工况	开挖工法	单洞各导坑掌子面间距(m)	先后行洞掌子面间距(m)	相邻两洞先行掘进的洞
基础工况				
1	台阶法	15	15	主线

续上表

工况	开挖工法	单洞各导坑掌子面间距(m)	先后行洞掌子面间距(m)	相邻两洞先行掘进的洞
对比工况(开挖方案)				
2	全断面法	3	15	主线
3	CD法	3	15	主线
4	双侧壁导坑法	1	15	主线
对比工况(匝道隧道先行)				
5	台阶法	15	15	匝道
对比工况(错开形式及距离)				
6	台阶法	5	15	主线
7	台阶法	10	15	主线
8	台阶法	20	15	主线
9	台阶法	15	5	主线
10	台阶法	15	10	主线
11	台阶法	15	20	主线
对比工况(穿越上方已建隧道)				
12	双侧壁导坑法	1	15	主线

由第6章结论可知,对于中夹岩划分的各区域来说,上区域是主要竖向位移的较大发生区域,中间区域是水平位移不利及受力集中区域,因而主要对该两区域进行分析。为了得到中夹岩各类型判据的数据基础及更好地将其应用在实际施工掘进监测中,需要在中夹岩与两隧道断面轮廓上布置监测点,并将记录的特征数据相关联。其中监测点1、2为中夹岩内部点,监测点3~6为中夹岩与隧道拱腰、拱顶位置的共有点,监测点7、8布置在两隧道另一侧拱腰位置处(图8-3)。

8.2.2 基于位移数据的判据方法

当用位移指标作为基础性数据衡量中夹岩稳定性从而建立判据时,在疏港通道小净距段的工程背景下,净距长度范围为1.6~17.6m,对应了23个不同净距长度的断面,通过表8-6中序号为1~12设置的12种工况,提取隧道贯通后各个工况下对应不同净距的1~8号监测点(图8-3)的位移数值。

(1) 水平位移判据

监测点1、3、4、7、8使用水平位移数据,监测点1为中夹岩中心区域内部水平位移监测点,监测点3、7为匝道隧道右、左拱腰水平位移监测点,监测点4、8为主线隧道左、右拱腰水平位移监测点,通过两隧道拱腰水平位移差值可得到应用于现场的两隧道水平净空收敛值。经过计算,水平位移数据点分布情况如图8-5所示。

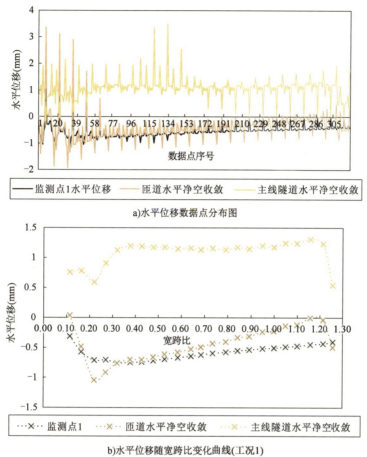

a) 水平位移数据点分布图

b) 水平位移随宽跨比变化曲线(工况1)

图 8-5 水平位移数据点分布情况

由图 8-5a) 可以看出,主线隧道水平净空收敛数据点基本位于正值区域,说明主线隧道拱腰两侧有外鼓趋势,左拱腰位置处的鼓出影响了中夹岩边界形态,使其承受挤压作用。匝道水平净空收敛数据点基本位于负值区域,说明匝道隧道拱腰两侧有内鼓趋势,对匝道衬砌支护体系带来较大的围岩压力。就监测点 1 的水平位移而言,处于负值区域,说明中夹岩中心区域有整体向匝道侧水平位移的倾向;同时有异常凸起的 −2mm、+3mm 数据点,经查验均为工况 8 中的数据点,是由于该系列点均为失稳状态,是在该围岩级别下的破坏点,判断中夹岩是否稳定则是选取接近于失稳状态的变形值。

由图 8-5b) 可以看出,随着宽跨比数值的增加,3 条曲线的变化趋势基本相同,稳定中位移逐渐减少,在宽跨比 0.2 ~ 0.3 段存在突变现象,但中夹岩的曲线过渡较为光滑,说明可在完整的净距范围内用两隧道收敛值的大小判断中夹岩的水平位移。

采用多元线性回归的方法对以上水平位移数据点进行分析,设监测点 1 的水平位移为 H 作为输出,匝道水平净空收敛为 X_2、主线隧道水平净空收敛为 X_3 作为输入,则三者之间的关系为 $H = aX_2 + bX_3$,在 SPSS 中进行多元回归,得到表 8-7 的拟合参数,$R = 0.885$(接近 1.0),可见预测结果中残差密集分布在实测累计概率直线附近,说明回归结果较为准确。

水平位移多元回归参数 表8-7

项目	匝道水平净空收敛 X_2	主线隧道水平净空收敛 X_3
范围	净距 1.60~17.6m	宽跨比 0.11~1.26
系数	a	b
	0.296	-0.230
常数	\multicolumn{2}{c}{-0.190}
回归公式	\multicolumn{2}{c}{$H = 0.296X_2 - 0.230X_3 - 0.190$}
R	\multicolumn{2}{c}{0.885}

在剔除工况 8 中的失稳数据点后,在图 8-6 中给出了监测点 1 真实水平位移与预测值的对比图,总体来看,预测值略大于真实水平位移,但较为贴近。

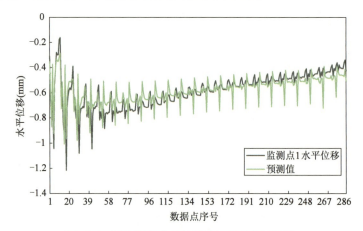

图 8-6 中夹岩真实水平位移与预测值对比图

在各类工况下中夹岩中心位置水平位移真实数据分布情况如图 8-7 所示,可以看到水平位移在 -0.8~-0.4mm 范围占据了数据点总数量的 90.3%,其中 -0.6~-0.4mm 占比最高(54.52%),而水平位移的最大值为 -1.21mm,作为控制限值。

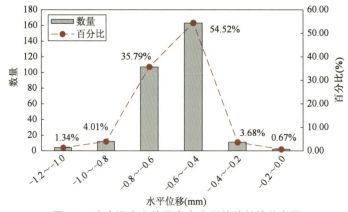

图 8-7 中夹岩中心位置真实水平位移数值分布图

因而对于水平位移判据可通过以下公式给出:

$$H = 0.296X_2 - 0.230X_3 - 0.190 \leqslant -1.21\text{mm} \tag{8-1}$$

（2）竖向位移判据

计算不同净距范围下各工况的竖向位移并绘制成图，如图 8-8 所示。其中监测点 2 布置在中夹岩竖向位移发生较大值的上区域内部，监测点 5、6 分别为匝道拱顶、主线隧道拱顶的监测点，通过监测点 5、6 的位移值评估监测点 2 的竖向位移值。

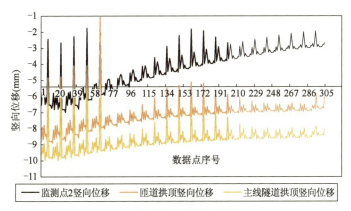

a) 竖向位移数据点分布图

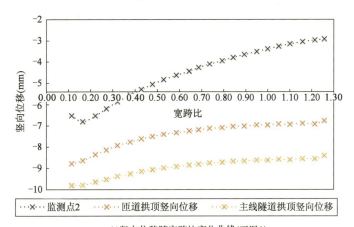

b) 竖向位移随宽跨比变化曲线(工况1)

图 8-8　竖向位移数据点分布情况

由图 8-8a)可知，中夹岩上部区域竖向位移数据点基本位于匝道、主线隧道拱顶数据点的上方且分布较为稳定；在图 8-8b)中以工况 1 为例，曲线变化过程稳定无突变点，说明可在隧道通长全部净距范围内对中夹岩竖向位移情况进行统一分析。

与水平位移分析方法相同，采用多元线性回归的方法通过两隧道拱顶沉降对中夹岩竖向位移进行预测分析。

将监测点 2 的竖向位移 V 作为输出，匝道拱顶沉降 Y_2、主线隧道拱顶沉降 Y_3 作为输入，则三者之间的关系为 $V = aY_2 + bY_3$，在 SPSS 中多元回归，得到表 8-8 中拟合参数，$R = 0.838$ 接近 1.0，在预测结果图中实测累积与预测累积曲线重合度较高，反映了预测结果较为可信。

竖向位移多元回归参数   表8-8

项目	匝道拱顶沉降 Y_2	主线隧道拱顶沉降 Y_3
范围	净距1.60~17.6m	宽跨比0.11~1.26
系数	a	b
	1.216	0.183
常数	6.069	
回归公式	$V=1.216Y_2+0.183Y_3+6.069$	
R	0.838	

中夹岩竖向位移真实值与预测结果的对比见图8-9。

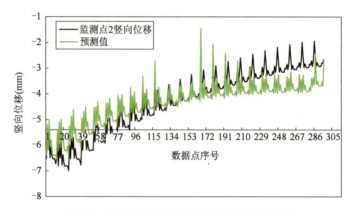

图8-9 中夹岩真实竖向位移与预测值对比图

由图8-9可知,预测值在真实值两侧浮动,呈一定的线性变化,各工况下中夹岩内部真实竖向位移值的分布情况如图8-10所示。

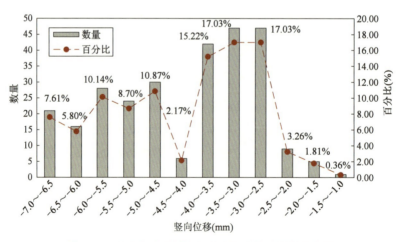

图8-10 中夹岩上区域内部真实竖向位移数值分布图

从图8-10可以看出,竖向位移在 -7.0~-4.5mm、-4.0~-2.5mm 的分布比较均匀,占据了总量的92.39%,而竖向位移最大值为 -7.0mm(作为控制限值),因而对于竖向位移判据,可通过以下公式给出:

$$V = 1.216Y_2 + 0.183Y_3 + 6.069 \leqslant -7.0\text{mm} \tag{8-2}$$

综上,在上述位移数据的基础上,联合监测点的布置,从位移角度出发,通过在施工中对两隧道拱顶沉降和净空收敛进行监测,结合式(8-1)、式(8-2)实现对中夹岩稳定性判断。

8.2.3 基于应力数据的判据方法

在上节建立位移相关判据的基础上,为防止出现位移没达到限值而在中夹岩内部出现应力过大导致岩体破裂的情况,需要建立应力的相关判据,完善整体的判据体系。当采用应力判据时,考虑到施工现场通常将拱顶沉降、净空收敛作为必测项目,而针对应力的监测项目存在数据波动大、监测困难的问题,因而以位移与应力之间的相互关系为思路,应力监测点选取如图8-3所示,计算得到各工况、各净距下中夹岩中心点的应力分布。

图 8-11a)为中夹岩中心点应力、两隧道拱顶沉降、水平净空收敛值的数据点整体分布,其中位移曲线对应次坐标轴,应力集中数值主要分布在 2~4MPa 之间。由图 8-11b)工况 1 可知,随净距增加应力值连续呈下降状态,相对应的位移方面则变化趋势不明显,为了量化与描述应力值与位移监测项目之间的关系,采用 SPSS 线性多元回归的方法对以上数据进行处理。

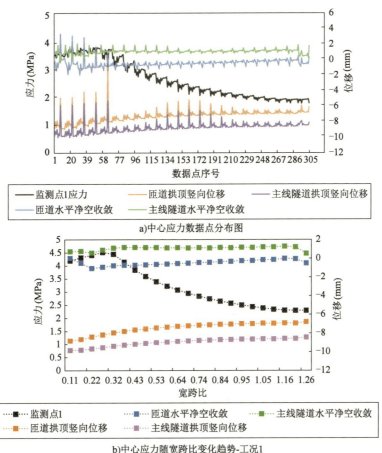

a)中心应力数据点分布图

b)中心应力随宽跨比变化趋势-工况1

图 8-11 中夹岩中心数据点应力分布情况

将监测点 1 的应力值 S 作为输出，匝道拱顶沉降 Y_2、主线隧道拱顶沉降 Y_3、匝道水平净空收敛 X_2、主线隧道水平净空收敛 X_3 作为输入，设它们之间的相互关系为 $S = aY_2 + bY_3 + cX_2 + dX_3$，在 SPSS 中多元回归，得到表 8-9 中的拟合参数，$R = 0.618$，相比于位移较好的拟合效果，应力的预测残差围绕在实测残差值侧，但也能从一定程度上反映中夹岩应力与两隧道变形之间的规律。

中心应力的多元回归参数　　　　　　　　　　　表8-9

项目	匝道水平 净空收敛 X_2	主线隧道水平 净空收敛 X_3	匝道 拱顶沉降 Y_2	主线隧道 拱顶沉降 Y_3
范围	净距 1.60 ~ 17.6m		宽跨比 0.11 ~ 1.26	
系数	c	d	a	b
	0.147	-0.368	-1.002	0.457
常数	0.416			
回归公式	$S = -1.002Y_2 + 0.457Y_3 + 0.147X_2 - 0.368X_3 + 0.416$			
R	0.618			

由回归公式可得预测拟合值与真实应力值的对比情况，如图 8-12 所示。

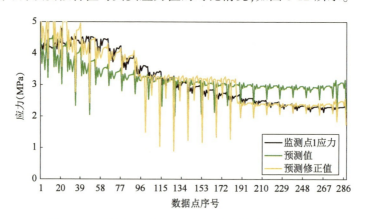

图 8-12　中夹岩中心真实应力值与预测拟合值对比图

从图 8-12 可以看出，在数据点 100 ~ 200 范围拟合效果较好，此处位置对应的净距范围为 6.7 ~ 11.8m，宽跨比范围为 0.48 ~ 0.84，而在进洞位置附近、净距在 1.6 ~ 6.7m 范围时预测值比真实值偏低，降低了预测的安全性，在出洞位置附近、净距在 11.8 ~ 17.6m 范围时预测值比真实值偏高，对于预测结果则偏于保守，因此针对这两个范围需要辅助系数予以修正。考虑到该范围数值的分布比较稳定处于一个平台，对数据点 1 ~ 99 范围乘上修正系数 1.184，对数据点 201 ~ 322 乘上修正系数 0.810，修正后的预测值分布见图 8-12 中黄色线分布。由图可以看出，与黑色线对应的真实应力值吻合度较高，对于真实应力值与预测修正值之间的关系，重新提交回归计算后，得到 $R = 0.818$，回归效果如图 8-13 所示。相比于表 8-9 中的预测结果，修正后的数值更接近真实数据。

中夹岩中心真实应力值在各类工况下的分布情况如图 8-14 所示。

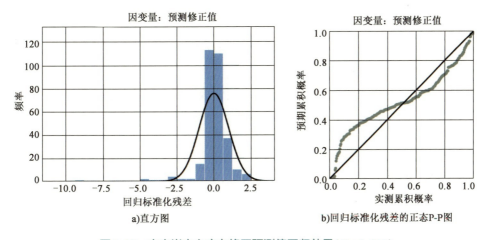

a) 直方图

b) 回归标准化残差的正态P-P图

图 8-13　中夹岩中心应力修正预测值回归效果（$R=0.818$）

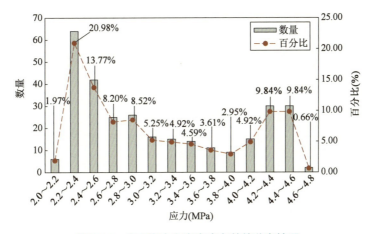

图 8-14　中夹岩中心真实应力数值分布情况

从图 8-14 可以看出，占比前三的应力范围为 2.2~2.4MPa、2.4~2.6MPa、4.2~4.4MPa（或 4.4~4.6MPa），分别达到了 20.98%、13.77%、9.84%；应力最大值为 4.80MPa，将该值作为应力判据的限值，则应力判据通过以下公式给出：

$$\begin{cases} S=(-1.002Y_2+0.457Y_3+0.147X_2-0.368X_3+0.416)\times 1.184 \\ \quad\quad (宽跨比\ 0.11\sim 0.48) \\ S=(-1.002Y_2+0.457Y_3+0.147X_2-0.368X_3+0.416)\times 1.000 \\ \quad\quad (宽跨比\ 0.48\sim 0.84) \\ S=(-1.002Y_2+0.457Y_3+0.147X_2-0.368X_3+0.416)\times 0.810 \\ \quad\quad (宽跨比\ 0.84\sim 1.26) \end{cases} \quad (8-3)$$

综上，在上述应力数据的基础上，并与两隧道拱顶沉降、净空收敛的数值相关联，对应力值设置限值，通过式（8-3）中隧道变形指标转换到中夹岩受力大小，实现对中夹岩从受力角度出发的稳定性判断。

8.2.4 基于塑性区数据的判据方法

在上述两节中开展了以位移、应力作为基础的判定中夹岩稳定性的研究,而除了位移、应力是影响稳定性的主要因素外,中夹岩内部塑性区的范围及大小也是决定中夹岩是否稳定的一个重要因素。在实际工程中,塑性区是无法采用常规手段测量的,但其反映了岩体屈服的状态和范围,因此需要建立塑性区的相关判据,完善整体的判据体系。

为了衡量各类工况下不同净距范围下塑性区的大小和影响范围,以塑性区指标 C 作为评价指标,其具体是由净距值截面上分布的各片区塑性区沿水平向长度 L、中夹岩净距值 W、该截面上最大的等效塑性应变 $PEEQ_{max}$ 构成的,如图 8-15 所示。塑性区指标 C 值由式(8-4)计算得出,等效塑性应变值越大,塑性区范围越大,净距越小,则该截面下中夹岩越不稳定。

$$C = PEEQ_{max} \frac{L}{W} \tag{8-4}$$

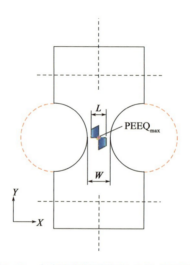

图 8-15 中夹岩塑性区指标 C 构成示意图

图 8-16a)为中夹岩塑性区指标、两隧道拱顶沉降、水平净空收敛值的数据点整体分布,与工况 1 随宽跨比的变化曲线[图 8-16b)]相对应,可以看出位移曲线整体变化差异不明显,而塑性区指标 C 曲线整体上在宽跨比为 0.30 的位置处出现突变后转平稳定,因而将所有净距范围的数据统一处理是不精确的。

同时,在前面"中夹岩稳定性影响因素""中夹岩的分级中塑性区在不同净距下分布特征分析"研究的基础上,结合塑性区指标 C 出现零值的次数,将宽跨比 0.11~1.26 拆分成 0.11~0.30、0.30~1.26 两段分别进行多元回归分析。

将由式(8-4)计算的塑性区指标 C 作为输出,匝道拱顶沉降 Y_2、主线隧道拱顶沉降 Y_3、匝道水平净空收敛 X_2、主线隧道水平净空收敛 X_3 作为输入,设它们之间的相互关系为 $C = aY_2 + bY_3 + cX_2 + dX_3$,在 SPSS 中进行多元回归分析,得到表 8-10 中的拟合参数,在宽跨比 0.11~0.30 范围内 $R=0.881$,在宽跨比 0.30~1.26 范围内 $R=0.637$,与真实值存在一定偏差。

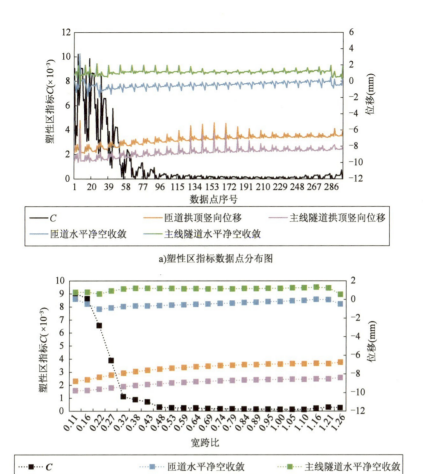

a)塑性区指标数据点分布图

b)塑性区指标随宽跨比变化趋势(工况1)

图 8-16　中夹岩塑性区指标分布情况

塑性区指标 C 的多元回归参数　　　　　表 8-10

范围	净距 1.60～4.50m		净距 4.50～17.6m	
	宽跨比 0.11～0.30		宽跨比 0.30～1.26	
系数	匝道水平净空收敛 X_2	主线隧道水平净空收敛 X_3	匝道水平净空收敛 X_2	主线隧道水平净空收敛 X_3
	c	d	c	d
	1.095	0.041	0.252	-0.065
	匝道拱顶沉降 Y_2	主线隧道拱顶沉降 Y_3	匝道拱顶沉降 Y_2	主线隧道拱顶沉降 Y_3
	a	b	a	b
	-1.756	-4.909	-0.531	0.119
常数	-55.276		-2.318	
回归公式	$10^3 C = -1.756 Y_2 - 4.909 Y_3 + 1.095 X_2 - 0.041 X_3 - 55.276$		$10^3 C = -0.531 Y_2 + 0.119 Y_3 + 0.252 X_2 - 0.065 X_3 - 2.318$	
R	0.881		0.637	

图 8-17 为真实值与使用拟合公式计算得出的塑性区指标 C 预测值对比图。

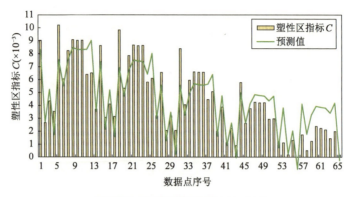

a) 预测值与真实值对比(宽跨比0.11~0.30)

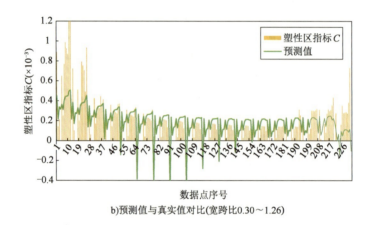

b) 预测值与真实值对比(宽跨比0.30~1.26)

图 8-17 中夹岩塑性区指标真实值与预测拟合值对比图

由图 8-17a)可以看出,预测值基本贴合在真实值上方,拟合度较高,同时预测值偏高,预测偏于保守;由图 8-17b)范围可以看出,预测值与真实值在不同数据点范围有所差异,在数据点中后段拟合程度较高,而前段需要根据数值特征进行修正。

由图 8-17b)预测值的分布可以看出,在数据点序号为 30 前预测值发生较大的数值突变,在 1~30 区段预测值基本在 0.2~0.5 范围内稳定波动,此处分界点对应的净距长度为 6.7m、宽跨比为 0.48,因而将宽跨比 0.30~1.26 划分为 0.30~0.48、0.48~1.26 两段,分别对两段预测值乘上辅助系数 1.326、1.000 予以修正,得到的预测修正值与真实值的对比如图 8-18 所示。相比于原预测值,经过修正后在数值上接近于真实值,同时,排除异常点,修正曲线基本覆盖了原真实值。

对于中夹岩塑性区指标 C 在各类工况下的分布情况,统计后如图 8-19 所示。由图可以看出塑性区指标 C 在 0~0.5 范围是占比最高的,达到了 73.75%。其中 0.1~0.5 范围是出现频率最高的,为 46.18%,但在该范围下指标数值较小,塑性区分布在中夹岩上出现的区域有限,指标最大值 $C = 10 \times 10^{-3}$,将其作为塑性区判据的限值。

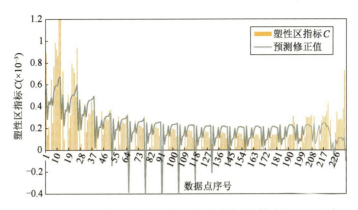

a) 中夹岩塑性区指标C预测修正值与真实值对比(宽跨比0.30～1.26)

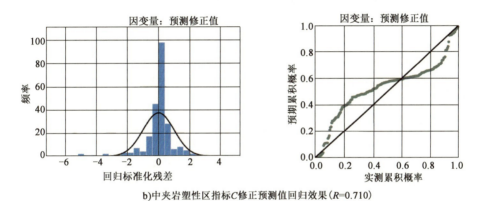

b) 中夹岩塑性区指标C修正预测值回归效果($R=0.710$)

图 8-18　中夹岩塑性区指标 C 预测修正效果

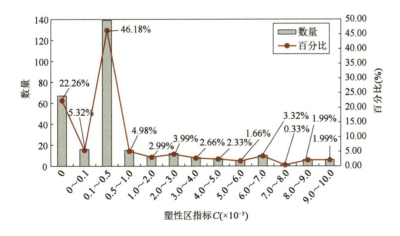

图 8-19　中夹岩塑性区指标 C 数值分布情况

塑性区判据通过式(8-5)给出：

$$\begin{cases} 10^3 C = (-1.756Y_2 - 4.909Y_3 + 1.095X_2 - 0.041X_3 - 55.276) \times 1.000 \\ \quad (宽跨比\ 0.11 \sim 0.30) \\ 10^3 C = (-0.531Y_2 + 0.119Y_3 + 0.252X_2 - 0.065X_3 - 2.318) \times 1.326 \\ \quad (宽跨比\ 0.30 \sim 0.48) \\ 10^3 C = (-0.531Y_2 + 0.119Y_3 + 0.252X_2 - 0.065X_3 - 2.318) \times 1.000 \\ \quad (宽跨比\ 0.48 \sim 1.26) \end{cases} \quad (8\text{-}5)$$

综上，在上述等效塑性应变数据的基础上，并与两隧道拱顶沉降、净空收敛的数值相关联，对塑性区指标 C 设置限值，通过式(8-5)中隧道变形指标转换到中夹岩塑性区的分布特征，实现对中夹岩从塑性区角度出发进行稳定性判断。

8.2.5 中夹岩稳定性的综合判据方法

上述三节分别开展了位移、应力、塑性区对中夹岩稳定性影响的判断方法研究，而当施工过程阶段需要判断中夹岩状态时，要从三种评价角度出发综合判定，因而统一式(8-1)~式(8-5)，形成综合性判据，见式(8-6)~式(8-8)。当使用该判据时，需要明确中夹岩净距的宽度，确定宽跨比，找到对应宽跨比范围的应力判据公式、塑性区判据公式，根据两隧道拱顶沉降、水平净空收敛确定的变形数据求得 H、V、S、C 值。

$$\begin{cases} H = 0.296X_2 - 0.230X_3 - 0.190 \leqslant -1.21\text{mm} \\ \quad (宽跨比\ 0.11 \sim 1.26) \\ V = 1.216Y_2 + 0.183Y_3 + 6.069 \leqslant -7.0\text{mm} \\ \quad (宽跨比\ 0.11 \sim 1.26) \end{cases} \quad (8\text{-}6)$$

$$\begin{cases} S = (-1.002Y_2 + 0.457Y_3 + 0.147X_2 - 0.368X_3 + 0.416) \times 1.184 \leqslant 4.80\text{MPa} \\ \quad (宽跨比\ 0.11 \sim 0.48) \\ S = (-1.002Y_2 + 0.457Y_3 + 0.147X_2 - 0.368X_3 + 0.416) \times 1.000 \leqslant 4.80\text{MPa} \\ \quad (宽跨比\ 0.48 \sim 0.84) \\ S = (-1.002Y_2 + 0.457Y_3 + 0.147X_2 - 0.368X_3 + 0.416) \times 0.810 \leqslant 4.80\text{MPa} \\ \quad (宽跨比\ 0.84 \sim 1.26) \end{cases} \quad (8\text{-}7)$$

$$\begin{cases} 10^3 C = (-1.756Y_2 - 4.909Y_3 + 1.095X_2 - 0.041X_3 - 55.276) \times 1.000 \leqslant 10^{-2} \\ \quad (宽跨比\ 0.11 \sim 0.30) \\ 10^3 C = (-0.531Y_2 + 0.119Y_3 + 0.252X_2 - 0.065X_3 - 2.318) \times 1.326 \leqslant 10^{-2} \\ \quad (宽跨比\ 0.30 \sim 0.48) \\ 10^3 C = (-0.531Y_2 + 0.119Y_3 + 0.252X_2 - 0.065X_3 - 2.318) \times 1.000 \leqslant 10^{-2} \\ \quad (宽跨比\ 0.48 \sim 1.26) \end{cases} \quad (8\text{-}8)$$

若需要判定稳定性的断面岩体参数在表 8-3 所示的围岩初始参数附近时，4 个数值中有一个大于对应的限值，则认为中夹岩失去稳定性。若中夹岩体断面等级高于围岩初始参数所对应的岩体等级时，由图 8-2a)可知，对应极限状态的黏聚力也随之增大，因此中夹岩中心位置的应力值也会有所增大。因此当判定该类中夹岩体的稳定性时,应以位移判据、塑性区判据得出的 H、V、C 值为主,应力判据 S 为辅。当只有应力数值 S 大于限值时,不能够判定中夹岩失稳;当 H、V、C 值中有一个大于对应的限值,则认为中夹岩失去稳定性。若中夹岩体断面等级低于围岩初始参数所对应的岩体等级时,由图 8-2b)可知,对应极限状态的黏聚力、弹性模量也随之减小,因此中夹岩上区域竖向位移、中间区域水平位移数值也会有所增大,而中夹岩中心位置的应力值也会有所减小。因此当判定该类中夹岩体的稳定性时,应以应力判据、塑性区判据得出的 S、C 值为主,位移判据 H、V 为辅。当只有位移数值 H、V 大于限值时,不能够判定中夹岩失稳;当 S、C 值中有一个大于对应的限值,则认为中夹岩失去稳定性。

综合来看,使用该思路作为判据的主要优势在于该判据的使用对象是可以动态变化的,能根据施工进程中两隧道的变形联系到中夹岩的变形及受力上,从而实现对中夹岩稳定性的控制。同时,以反映隧道和中夹岩之间的变形、受力基本规律为基础,避免了施工方案、开挖进尺等因素带来的影响,因此该判据更符合实际需要。

8.3 本章小结

本章开展了小净距隧道中夹岩稳定性判据研究,主要得到了以下结论:

(1)为服务于小净距隧道设计阶段中夹岩体的判定,采用强度折减法对一定范围内的黏聚力数值进行计算,为寻找中夹岩稳定的极限状态提供了依据,并对照了密度与黏聚力、弹性模量与黏聚力之间的关系,基础黏聚力数值结合密度、弹性模量情况进行初期判定。

(2)将强度折减法应用于小净距隧道全过程施工模拟中,对中夹岩的强度进行分布开挖后折减,通过对掘进过程中中夹岩体塑性区的分布及变化情况的分析,确定了开挖主洞上台阶10m后、开挖匝道上台阶10m后是中夹岩塑性区开始分布于洞内侧壁、中心位置的两个施工节点,需要在施工中注意施工速度、支护措施以保证施工安全与岩体质量。

(3)由于中夹岩内部变形及受力监测存在着诸多困难,基于大量模拟得到的基础数据,分别从位移角度、应力角度、塑性区角度开展相关判定方法的研究,并在此基础上提出包含以上因素的综合性判据公式,当使用该判据时,需要明确中夹岩净距的宽度,确定宽跨比,找到对应宽跨比范围的应力判据公式、塑性区判据公式,根据两隧道拱顶沉降、水平净空收敛确定的变形数据求得中夹岩变形及受力的模拟数值。

第 9 章

小净距隧道爆破施工影响分析及中夹岩加固技术

海沧疏港通道工程 A 标段项目,超小净距段的隧道净距为 1.22~8m,最大开挖宽度达到 30.51m。在超大断面隧道的开挖过程中,由于岩体的复杂性,易伴随拱脚衬砌开裂、拱顶掉块、初期支护开裂等诸多险情,小净距过渡段在爆破冲击波和爆破地震波的作用下,中夹岩体也会产生明显的损伤效应。目前国内外对分岔隧道的研究为数不多,特别是对于大断面隧道开始的分岔小净距隧道,而中夹岩作为小净距隧道段重要的承载与变形控制部位,在一定程度上其对两隧道的稳定与施工安全性有决定性的作用,根据现有的数据资料,对中夹岩力学状态分布、稳定性判断等问题存在认识不足的情况。

本章利用大型岩土数值模拟软件 FLAC3D 建立三维隧道空间模型进行计算分析,研究在爆破荷载作用下不同隧道结构形式中夹岩累积损伤规律,讨论不同结构形式下中夹岩损伤分布、掌子面爆破开挖的损伤影响范围、应力场、位移场与损伤场之间的关系、中夹岩最大振速与最大损伤的关系等来分析中夹岩损伤影响因素;开展现场声波测试试验与爆破测振试验,分析中夹岩累积损伤量与爆破之间的协同关系;对现场实际工况进行模拟,结合现场试验结果分析考虑支护下中夹岩损伤的空间分布情况,并以此出发结合中夹岩损伤演化规律,通过对分岔小净距施工顺序先后及先后导坑在不同错距及开挖工法下中夹岩稳定性进行分析及损伤判别对比,选择最优开挖及爆破方式,达到减小中夹岩损伤并确保其完整性的目的。

9.1 分岔隧道爆破开挖施工影响数值分析

9.1.1 模型建立及参数确定

9.1.1.1 几何模型

厦门海沧疏港通道工程项目 A 标段分岔隧道示意图如图 9-1 所示。隧道主要穿越燕山晚期第二次侵入花岗岩地层,中粗粒结构,块状构造,以中风化为主,部分裂隙填充石英脉,岩体较完整。地下水为岩裂隙水,主要赋存于花岗岩节理及裂隙中。

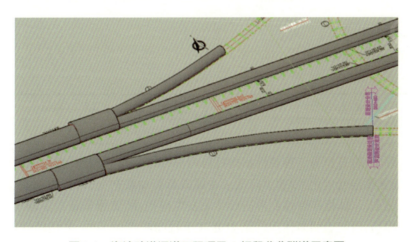

图 9-1　海沧疏港通道工程项目 A 标段分岔隧道示意图

采用FLAC3D软件,建立左洞跨度17.5m、高9m,右洞跨度12.3m、高8.8m的三维分岔隧道模型,模型高宽均为160m,长度为60m。对隧道开挖断面及周边围岩等重要位置进行局部网格加密,模型共370307个单元,258945个节点。模型前、后、左、右边界约束水平方向位移,下边界约束竖直方向位移,上部为自由边界,在进行动力计算时四周设置自由场边界保证模型内部的爆破波可以被吸收,网格划分后的模型如图9-2所示。计算中采用实体单元模拟围岩和衬砌,隧道衬砌及中夹岩示意图如图9-3所示。

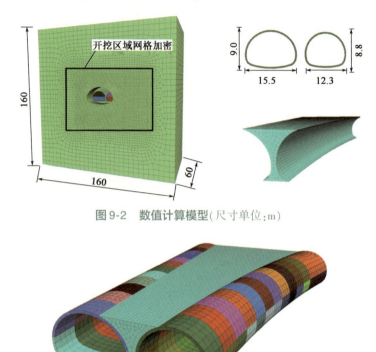

图9-2 数值计算模型(尺寸单位:m)

图9-3 隧道衬砌及中夹岩示意图

9.1.1.2 模型参数

围岩物理力学参数见表9-1。

围岩物理力学参数 表9-1

参数	密度(kg/m^3)	弹性模量(GPa)	泊松比	黏聚力(MPa)	内摩擦角(°)
数值	2700	15	0.23	6.62	47.4

在实际工程中,岩石作为一种脆性损伤材料内部存在大量微裂纹、微裂隙,在爆破作用下延伸、贯通从而导致强度劣化、承载力降低。在爆破荷载加载初期,岩体内部裂纹与孔隙在压力作用下趋于闭合,岩体处于弹性变形阶段并未发生损伤;随着爆破荷载不断增大,岩体发生塑性应变出现损伤,研究表明岩体损伤量D是关于轴向应变的函数,采用塑性应变定义损伤较为直观、方便。

本文在使用 FLAC3D 进行小净距隧道爆破数值模拟时,采用的是 7.0 版本中的 IMASS 高级应变软化模型,该模型以 Hoek-Brown 准则为基础,通过应变和单元相关的属性,反映了岩体发生塑性变形时体积变化影响,通常用来模拟岩体开挖引起的围岩损伤,特别是由爆破引起的损伤。

IMASS 通过单元体塑性应变的变化来定义损伤,即:

$$D = \frac{\varepsilon^p}{\varepsilon_1^p} \tag{9-1}$$

式中: ε^p——塑性剪应变;

ε_1^p——极限塑性剪应变。

IMASS 本构所需参数主要有 Hoek-Brown 准则中的地质强度指标 GSI(Geological Strength Index)、材料常数 m_i、原岩单轴抗压强度 UCS、临界塑性剪应变系数。IMASS 本构参数见表9-2。

IMASS 本构参数 表9-2

参数	GSI	m_i	UCS	临界塑性剪应变系数
数值	82.5	32	50	1

隧道支护结构采用 C30 混凝土,支护参数见表9-3,本次模拟不考虑混凝土支护损伤。

支护结构物理力学参数 表9-3

参数	材料	重度 γ(kN/m³)	弹性模量 E(GPa)	泊松比
数值	C30 混凝土	25	22.5	0.25

9.1.1.3 爆破荷载的模拟方法

有研究表明,掏槽孔爆破产生的振动效应一般大于其他孔洞爆破产生的振动效应,其振动强度是其他各类炮孔爆破的 2 倍以上,这一点也可以从海沧疏港通道分岔隧道现场的监测结果中得到证实。掏槽孔的爆破振动强度对小净距隧道的爆破阶段安全系数起决定性作用,因此本文在进行爆破数值模拟时,主要模拟掏槽孔爆破的影响,忽略其他炮孔对周边围岩的影响。

在进行爆破开挖时,将爆破荷载施加在每一步开挖轮廓线上,由于隧道开挖下台阶通常装药量较小,且传播过程中临空面更大,故其对先行洞的影响较小,故下台阶开挖时不考虑爆破荷载影响。

在动力计算工程中,FLAC3D 采用完全非线性分析方法,基于显式差分法,通过整合网格节点周围区域的真实密度,得出节点的集中质量,从而求解运动方程。这种方法可以遵循任何指定的非线性本构模型,同时能够模拟土体在动力作用下的滞回特性,并且可以模拟不同频率波之间的干涉和混合。在多数动力作用下,需要考虑的耦合作用影响,也可以在 FLAC3D 中轻松实现。

本节主要研究爆破荷载作用下中夹岩损伤情况,不考虑炮孔布置对围岩影响,因此将炮孔上的爆破荷载等效均匀地施加在掌子面轮廓,降低模型复杂度并提高计算效率,如图 9-4 所示。

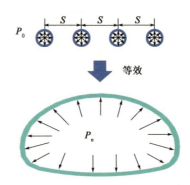

图9-4　爆破荷载等效示意图

P_0-作用在炮孔壁上气体压力；S-炮孔间距；P_e-施加的等效荷载

根据Chapman-Jouguet爆轰理论，耦合装药情况下，作用在炮孔壁上的气体压力P_0为：

$$P_0 = \frac{\rho D^2}{2(\gamma+1)} \tag{9-2}$$

式中：ρ——炸药密度；

D——炸药爆轰速度；

γ——炸药等熵指数。

通常在柱状药包爆破情况下，岩体的粉碎区为装药半径的3～5倍，破碎区为装药半径的10～15倍，如图9-5所示。视粉碎区和破碎区为爆源区域，将爆破荷载等效施加在弹性边界上，得到爆破荷载P_{be}为：

$$P_{be} = P_0 \left(\frac{r_0}{r_1}\right)^{2+\frac{\mu}{1-\mu}} \left(\frac{r_1}{r_2}\right)^{2-\frac{\mu}{1-\mu}} \tag{9-3}$$

式中：r_0——炮孔半径；

r_1——起爆时粉碎区半径；

r_2——破碎区半径；

μ——岩体泊松比。

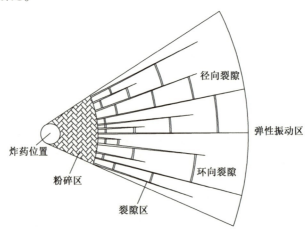

图9-5　柱状药包起爆分区

将荷载等效后施加在开挖轮廓面上时,需要施加的等效荷载为:

$$P_e = \frac{2r_2}{S} P_{be} \quad (9\text{-}4)$$

式中:S——炮孔间距。

为了简化爆破荷载输入,目前国内外的专家学者主要采用以下三种方式模拟爆破荷载。

第一种方式是三角形荷载波形。三角形荷载的曲线分为两段,分别是 8~12ms 的升压阶段和 70~100ms 的降压阶段,如图 9-6 所示。三角形荷载输入方式简单,输入形式直观,是目前使用较广泛的方式。

第二种方式是指数型荷载波形。当炸药在岩体中爆炸时,爆破产生气体压力和应力波可看作为施加在炮孔空腔的岩壁上的随时间变化的均布压力,如图 9-7 所示。

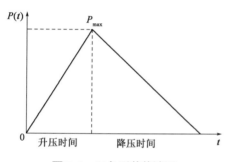

图 9-6 三角形荷载波形

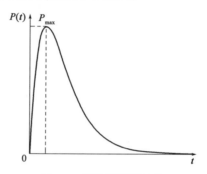

图 9-7 指数型荷载波形

爆破荷载与时间的关系可表达为:

$$P(t) = P_{max} f(t) \quad (9\text{-}5)$$

式中:P_{max}——爆破荷载最大值;

$f(t)$——与时间 t 相关的双指数型时间滞后函数。

P_{max} 和 $f(t)$ 受炸药性能参数、炮孔半径、装药耦合状态、介质性能参数以及阻尼等影响,需要结合现场量测结果与理论计算结果,对相关参数逐步进行修正。

第三种方式是简谐波函数波形。当炸药在均质的岩土的中爆炸时,爆破地震波效应可用一个多段的脉冲压力波模拟。

本文采用第一种方式,即将三角形荷载波形作为数值模拟时的爆破荷载输入方式,其中升压时间为 8~12ms,降压时间为 70~100ms。经过计算,本文采用 10ms 升压时间、90ms 降压时间,取炸药密度 $\rho = 1000 \text{kg/m}^3$,爆轰波速 $S = 3600 \text{m/s}$,炮孔半径为 40mm、炮孔间距为 200mm,等熵指数 $\gamma = 3$,计算可得爆破荷载峰值 $P_{max} = 45\text{MPa}$,爆破荷载曲线如图 9-8 所示。

9.1.1.4 爆破荷载等效施加合理性验证

在实际工程当中,通常为多个炮孔同时起爆,为说明该数值模拟方法能够模拟工程实际的爆破方式,同时进一步说明爆破荷载等效施加方法具有合理性,建立不同爆破方式的模型,分析爆破振动效果。

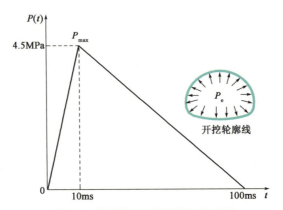

图 9-8 爆破荷载随时间的变化曲线

建立跨度 22m、高 13m 的单洞隧道,一个模型为爆破荷载均匀地施加在掌子面轮廓线上,分析得出爆破荷载施加时程曲线图,如图 9-9a)和图 9-10a)所示;另一个模型为爆破荷载直接施加于炮孔壁上,仅考虑掏槽眼爆破对隧道的影响,由式(9-6)得出爆破荷载施加时程曲线图,如图 9-9b)和图 9-10b)所示。

$$P_{\max} = \frac{1}{8}\rho_0 V^2 \left(\frac{d_c}{d_b}\right)^6 \left(\frac{l_c}{l_b}\right)^3 n \tag{9-6}$$

式中:$P_{\max}$——孔壁压力峰值(kPa);

ρ_0——岩石密度(kg/m³);

V——炸药爆速(m/s);

d_c——炸药药卷直径(m);

d_b——炮孔直径(m);

n——爆生气体撞碰岩壁时压力增大系数;

l_c——装药长度(m);

l_b——炮眼平均深度(m)。

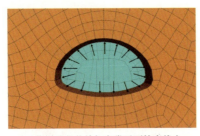

a)将爆破荷载施加在掌子面轮廓线上

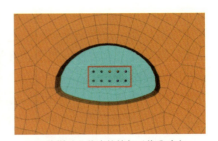

b)将爆破荷载直接施加于炮孔壁上

图 9-9 施加爆破荷载

质点峰值振动速度(Peak Particle Velocity,PPV)是质点三向振动速度的矢量和。两种爆破施加方法振速云图如图 9-11 所示。目前在国内外的地下爆破工程中常用 PPV 作为振动控制标准。绘制两种爆破等效施加方法下 PPV 值时程变化曲线对比图,比较其合理性,如图 9-12所示;两种爆破荷载等效施加方法的 PPV 最大值与总计算时间对比见表 9-4。

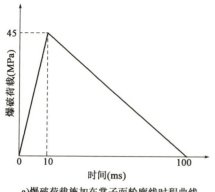

图9-10 爆破荷载时程曲线图
a) 爆破荷载施加在掌子面轮廓线时程曲线
b) 爆破荷载施加于炮孔壁时程曲线

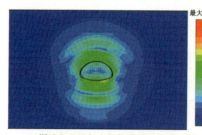

a) 爆破荷载施加在轮廓线最大振速云图
b) 爆破荷载施加于炮孔壁最大振速云图

图9-11 两种爆破施加方法最大振速云图

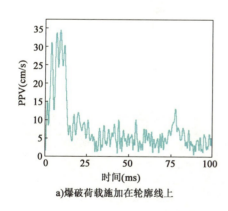
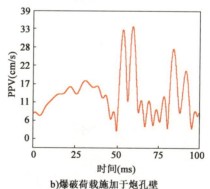

a) 爆破荷载施加在轮廓线上
b) 爆破荷载施加于炮孔壁

图9-12 两种爆破施加方法PPV时程变化曲线

PPV最大值与总计算时间对比表　　　　　　　　　　表9-4

荷载施加方法	PPV最大值（cm/s）	总计算时间
爆破荷载施加在轮廓线上	34.7	5min 21s
爆破荷载施加于炮孔壁	36.2	12min 5s

由图9-12、表9-4可得：爆破荷载施加在轮廓线上的PPV时程变化曲线图整体呈现三角波形状，对围岩产生的振动主要集中在轮廓线附近后向外扩散，但将爆破荷载施加于炮孔壁时，由于炸药能量的无序释放加上周边炮孔带来的应力波折射，PPV时程变化曲线呈现不规律

179

状态,最大振速也集中炮孔附近。两种爆破荷载等效施加方法所产生的 PPV 值为 34.7cm/s 和 36.2cm/s,结果较为接近,但总计算时间爆破荷载施加于炮孔壁的方法为爆破荷载施加在轮廓线上方法的两倍多。此外,两种爆破荷载等效方法所产生的 PPV 值时程变化曲线图与现场所监测的爆破振动曲线较接近,证明两种等效施加方法都是合理的,但将爆破荷载施加在轮廓线上的方法更优。

9.1.2 爆破开挖下分岔隧道损伤分布规律

9.1.2.1 分岔口断面损伤分布规律

将第9.1.1.3节中三角形荷载波形施加在每一开挖步开挖轮廓线上,由于隧道开挖下台阶通常装药量较小且临空面较大,故下台阶开挖时不考虑爆破荷载影响,开挖顺序为先开挖左侧主隧道后开挖右侧匝道。

图 9-13 为隧道开挖模型,其中第 1、2、4 步为主隧道上台阶开挖,第 3、5 步为主隧道下台阶开挖,第 6、7 步为匝道上台阶开挖,第 8 步为匝道下台阶开挖,隧道每步开挖进尺为 2m。

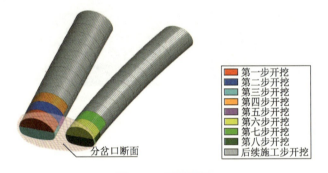

图 9-13 隧道模型

截取不同开挖步隧道损伤云图,如图 9-14 所示。

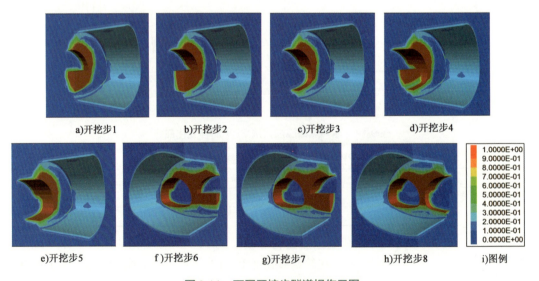

图 9-14 不同开挖步隧道损伤云图

由图 9-14 可知:受到大断面隧道空间约束影响,爆破对分岔隧道影响主要集中在中夹岩一侧,尤其是在拱腰部位,出现较大范围损伤且靠近分岔口方向中夹岩体损伤范围大于靠近掌子面方向岩体。究其原因主要为:由于爆破荷载较大,靠近掌子面方向中夹岩体在爆破应力波作用下,岩体受到压应力产生压剪破坏形成损伤区,而靠近分岔口方向的中夹岩体存在临空面,爆炸带来的应力波在临空面容易产生反射从而带来拉伸应力,此部分岩体主要是受拉损伤,由于岩体的抗拉强度通常为抗压强度的 1/30~1/10,因此该部位损伤范围明显大于其他部位。

开挖轮廓表面损伤明显大于轮廓线外岩体损伤,随着掌子面不断推进,轮廓线外的岩体损伤范围并没有进一步增加,这是由于轮廓线表面首先受到爆破应力波作用产生破碎,岩体力学参数迅速劣化也使得表面出现严重损伤,在带来岩体损伤时也限制了应力波进一步传播,因此在后续掘进过程中岩体的损伤范围没有进一步扩大,除中夹岩以外其他部位的损伤范围均未超过 1.3m,同时上一台阶开挖后,会使下一级台阶产生严重损伤。

进一步开挖左右洞至掌子面推进 40m 位置,此处中夹岩厚度为 8.2m,左右洞爆破施工对中夹岩影响较小。定义分岔口断面完全损伤面积占比 M 为分岔口断面完全损伤面积 S_0(损伤因子 $D=0$)与大断面面积 S(不包括分岔隧道面积)之比:

$$M = \frac{S_0}{S} \tag{9-7}$$

由此分析开挖步对分岔口断面损伤影响,如图 9-15 所示。

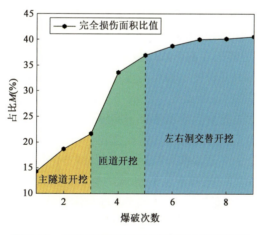

图 9-15　分岔口断面完全损伤面积占比统计图

由图 9-15 可知,主隧道在经过 3 次爆破后完全损伤面积占比达 21.6%,当匝道第一步开挖时形成了左右隧道完全损伤区贯通,导致完全损伤面积占比值急剧上升,约 12%;由于中夹岩完全损伤已贯通,后续匝道第二次爆破开挖对中夹岩完全损伤面积影响相对减少,占比提高了 3.4%。从分岔口断面开始开挖经过 8 次爆破后分岔口损伤面积变化趋于稳定,最终完全损伤面积占比约 40%,可以看出分岔口损伤较严重且主要是受到邻近隧道掌子面开挖带来的影响,当开挖掌子面逐渐远离分岔口,中夹岩完全损伤范围快速稳定。对于分岔隧道而言,分岔口有较多临空面又受到大断面空间结构影响,断面稳定性对分岔隧道口安全有着至关重要的作用,在实际施工中应做好断面锚喷支护确保施工安全。

9.1.2.2 超薄中夹岩损伤分布规律

为了进一步探究非对称分岔隧道左右洞交替开挖对中夹岩损伤分布的影响,绘制隧道拱腰部位不同截面处中夹岩损伤变量曲线,由于靠近分岔断面附近的中夹岩体完全损伤基本已贯通左右洞,故仅统计4m后的中夹岩损伤变化曲线,不同截面处中夹岩损伤变化曲线如图9-16所示。

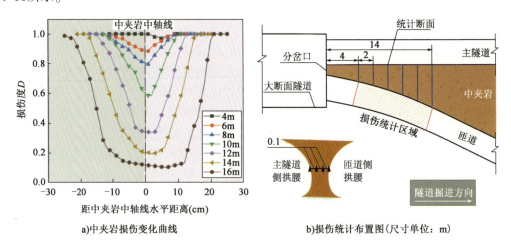

a) 中夹岩损伤变化曲线　　b) 损伤统计布置图(尺寸单位:m)

图9-16　不同截面处中夹岩损伤变化曲线

由图9-16可知,在经过多次爆破施工后,中夹岩损伤呈不对称V形分布,由中夹岩内部至轮廓线损伤逐渐增大。主隧道侧损伤明显大于匝道侧损伤,这与隧道截面尺寸及施工顺序有关。损伤最严重部位在靠近隧道左右轮廓线位置,此处受爆破荷载作用最大,岩体基本完全损伤;损伤最轻微部位出现在中夹岩柱中轴线靠近匝道一侧,并且随着中夹岩厚度增加逐渐向外移动,损伤度也大幅下降,在14m断面处岩体最小损伤度为0.19,说明此处岩体未发生损伤,中夹岩损伤未贯通左右洞,由此可以看出中夹岩厚度对中夹岩损伤有较大影响,爆破应力波在岩石中传递距离有限,因此无法对内部岩体造成损伤。

图9-17为16m断面处中夹岩损伤分布图,以左右隧道中轴线中点为圆心,隧道拱底中点为起点,统计中夹岩损伤范围,根据《水工建筑物岩石地基开挖施工技术规范》(SL 47—2020),爆破前后岩体声波波速变化率 $\eta > 10\%$ 时,即判定岩体发生损伤破坏,其对应的损伤变量阈值为 $D = 0.19$。本文取损伤阈值 $D = 0.2$,绘制损伤阈值包络线和完全损伤包络线。

由图9-17可知,主隧道侧的中夹岩体处于90°~120°范围内岩体损伤最严重,最大完全损伤范围达到0.72m,最大损伤范围为1.78m,整体损伤呈倒"凸"形,可以判断爆破施工对中夹岩拱脚部位影响较大。除此以外,拱顶及拱底部位损伤也较其他部位损伤范围更大,但完全损伤范围并未出现扩大,可以判断爆破荷载作用是导致围岩完全损伤主要原因,而开挖引起拱顶下沉及拱底隆起等一系列力学行为是围岩产生损伤的次要因素。靠近匝道侧中夹岩体损伤分布较均匀,最大完全损伤范围在90°位置为0.95m,较主隧道侧损伤范围小0.2m;完全损伤范围集中在轮廓线附近,最大范围为0.21m。由于匝道为后行隧道,后行隧道开挖带来的爆破应力波及施工扰动使得先行隧道原先处于损伤状态的岩体裂纹进一步被激活、扩展,因此主隧道侧损伤较匝道侧中夹岩损伤更严重;同时由于隧道断面存在大小差异,围岩损伤也存在一定差异。

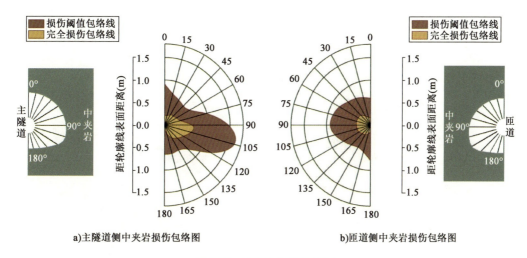

a)主隧道侧中夹岩损伤包络图   b)匝道侧中夹岩损伤包络图

图 9-17　中夹岩损伤包络图

9.1.3　不同工况下中夹岩损伤影响因素分析

9.1.3.1　不同开挖进尺

通过模拟 2m、3m、4m、5m 四种循环进尺工况,比较其施工对围岩影响,为消除爆破应力波在分岔口断面产生的拉应力对中夹岩的损伤影响,取沿开挖方向 4m 位置的隧道剖面进行分析,隧道左右洞开挖错距为 3 个开挖步,不同开挖进尺条件下中夹岩损伤云图如图 9-18 所示。

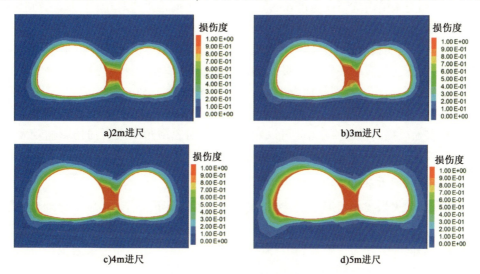

a)2m进尺　　　　　　　　　　　　　　b)3m进尺

c)4m进尺　　　　　　　　　　　　　　d)5m进尺

图 9-18　不同进尺下中夹岩损伤云图

由图 9-18 可以看出:在不同进尺情况下,围岩损伤变化主要集中在中夹岩以及拱脚部位。2m 进尺与 3m 进尺施工围岩损伤并没有出现明显差异,仅中夹岩完全损伤贯通区高度出现略微扩大;随着进尺进一步增大,中夹岩完全损伤范围越来越大,并且受到隧道非对称截面影响,中夹岩完全损伤区域呈倒梯形,这是因为在多次爆破开挖过程中,爆破产生瞬态冲击荷载及开挖造成围岩卸荷对中夹岩柱造成张拉损伤和压剪损伤,中夹岩柱由于其整体性较差且左右受力不对称,因此损伤呈不对称且较其他部位严重,此外,在隧道的拱脚部位完全损伤范围也出现了扩大,尤其在进尺较大的工况下表现较为明显。

对左右洞隧道拱腰连线中点处后方岩体进行损伤统计,如图9-19所示。

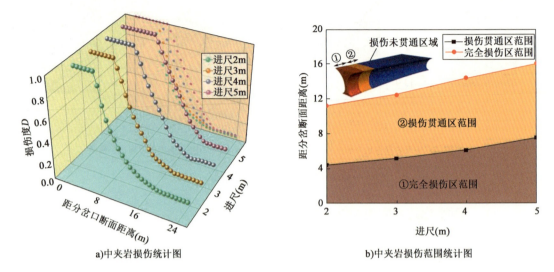

a)中夹岩损伤统计图 　　　　　　　　b)中夹岩损伤范围统计图

图9-19　不同进尺下中夹岩损伤统计图

由图9-19可以看出,分岔口断面后中夹岩损伤整体呈"ㄟ"字形分布,中夹岩中点处岩体从完全损伤范围至未损伤范围仅经过6m左右,说明掌子面推进过程中,中夹岩受到影响急剧减少;同时随着进尺增加,中夹岩损伤范围呈线性增加,减少进尺不仅能一定程度上减小分岔口完全损伤范围,还能缓解后续岩体的损伤趋势,降低损伤值。由于测点位于中夹岩中点,故可近似认为中点损伤代表中夹岩损伤贯通,取损伤阈值 $D=0.2$ 计算可得,进尺2m、3m、4m、5m工况中夹岩完全损伤区范围分别为7.4m、7.12m、6.08m、7.52m,中夹岩损伤贯通区范围分别为11.2m、12.4m、17.4m、16.0m,进尺2m工况与进尺5m工况相比,完全损伤区提高了58.5%,损伤贯通区提高了70%,由此可以判断进尺对分岔隧道中夹岩损伤影响较大,在实际工程中应结合自身施工条件尽量控制较小开挖进尺。

9.1.3.2　不同开挖错距

本节主要从中夹岩损伤角度出发,探究在超小净距情况下左右隧道施工合理滞后距离,分析中夹岩在不同开挖错距情况下损伤演化规律及分布,进一步分析中夹岩对爆破开挖步骤响应。以上下台阶同时开挖为一个施工步,模拟错距1、2、3、4个施工步中夹岩损伤情况,开挖进尺均为2m。不同错距下中夹岩内部损伤云图如图9-20所示。

由图9-20可知,在爆破荷载作用下,随着错距增加,中夹岩内部损伤范围逐渐减小,但靠近洞口处损伤没有太大变化;错距改变对中夹岩的影响主要在隧道拱腰即中夹岩最薄处,相较于1步错距情况,2、3、4步错距工况下中夹岩完全损伤范围分别减少了0.36m、0.78m、1.27m,损伤贯通区范围也呈减少趋势。原因在于分岔隧道小净距段中夹岩较普通小净距隧道中夹岩厚度更薄,若错距过小,中夹岩过早形成,而此时先行洞掌子面仍距离中夹岩较近,此时中夹岩受到左右洞施工扰动较大,产生整体振动甚至出现"鞭梢效应"导致中夹岩稳定性降低,在开挖应力重分布与爆破荷载共同影响下减小错距会使中夹岩损伤更加严重。若先行隧道掌子面推进足够远,此时先行隧道开挖对分岔断面附近中夹岩影响较小,此部分中夹岩仅受后行隧道施工影响,有利于中夹岩稳定。

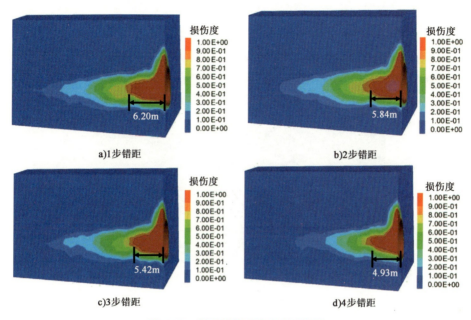

图 9-20　不同错距下中夹岩损伤图

为了进一步探究中夹岩损伤随施工步变化规律,探究掌子面推进对中夹岩损伤的影响,取中夹岩沿开挖方向 2m 长度为统计区间,统计左右洞隧道拱腰连线中点损伤程度。由于数据众多,仅展示具有代表性的 4 步错距结果,如图 9-21 所示。

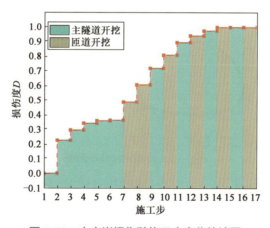

图 9-21　中夹岩损伤随施工步变化统计图

由图 9-21 可以发现,由于测点在沿隧道掘进方向 2m 处,因此在前两个开挖步施工时对岩体影响最大;主隧道开挖后损伤急剧上升随后趋于平缓,在第五个施工步时测点损伤基本趋于平稳,由此可见,在单洞施工时掌子面爆破开挖的影响距离在 5 个施工步(10m)左右;在匝道开挖后,左右隧道之间岩体形成较薄的中夹岩,此时主隧道开挖产生爆破应力波将重新对该测点产生影响,在主隧道的第七个施工步损伤增大了 0.1 个损伤度,略低于匝道开挖对中夹岩的损伤,可以得出结论:匝道开挖后形成的中夹岩对隧道爆破开挖的响应较敏感,实际工程中在后行隧道开挖后应该及时对中夹岩体进行支护,降低后续施工影响。

9.1.3.3 现场与模拟对比

依托厦门海沧疏港通道工程蔡尖尾山 2 号隧道开展现场试验,该隧道分岔段最小净距仅为 1.22m,大断面开挖跨度达 30.51m,属于罕见的大跨度超小净距隧道。现场施工工况为主隧道先开挖,左右洞错距 10m,开挖进尺为 2.2m,施工现场如图 9-22 所示。

图 9-22　施工现场

对现场围岩进行钻孔声波测试,分析其在掘进过程中的围岩损伤情况,测试采用 ZBL-U5200 型非金属超声检测仪和由双收探头组成的声波测试仪,事先在主隧道距离分岔口 20m 处的中夹岩及侧面岩体打设倾角 10°、孔径 40mm、深 4m 的测试孔,孔间距为 1m,左右各布置 4 个测试孔,编号为 $Z_1 \sim Z_4$、$Y_1 \sim Y_4$,测试孔距拱脚高 1.5m,声波测试孔的布置如图 9-23 所示,在每次掘进爆破后进行声波测试。

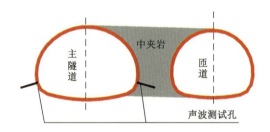

图 9-23　声波测试孔布置图

测试前先将测试孔里注满水,将一发双收探头放置孔底,测得孔底声波数据,随后按 0.2m 为间隔测试不同位置声波速度,选取最具有代表性的 Z_1、Y_1 测试孔数据,如图 9-24 所示,同样以爆破前后岩体声波波速变化率 $\eta > 10\%$ 作为评判岩体损伤标准对损伤进行分区。

由图 9-24 可知,在中夹岩侧距离轮廓线 1.8~4m 范围内,声波速度普遍高于 5000m/s,说明此部分岩体较完整;随着与轮廓线的距离不断缩小,围岩的波速也在急剧下降,围岩损伤程度也在快速上升;当距离轮廓线 0.5m 时已经无法测得围岩声波数据,说明接近开挖轮廓线围岩已经完全损伤,这与数值模拟结果一致。轮廓线表面完全损伤也抑制了爆破应力波在围岩中的传播,在后续爆破掘进施工下围岩的损伤范围并没有进一步扩大,仅是损伤程度加深。中夹岩的损伤范围在1.8m左右,而侧面岩体损伤在1.2m左右,围岩损伤呈不对称分布。

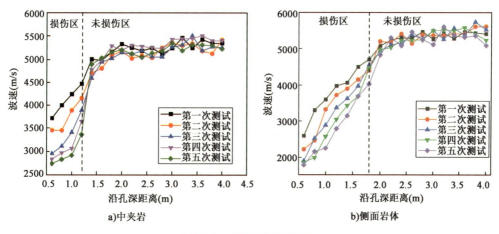

图9-24　声波波速统计图

根据实际工况建立数值计算模型,取数值模拟相同断面处岩体损伤云图进行对比,如图9-25所示。

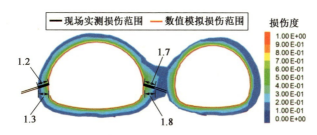

图9-25　数值模拟结果与现场实测结果对比(尺寸单位:m)

由图9-25可知,在经过交替爆破开挖后围岩损伤程度由轮廓线表面至围岩深处呈递减趋势;围岩轮廓线表面损伤严重,与现场实际情况相符;侧面岩体与中夹岩现场实测损伤范围分别在1.2m、1.7m左右,数值模拟损伤范围分别在1.3m、1.8m左右,基本与实测结果吻合,说明数值模拟计算结果比较准确。

9.1.4　中夹岩振动影响分析

9.1.4.1　爆破振动对先行隧道开挖的影响

通常来说在先行洞施工时,由于隧道处于单洞开挖状态,此时仅该洞爆破开挖会对隧道造成影响,分析在单洞开挖下围岩振动规律有助于指导后行洞施工。分别在开挖隧道衬砌拱顶、拱肩、拱腰、拱底设置4个监测点,取掌子面及其前后方4m和8m处共5个截面进行监测,各监测点和监测断面位置如图9-26、图9-27所示。

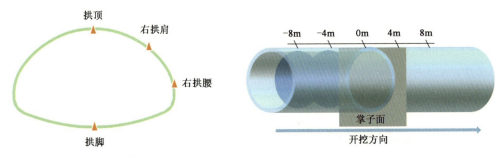

图9-26 测点布置位置示意图   图9-27 监测断面示意图

根据计算结果,提取5个截面处4个测点的振速,采用合振速进行分析,统计结果见表9-5,统计结果曲线如图9-28所示。

测点振速统计(单位:cm/s)　　　　　　　　　　　　　表9-5

测点位置	-8m处截面	-4m处截面	0m处截面	4m处截面	8m处截面
拱顶	7.51	12.15	15.28	10.54	6.25
拱肩	6.12	9.21	12.57	8.64	4.85
拱脚	7.36	6.85	8.35	6.25	7.21
拱底	6.36	11.26	11.82	10.49	7.73
拱腰	4.26	7.76	6.31	7.91	4.08

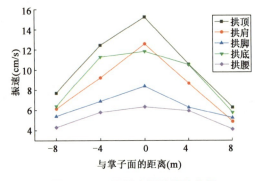

图9-28 不同测点振速统计曲线

由图9-28可以看出:

(1)迎爆侧测点峰值合振速大于对应的背爆侧测点,因此与背爆侧相比,迎爆侧受爆破振动影响大。

(2)爆破振动对隧道衬砌迎爆侧的拱顶处影响最大,因而其合振速最大,其次是拱肩、拱底、拱脚处,拱腰处合振速最小。根据模拟结果,隧道0m截面处拱顶合振速最大,为15.28cm/s,该振速较大,需要注意后续进行加固处理。

(3)隧道径向各测点振速变化规律相似。在0m处截面各测点峰值合振速最大,±4m处截面各测点峰值合振速均小于0m处截面,-4m处截面各测点峰值合振速略大于+4m处截面。±8m处截面各测点距爆源最远,因此各测点峰值合振速最小。

提取隧道不同爆破时间最大振速云图,如图9-29所示;不同位置爆破振动曲线如图9-30所示。

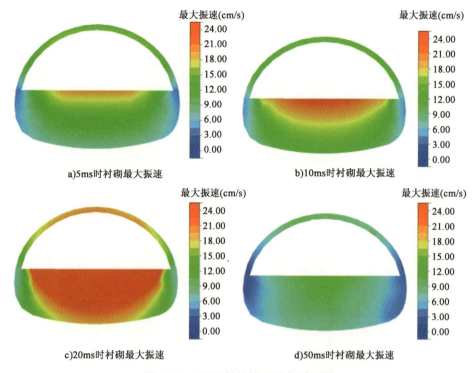

图 9-29 不同时刻衬砌最大振速云图

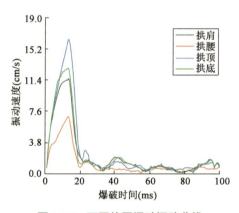

图 9-30 不同位置爆破振动曲线

由图 9-29 可以看出:由于该工况为先行隧道开挖,仅为单洞开挖,故围岩振速相对对称。岩体振速在 0～10ms 内快速增长,随后慢慢降低。最大振速位置发生在拱顶部位,最小振速位置在拱腰部位。相对来说拱顶、拱肩、拱底部位的振速较高,这是由于自重应力与爆破应力波相互作用所导致的,且隧道衬砌外侧的振速略小于隧道衬砌内侧。由图 9-30 可以看出:在隧道衬砌合振速达到最大值后,振速迅速衰减,爆破振动对隧道衬砌的影响减小,每个截面达到峰值合振速的时刻虽然有一定的差异,但均在 10ms 左右,差异主要是因为不同截面的地震波传播速度不一样。

9.1.4.2 后行隧道施工对先行隧道的影响

在分岔隧道中,由于在分岔口处左右隧道间距很小,因此后行隧道施工时对先行隧道影响较大,分析爆破振动对先行隧道的影响有利于提高隧道建设过程中围岩的稳定性。

提取掌子面开挖前1m处围岩振速分布变化,如图9-31所示。

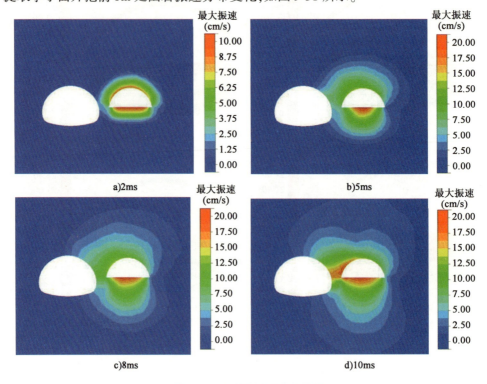

图9-31 围岩振速分布变化图

对比围岩振速分布变化图可以看出,在爆破初期最大振速主要集中在开挖隧道洞壁周围,随着爆破时间的不断推移,应力波逐渐由下台阶向先行隧道一侧传播,形成严重的不对称分布。振速最大部位主要在下台阶表面以及开挖隧道靠近中夹岩一侧拱肩处,中夹岩作为最薄弱的位置,其受振动的影响也最严重,这主要是因为主隧道为先行隧道,已经形成较大的临空面,应力波在此会得到反射及释放。远离中夹岩侧的岩体振速集中相对较少,应力波已传播至岩体深处,因此此处爆破振速不会出现集中。

同样,在先行隧道衬砌的拱顶、拱肩、拱腰、拱底位置设置4个监测点,取掌子面及其前后方4m和8m处5个截面进行监测,各测点位置如图9-32所示。

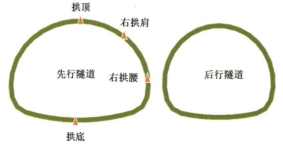

图9-32 先行隧道测点位置示意图

各个测点位置振速见表9-6。

先行隧道测点振速统计(单位:cm/s)　　　　　　　　　　　表9-6

测点位置	-8m 处截面	-4m 处截面	0m 处截面	4m 处截面	8m 处截面
拱腰	9.32	11.66	17.79	7.51	8.14
拱肩	10.10	13.94	19.62	8.14	6.21
拱顶	7.51	10.84	14.25	7.20	7.71
拱底	7.21	6.54	8.77	4.14	3.85

从表9-6可以看出：不同测点位置下，后行隧道爆破开挖对先行隧道衬砌的振动影响规律基本一致，即初期支护的迎爆侧振速大于其背爆侧，最大振速部位出现在迎爆侧拱肩处。当迎爆侧掌子面纵向间距由0m增加至8m时，测点振速峰值依次为19.62cm/s、13.94cm/s、10.10cm/s，当背爆侧掌子面纵向间距由0m增加至8m时，振速峰值依次为19.62cm/s、8.14cm/s、6.21cm/s 测点振速随着爆心距的增加而减小，符合爆破振动一般规律。由于爆破振动对迎爆侧的影响较大，因此在施工的过程中应加强监测，以确保隧道的安全施工。

先行隧道不同测点振速统计曲线如图9-33所示。

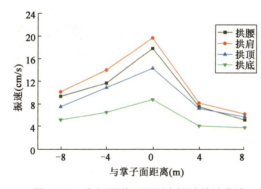

图9-33　先行隧道不同测点振速统计曲线

从图9-33可以看出，最大振速出现在迎爆侧拱肩部位。其中，拱底振速大于背爆侧振速而小于迎爆侧拱肩及拱腰振速，这与现实规律基本一致。最大振速由拱肩处沿隧道环向逐渐减小，在爆破振动的作用下，爆破产生的应力波将在初期支护的迎爆侧产生反射现象，在反射波和入射波共同作用的情况下，迎爆侧拱腰部位产生的拉应力有可能引起混凝土的开裂。因此，在加强爆破振动监测的同时，应辅以观测初期支护是否产生裂缝等病害。

提取不同时期的衬砌振动云图，如图9-34所示。

从图9-34可以看出，爆破最初振动波传递至中夹岩拱腰处，随后向拱顶传播，接着透过下台阶传播至拱顶，由于下台阶存在临空面，因此应力波在传播过程中大幅度衰减，最后最大振速集中在中夹岩拱腰侧，并对先行隧道产生了较大的影响。随着开挖进尺的推进，中夹岩厚度不断增加，对掌子面后方岩体影响较小。相较于单洞开挖的情形，围岩最大振动位置分布呈现较大的不对称性，因而需要对最大振速部位进行一定的加固。

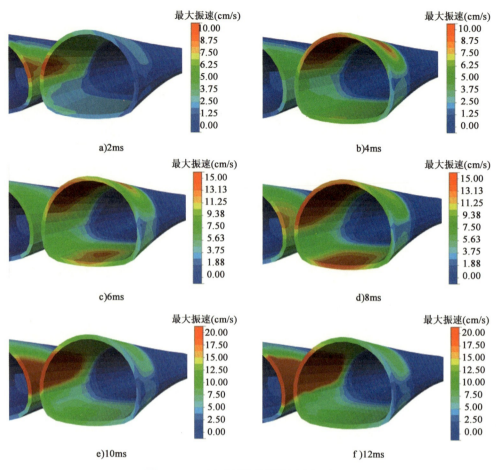

图 9-34 不同时刻分岔隧道衬砌振动云图

9.2 小净距特殊段落施工技术

9.2.1 中夹岩加固方案分析

9.2.1.1 加固方案种类

分岔隧道在分岔口处的中夹岩厚度很小,其在隧道施工的过程中因多次扰动而引起应力重分布,应力状态较差。因此中夹岩通常是隧道较不稳定的部位,保证中夹岩的稳固可靠是小净距隧道设计以及施工的关键一环。当围岩达到塑性状态时,力学状态较差,容易发生滑移、松弛或破坏。在一般情况下围岩允许有一定的塑性变形,但需要控制有害松弛,过大的变形会使得隧道失稳。小净距隧道中夹岩应力状态较差,容易发生损伤区贯通,当损伤区贯通后中夹岩的稳定性显著降低,隧道容易出现失稳的情况,应该尽量避免此现象。通过分析可以发现,仅进行常规衬砌支护加固对中夹岩损伤贯通并不会有太大缓解,因此有必要对中夹岩进行进一步加固。

对于中夹岩的加固方案,根据已有工程经验,所采用的加固措施主要有:超前注浆预加固、雁形部加长锚杆加固、岩柱中部对拉锚杆加固以及以上措施的组合等。对于分岔隧道围岩,对中间岩柱进行注浆可以起到较好的加固效果,即对于软弱的围岩,岩柱加固以注浆方式为主,锚杆支护为辅。

对于本工程工况,岩柱上端即雁形部是竖向位移影响的主要区域且应力状态较差,岩柱中间位置是水平位移影响的主要区域且应力状态较差,因此这些部位进行注浆等加固处理是必要的以改善岩柱及隧道整体稳定性。同时,岩柱底部的应力状态也较差,对其进行注浆加固可以很好地改善其应力状态。因此对中夹岩进行分区,分别讨论不同加固方案对其损伤的影响。具体加固工况模拟如图9-35所示。

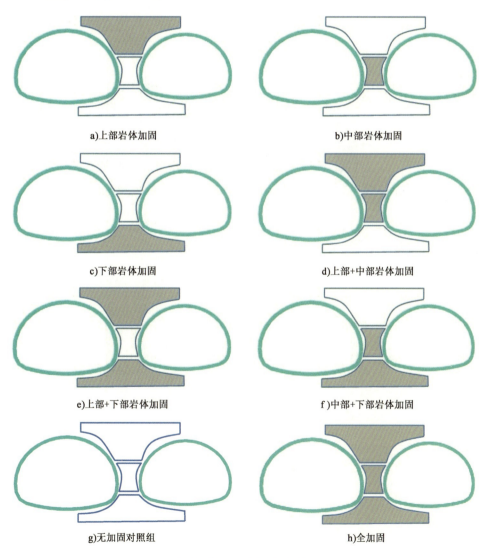

图9-35 中夹岩加固方案

由于目前对拉锚杆的数值模拟技术尚未成熟,所得的计算结果并不能准确地反映现场情况,因此本节仅考虑对中夹岩进行注浆加固,分别对不同部位进行注浆加固,加固形式为参数提高 35%。

9.2.1.2 不同加固方案下中夹岩爆破振速对比

在爆破振动监测中,同时监测水平径向(X)振动速度(隧道掘进方向)、水平切向(Y)以及竖直向上(Z)三个方向振动速度,通过这三个方向振动速度分量按照式(9-8)计算出不同时刻的振动速度矢量和,得到振动合速度波形,并采用爆破振动合速度进行爆破振动回归分析。

$$V(t) = \sqrt{V_X(t)^2 + V_Y(t)^2 + V_Z(t)^2} \tag{9-8}$$

对中夹岩左右侧拱腰及拱肩振速进行监测并进行对比分析,如图 9-36 所示。

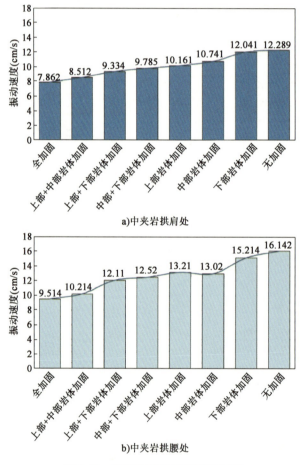

图 9-36 不同加固方案振速统计图

由图 9-36 可以看出,在无加固的情况下,中夹岩最大振速达到 16.142cm/s,此时振动会使得中夹岩内部的裂隙进一步扩展,降低其稳定性。中夹岩拱腰处振速较拱肩处振速高,这与拱腰处岩体较薄且整体性较差有关。在经过一系列的加固之后,中夹岩表面振速得到了显著的降低，统计加固后岩体振速降低率，如图9-37所示。

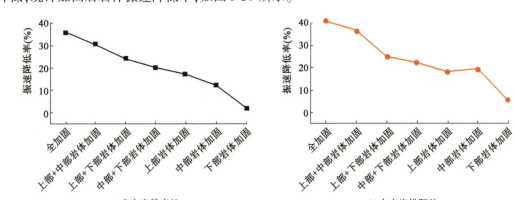

a) 中夹岩拱肩处　　　　　　b) 中夹岩拱腰处

图9-37　不同加固方案振速降低率统计图

从图9-37可以看出，对控制中夹岩振速最有效的方法就是全加固，其次是对上部和中部岩体进行加固，下部岩体加固对降低中夹岩振速并无太大作用。这是由于下部岩体整体性较好，在加固过程中并未使整体中夹岩抗震能力得到提高，此外由于下部岩体临空面较少，受爆破产生的应力波影响也较小，因此整体损伤也较轻微。在进行多部分岩体组合加固时，最有效的加固方案为上部+中部岩体，其次为上部+下部岩体加固、中部加下部岩体加固方案；在进行单部分岩体组合进行加固时，最有效的加固方案为上部岩体，其次为中部岩体、下部岩体加固方案。

因此，可以判断上部岩体加固对控制爆破振速有较好的作用，但在对于中夹岩拱腰部位的振速加固中部岩体效果较好。由于上部岩体的加固面积较中部岩体大，所以加固效果也比较好。中部岩体面积小，却可以起到较大的加固效果，其经济效应较上部岩体好。因此在实际工程中应该着重加固中部岩体，可采用对拉锚杆或喷锚支护等一系列加固措施，提高中部岩体的强度和整体性，从而提高隧道的稳定性。

9.2.1.3　不同加固方案下中夹岩损伤对比

中夹岩的损伤区能较为综合地反映其整体的稳定性，为探究分岔隧道小净距段不同加固方法对中夹岩损伤区分布的影响。绘制非分岔隧道不同加固工况中夹岩损伤分布图，如图9-38所示。

从图9-38可以看出，加固上部岩体对缓解中夹岩靠近匝道一侧的岩体损伤有较大作用，但主隧道侧岩体损伤仍较严重。这是由于主隧道侧断面较大，在受到自身开挖扰动的情况下还受到后行隧道爆破施工对其的影响，因此需要进一步加强对主隧道侧拱肩部位岩体的加固。由于分岔隧道分岔口处中夹岩较薄，因此损伤很容易贯通左右隧道，对中部岩体进行加固可以很大程度地抑制损伤贯通，提高中夹岩的整体性。进行下部岩体加固后，拱脚处岩体损伤出现明显降低，但中夹岩拱腰处仍有较大范围的损伤完全贯通区域，一般来说加固下部岩体对隧道的整体稳定性影响不大，并且从施工难度和经济性方面考虑，加固下部岩体的必要性不是很大。

由图9-38d) 可以发现，上部+中部岩体加固方案的中夹岩损伤云图与全加固方案相似，仅中夹岩下部的损伤略高，但整体损伤程度均较低，皆未出现完全损伤贯通区；中部+下部岩体加固方案效果中等,中夹岩虽然没有出现完全损伤贯通区,但损伤程度较高,不利于隧道稳定;上部+下部岩体加固方案效果较差,中夹岩仍有较大部分的完全损伤贯通区,后续开挖振动将导致完全损伤带进一步加宽,进而危害隧道安全。

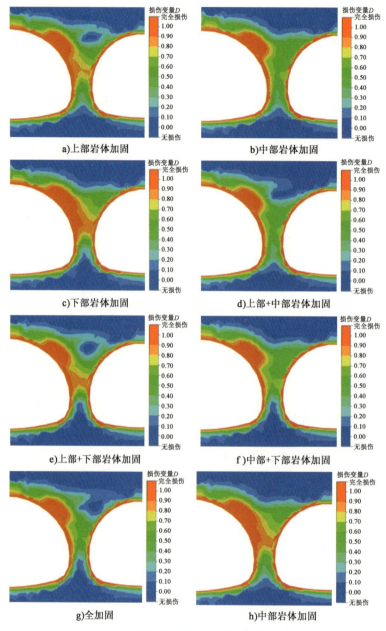

图9-38 不同加固方案中夹岩损伤云图

绘制中夹岩横向剖面损伤云图,比较不同加固方法下中夹岩内部情况,如图9-39所示。由于数据众多,在此仅展示中部岩体加固、上部+中部岩体加固方案,并与全加固及无加固方案进行对比。

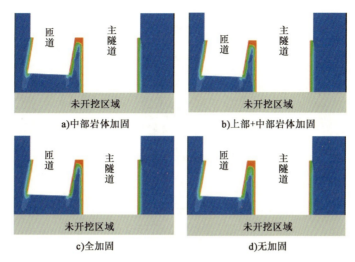

图 9-39 不同加固方案中夹岩横向剖面损伤云图

由图 9-39 可以看出,在中夹岩内部,中部加固方案与上部+中部加固方案损伤云图基本无太大差异,说明上部加固对中夹岩拱腰处岩体损伤影响不大。当进行全加固时,其效果相较于前者并不是很明显,若未对中夹岩进行加固,则靠近分岔口处的岩体将形成完全损伤贯通,且损伤范围较大,将造成隐患,因此需要适当对中夹岩进行加固。

9.2.1.4 加固方案综合评价

根据上述研究成果,总结几种中夹岩加固方案的加固效果,见表 9-7。

中夹岩加固方案效果总结 表 9-7

加固方案	振速降低效果	损伤控制效果	经济性
上部岩体加固	一般	一般	较好
中部岩体加固	一般	较好	较好
下部岩体加固	较差	较差	较好
上部+中部岩体加固	较好	较好	一般
上部+下部岩体加固	较好	一般	一般
中部+下部岩体加固	一般	较好	一般
全加固	较好	较好	较差

9.2.2 分叉段超小净距隧道施工技术

9.2.2.1 开挖方法

(1) 开挖工法选择

超小净距段隧道通过地层为燕山晚期第二次侵入花岗岩地层,中粗粒结构,块状构造,以中风化为主,属硬岩,围岩级别为Ⅲ级。根据设计及规范要求结合现场实际设备配置情况,主线及匝道均选用(两)台阶法施工,如图 9-40 所示。在台阶法施工过程中遵循下台阶靠近中间岩体侧先行爆破开挖、先行落底原则,并且要确保拱架背部喷射混凝土密实。

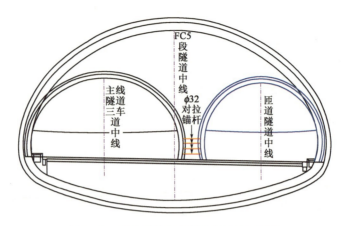

图9-40 超小净距段隧道开挖工法示意图

(2)施工顺序

隧道自分岔口以"3+2"条车道分开,主线3条车道与匝道2条车道由超小净距→小净距→分离式隧道过渡。为减小先行隧道爆破施工对后行隧道的影响,缩小中夹岩体塑性区范围,遵循"先大后小"原则,即施工至分岔小净距段时,先开挖主线隧道,待主线隧道掌子面开挖先行30m后,开始进行匝道隧道开挖施工,同时主线二次衬砌滞后匝道掌子面30m,如图9-41所示。

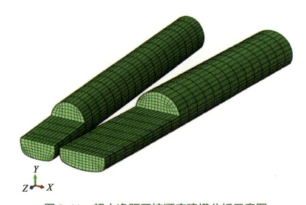

图9-41 超小净距开挖顺序建模分析示意图

(3)开挖进尺

由于进尺过大,各部位装药量均较大,对超小净距段中夹岩损伤相应加大,超小净距段(净距1.2~5m)开挖进尺主线按1.2m(1榀钢架)、匝道按1.0m(1榀钢架)控制;小净距段(净距5~23.5m)开挖进尺主线按2.4m(2榀钢架)、匝道按2.0m(2榀钢架)控制。

9.2.2.2 小净距段爆破控制

(1)爆破控制要点

小净距隧道爆破施工中如何确保中间岩柱的完整性是关键,为降低爆破对中夹岩墙围岩完整性的破坏及对周围环境的影响,采用控制爆破技术,后行匝道隧道爆破施工直接影响中夹岩墙围岩及先行隧道初期支护结构的稳定,控制后行隧道爆破开挖是超小净距并行隧道成功开挖的关键。在上半断面开挖中主要解决爆破振动对周围环境的影响;在下半断面的开挖中主要考虑确保中夹岩墙围岩的稳定和完整,以及控制后行隧道对先行隧道边墙初期支护的影响。

爆破控制要点如下:

①采用光面爆破技术控制超挖,保证爆破轮廓平整及降低对围岩的爆破损伤深度。

②采用多段微差爆破技术控制振动的量值大小,用以控制爆破对先行隧道边墙的影响程度。

③靠近中夹岩侧周边眼采用隔孔装药、间断不耦合装药降低爆破振动以及对中夹岩的损伤程度。

(2)爆破参数设计

①炮孔直径 d:38~42mm。

②炮孔数量:按下式计算确定。

$$N = 3.3(fS^2)^{1/3} \tag{9-9}$$

式中:N——炮孔数目(采用光面爆破时,炮孔数目适当增加6%~12%);

f——岩石坚固系数;

S——巷道掘进断面面积(m^2)。

③炸药单耗 q:0.8~1.8kg/m^3。

④炮孔布置方式。

在洞中心偏下位置布置掏槽眼,辅助眼均匀布置在掏槽眼与周边眼之间,掏槽眼深度比辅助眼、周边眼大10%~20%,掏槽眼采用准直眼双阶双段复式楔形掏槽形式,准直眼较楔形眼垂深长200mm,每孔装1.5个药卷,堵塞300mm,周边眼底部外倾30°~50°,如图9-42所示。

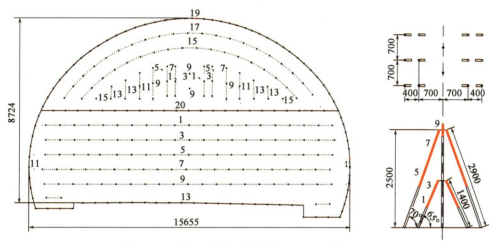

图9-42 台阶法炮孔布置示意图(尺寸单位:mm)

注:图中数字为所用电雷管段别序列。

爆破具体参数如下:

a. 辅助眼:$a = b = 700$mm(a 为孔距,b 为排距)。

b. 周边眼光面爆破:炮眼间距 $a = (10~15)d$,周边眼左侧间距 $a = 500$mm,靠近小净距的右侧 $a = 400$mm,间隔装药形式,沿轮廓线隔一(减振空孔)装一。

c. 底板眼:底板孔由于压渣的原因,应适当加密,间距一般为辅助孔间距的80%左右,设计间距为 0.5~0.6m。

d. 炮眼深度：采用手持式凿岩机钻孔，三车道和匝道孔深 $L = 2.5$m，施工导洞孔深 $L = 2.0$m，其中掏槽眼应比辅助眼、周边眼加深 20%，准直眼应比掏槽孔垂深大 200mm。

依据上面不同炮孔所设计的炮孔参数，进行隧道炮孔布置，采用 1~20 段非电毫秒延期雷管爆破。

9.2.2.3 分岔口及中夹岩加固措施

(1) 减小爆破影响的施工措施

在大断面形成时，及时采取一系列措施，辅助掌子面前方及后方一定影响范围内的围岩形成以围岩自身为主体的"围岩+支护"承载体系（"支护"一般指初期支护），充分发挥围岩自身承载能力，在主动使围岩变形可控的同时，确保掌子面稳定安全。其核心要点是"快挖、快支、主动支、快封闭"，强调"快"与"主动"。

①"快挖"既指大幅缩短开挖循环时间，在短时间内完成开挖工序施工，也指整个隧道断面一次性开挖成型，而非分部成型。

②"快支"指快速施作管棚、锚杆、喷射混凝土等支护构件，在围岩快速变形阶段及时提供支护力。

③"主动支"既指开挖前主动对掌子面前方围岩进行预支护，确保掌子面稳定，也指开挖后主动辅助围岩形成"围岩-支护"承载体系。

④"快封闭"既指开挖断面在纵、横断面方向的快速闭合，也指初期支护结构在纵、横断面方向的快速封闭成环，围岩越不稳定时，"快封闭"对于变形控制越重要。

根据已有研究，从隧道加固成本贡献率角度来看，初期支护各构件支护效果排位中锚杆是第 1 位，喷射混凝土是第 2 位，钢架是第 3 位；从支护主动性与及时性角度来看，锚杆也是最重要的构件，可"即时"提供支护力。

(2) 主动加固措施

①施作掌子面锚杆 + 预注浆加固

掌子面锚杆的作用是有效减小掌子面附近围岩的第三主应力，提高抗剪强度、刚度等，增强掌子面稳定性，而掌子面注浆主要提高围岩的黏聚力，浆液从渗透孔被压入围岩的节理裂隙面后，节理裂隙中存在的孔隙水等被浆液挤出，使破碎岩石之间通过注浆的手段固结为一体，如图 9-43 所示，从而大幅度提升岩土的密实度，提高岩体整体性，预防后续分岔隧道开挖导致岩体劣化及整体性下降，引起隧道结构安全性降低。

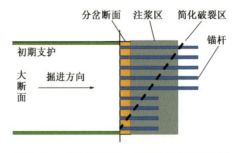

图 9-43　掌子面锚杆 + 预注浆加固示意图

②喷射高性能混凝土+钢筋网片加固

喷射混凝土作为一种高自由度、高机动性的支护构件,其在辅助围岩共同形成的"围岩+支护"承载体系中主要起承载作用与封闭作用,如图9-44所示。围岩自身条件越好,喷射混凝土的封闭作用越强,承载作用越不明显;而围岩自稳性较差时,其同时表现强承载作用与强封闭作用。现场分岔口喷射混凝土效果如图9-45所示。

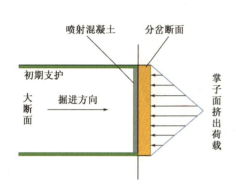

图9-44 喷射混凝土受力模型图　　图9-45 现场分岔口喷射混凝土效果

③模筑防水钢筋混凝土

由于本工程地层富水,爆破导致的裂隙扩展贯通使得隧道渗漏水更为严重,潮湿的岩层与建筑基础也不利于隧道工程的长期稳定。因此通过浇筑整体式防水钢筋混凝土以及铺设防水卷材,预防隧道渗漏水的同时提高了分岔口的整体性。

④中夹岩对拉锚杆加固

采用上岩柱和中岩柱进行注浆加固,注浆采用纯水泥浆液,水泥浆水灰比为1∶1,注浆压力为0.5~1.0MPa。为进一步确保中夹岩岩柱完整及稳定性,额外采用对拉锚杆进行进一步加固,提出了一种"钢拱架-对拉锚杆"一体化的中夹岩加固结构,如图9-46所示,采用钢拱架与对拉锚杆相结合的中夹岩加固结构,提高了中夹岩的整体性,同时避免对拉锚杆直接与中夹岩体接触,造成局部应力集中从而破坏岩体。

图9-46 加固结构安装在隧道中的整体结果示意图

在锚固过程中,需要对钢拱架翼缘进行开孔,将对拉锚杆固定在钢拱架上,实现对拉锚杆与钢拱架的一体化,通过固定螺栓及垫层实现对拉锚杆与钢拱架的连接稳固,同时防止造成钢拱架的局部应力集中;通过钢拱架两边翼缘同时安装对拉锚杆,对拉锚杆安装时应遵循对称的原则,防止钢拱架受力不均匀。随后对对拉锚固施加预应力,使其产生拉应力带动钢拱架,形成均布水平压力,约束中夹岩变形,从而实现钢拱架受力均匀,加强中夹岩的约束作用,提高中夹岩的稳定性,如图9-47所示。

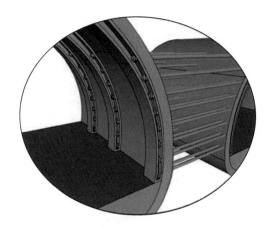

图9-47 加固结构主要部位放大图

由于对拉锚杆相对建造成本较高且施工难度较大,因此若全范围都采用对拉锚杆加固显然是不合理不经济的,结合上述研究内容,可以发现当中夹岩厚度超过6m时,损伤基本仅停留在表面,但先行隧道拱肩处仍然损伤较严重,因此在实际施工中对中夹岩进行分区域加固。当中夹岩厚度介于1.2~6m时,采用整体对拉锚杆加固;当中夹岩厚度大于6m时,应在岩体破碎带及危险部位进行局部锚固。

9.2.3 上跨在建立交隧道爆破控制技术

9.2.3.1 爆破控制范围确定

本隧道开挖面积约121m²,上跨段为Ⅲ级围岩,S3Ⅲb型衬砌断面采用台阶法施工。根据《爆破安全规程》(GB 6722—2014),爆破振动速度用萨道夫斯基经验公式计算。

$$V = K\left(\frac{\sqrt[3]{Q}}{R}\right)^{\alpha} \tag{9-10}$$

$$Q = R^3\left(\frac{V}{K}\right)^{3/a} \tag{9-11}$$

式中:R——爆破振动安全允许距离(m);
Q——炸药量,采用齐发爆破时为总炸药量,采用延时爆破时为最大一段炸药量(kg);
V——保护对象所在地质点振动安全允许速度(cm/s);
K、α——分别为与爆破点至计算点间的地形、地质条件有关的系数和衰减指数,取值见表9-8,也可通过类似工程或现场试验确定。

本工程Ⅲ级围岩段取$K = 200$,$\alpha = 1.65$;Ⅳ级围岩段取$K = 300$,$\alpha = 1.9$;本方案设计取小值$K = 200$、$\alpha = 1.65$进行验算。

爆破区不同岩性的 K、α 值　　　　　　　　　　　　　　　　　表9-8

岩性	K	α
坚硬岩石	50～150	1.3～1.5
中硬岩石	150～250	1.5～1.8
软岩石	250～350	1.8～2.0

根据《爆破安全规程》(GB 6722—2014)，爆破振动安全允许标准见表9-9。

爆破振动安全允许标准　　　　　　　　　　　　　　　　　　　　　表9-9

序号	保护对象类别		安全允许质点振动速度 V(cm/s)		
			$f \leq 10$Hz	10Hz$< f \leq 50$Hz	$f > 50$Hz
1	土窑洞、土坯房、毛石房屋		0.15～0.45	0.45～0.9	0.9～1.5
2	一般民用建筑物		1.5～2.0	2.0～2.5	2.5～3.0
3	工业和商业建筑物		2.5～3.5	3.5～4.5	4.5～5.0
4	一般古建筑与古迹		0.1～0.2	0.2～0.3	0.3～0.5
5	运行中的水电站及发电厂中心控制室设备		0.5～0.6	0.6～0.7	0.7～0.9
6	水工隧道		7～8	8～10	10～15
7	交通隧道		10～12	12～15	15～20
8	矿山巷道		15～18	18～25	20～30
9	永久性岩石高边坡		5～9	8～12	10～15
10	新浇大体积混凝土	龄期:初凝～3d	1.5～2.0	2.0～2.5	2.5～3.0
		龄期:3～7d	3.0～4.0	4.0～5.0	5.0～7.0
		龄期:7～28d	7.0～8.0	8.0～10.0	10.0～12

注:1. 爆破振动监测应同时测定质点振动互相垂直的三个分量。
　　2. 表中质点振速为三个分量中最大值，振动频率为主振频率。
　　3. 频率范围根据现场实测波形确定或按如下数据选取:硐室爆破 f 小于20Hz;露天深孔爆破 f 在10～60Hz之间，露天浅孔爆破 f 在40～100Hz之间;地下深孔爆破 f 在30～100Hz之间，地下浅孔爆破 f 在60～300Hz之间。

距离新建隧道垂直高度约为19.6m，安全允许振速控制值取 $V = 3.0$cm/s，根据萨道夫斯基经验公式，计算最大齐爆药量与爆破振动安全距离及安全振速控制值关系(表9-10)，以确定爆破设计相关参数。

最大齐爆药量与爆破振动安全距离及安全振速控制值关系　　　　　　表9-10

安全振速(cm/s)	水平距离(m)	验算距离(m)	最大齐爆药量(kg)
3.0	0	19.6	3.64
	10	22	5.14
	20	28	10.60
	30	35.8	22.15
	40	44.5	42.55
	50	53.7	74.77
	60	63.1	121.31

根据计算,不同控制区段安全允许的最大齐爆药量应控制在表9-10允许范围内,施工时最近点的安全允许最大齐爆药量为3.64kg。不同位置的最大齐爆药量需根据距离进行计算,同时根据不同围岩的试爆及测振数据调整爆破参数,当爆破振动大于振动预警值时,应减少单段齐爆药量,使用工业电子雷管可设置成单孔单响或数孔一响,确保振速在安全允许范围内。由于影响振动的因素较多,实际参数值须根据试爆确定。

9.2.3.2 控制爆破参数设计

(1)孔网参数的选择

①炮孔直径和设计进尺

炮孔直径取 $D=38\sim42mm$,根据表9-10计算出的最大齐爆要求控制为3.64kg,考虑进度与振动控制关系,设计进尺1.0m,在上台阶掘进5m左右待下台阶有临空面后,再进行下台阶掘进,具体根据实际地质和爆破振动控制效果进行调整。选用中心掏槽、周边辅助的方式进行爆破施工。

②炮孔数目的确定

炮孔数目按式(9-9)计算确定,式中,$f=16$,$S=121m^2$,则每一掘进循环炮孔数目: $N = 3.3 \times (16 \times 121^2)^{1/3} = 203$ 个。

考虑到光面爆破、短进尺、多钻孔及少装药的施工方法,每一掘进循环炮孔数适当增加,如图9-48所示。具体炮孔数目可根据试爆和现场情况确定。

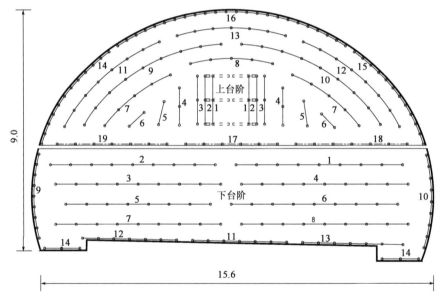

图9-48 隧道台阶法炮孔布置示意图(尺寸单位:m)

③炮孔布置

隧道爆破的掏槽方式选用二级复式楔形掏槽孔,掏槽孔为对称倾斜孔,倾斜角度可根据现场进行调整,但倾斜孔孔底不得贯穿;掏槽孔的孔底应比扩槽孔、辅助孔、周边孔的孔底深10%~20%。掏槽孔布置如图9-49所示(数字1、3、5等分别为炮孔拟装雷管段位,同时也表示起爆顺序)。

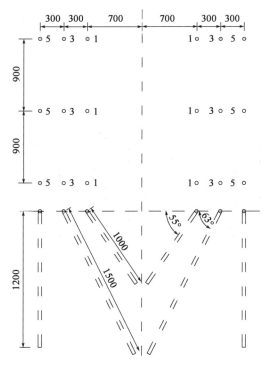

图 9-49 掏槽孔设计图(尺寸单位:mm)

上台阶:扩槽孔邻近掏槽孔,孔网参数取孔排距 $a=80\sim90\mathrm{cm}$、$b=30\sim40\mathrm{cm}$;辅助孔孔排距 $a=70\sim80\mathrm{cm}$、$b=60\sim70\mathrm{cm}$。底板孔孔距比辅助孔孔距略小,取 $a=70\mathrm{cm}$,排距和孔深与周边孔一致。掏槽孔孔深 $L=100\sim150\mathrm{cm}$;扩槽孔孔深 $L=120\mathrm{cm}$;辅助孔孔深 $L=120\mathrm{cm}$;周边孔孔深 $L=120\mathrm{cm}$。

下台阶:辅助孔孔排距取 $a=70\sim80\mathrm{cm}$、$b=60\sim70\mathrm{cm}$,周边孔同上台阶,孔深 $L=120\mathrm{cm}$。

上、下台阶的周边孔采用光面爆破设计,孔网参数取 $a=30\sim40\mathrm{cm}$、$b=40\sim50\mathrm{cm}$。

(2)爆破单耗的选择

根据 2 号隧道前期爆破施工经验,上台阶平均炸药单耗取 $q=0.7\sim1.2\mathrm{kg/m^3}$;下台阶平均炸药单耗取 $q=0.4\sim0.8\mathrm{kg/m^3}$。

(3)装药量计算

隧道掘进每循环进尺所需用总药量计算公式为 $Q=qSL\eta$,其中炸药单耗上台阶取 $q=0.8\mathrm{kg/m^3}$,下台阶取 $q=0.6\mathrm{kg/m^3}$;隧道上台阶面积取 $S=60\mathrm{m^2}$,下台阶面积取 $S=61\mathrm{m^2}$;炮眼的平均深度取 $L=1.2\mathrm{m}$,炮孔利用率取 $\eta=90\%$。计算如下:

$$Q_{上}=0.8\times60\times1.2\times90\%=51.8\mathrm{kg}$$
$$Q_{下}=0.6\times61\times1.2\times90\%=39.5\mathrm{kg}$$

若爆破振动大于振动预警值时,减少单段齐爆药量,可选用工业电子雷管可设置成单孔单响或数孔一响(单孔最大装药量为 0.48kg),可确保振速在安全允许范围内。

(4)起爆网路设计

爆破网路采用非电导爆管微差起爆网路或工业电子雷管起爆网路,起爆顺序依次为掏槽孔、扩槽孔、辅助孔、辅助孔、周边孔由内向外逐排起爆,如图9-50、图9-51所示。

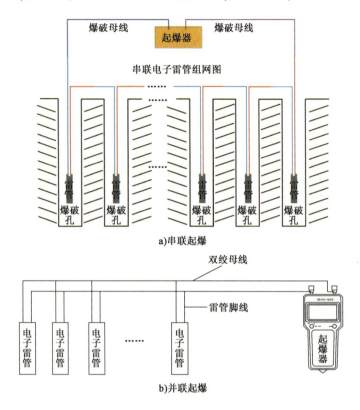

图9-50 工业电子雷管起爆网路示意图

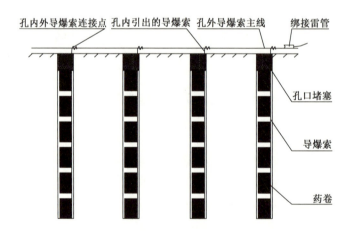

图9-51 光面爆破导爆索连接示意图

非电导爆管起爆网路一般采用孔内延期起爆网路,雷管段别及延时时间见表9-11。孔内延期起爆网路连接一般选用簇联起爆网路(俗称"大把抓")进行连接,如图9-52a)所示;对振动有严格要求的区域采取孔外接力延期起爆网路,如图9-52b)所示。

雷管段别及延时时间表（单位：ms） 表9-11

段别	1	2	3	4	5	6	7	8	9	10
延期时间	<13	25±10	50±10	75±15	110±15	150±20	200±20	250±25	310±30	380±35
段别	11	12	13	14	15	16	17	18	19	20
延期时间	460±40	550±40	650±40	760±55	880±60	1020±70	1200±90	1400±100	1700±130	2000±150

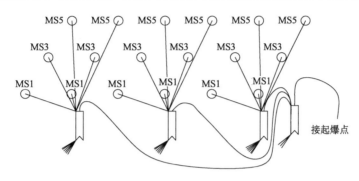

a）孔内延期簇联起爆网路

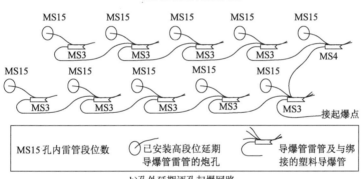

b）孔外延期逐孔起爆网路

图9-52 起爆网路铺设示意图

隧道爆破装药量需根据不同部位炮孔所起的不同作用进行合理分配，该处设计值仅作为爆破参考值，施工中需结合试爆和实际测振情况适当调整各炮孔单孔装药量及单段齐爆药量。以上爆破参数经试爆后，根据现场实际情况进行调整，以达到最佳爆破效果。

若爆破振动大于振动预警值时，减少单段齐爆药量，可选用工业电子雷管可设置成单孔单响或数孔一响（单孔最大装药量为0.6kg），可确保振速在安全允许范围内。

9.3 本章小结

（1）在爆破施工振动影响下，中夹岩的损伤范围在1.8m左右，而侧面岩体损伤在1.2m左右，围岩损伤呈不对称分布；在经过交替爆破开挖后围岩损伤程度由轮廓线表面至围岩深处呈递减趋势；围岩轮廓线表面损伤严重；侧面岩体与中夹岩现场实测损伤范围分别在1.2m、1.7m左右。

(2)小净距施工采用控制爆破，遵循短台阶法开挖原则，减少了爆破对围岩扰动次数。在台阶法施工过程中遵循下台阶靠近中间岩体侧先行爆破开挖、先行落底原则，施工采用短进尺，开挖轮廓线采用隔孔不耦合间隔装药，电子雷管采用分段延时控制爆破技术以减小单响最大装药量，降低爆破对中夹岩体的影响。

(3)分岔段通过对先行洞中夹岩损伤分布情况及施工期间爆破振速监测，有针对性的采用对拉锚杆及注浆措施对危险部位进行加固，抑制了中夹岩受后续施工导致损伤扩大的情况，在保证中夹岩稳定的情况下，避免过多的加固措施导致人力物力的浪费，进一步影响隧道施工进度，通过超小净距爆破技术对爆破参数的整体综合优化，保证了超小净距中夹岩的完整性，减小了爆破振速，施工爆破振速符合要求。

(4)上跨在建隧道控爆开挖采用数码电子雷管精确延时分段起爆，上下台阶分开起爆(先爆破上台阶，爆破完后再装药爆破下台阶)，各掏槽眼、扩槽眼、辅助眼、周边眼分段延时、增加单循环爆破开挖起爆段数及间隔时间，降低了单段起爆最大装药量。施工过程中每排炮对下部隧道进行爆破振速监测，不断调整优化爆破参数，成功将爆破振速控制在2cm/s以下(预设预警值3cm/s)。

第 10 章

地下互通立交公路隧道运营通风设计

由于海沧疏港通道—芦澳路城市地下立交互通隧道结构形式复杂,现行规范所给出的通风计算方法不再适用,需要采用网络通风技术对运营通风系统进行设计,以满足城市立交互通隧道运营通风控制标准要求。

本章参考国内城市地下互通纵向通风惯例,在总结芦疏互通隧道工程线型、交通量等资料的基础上,结合《海沧疏港通道工程可行性研究报告》及《公路隧道通风设计细则》(JTG/T D70/2-02—2014)等对芦疏互通隧道主线及匝道全射流通风方案的主要设计标准进行分析,采用网络通风软件 SES 对芦疏地下互通风力、通风量进行计算,最后对主线和匝道风机配置进行了设计。

10.1 通风方案设计思路

10.1.1 主要设计原则

(1)正常交通情况下,通风系统应能稀释隧道内汽车行驶时排出的废气(废气以 CO 和烟雾为代表)并达到卫生标准,为司乘人员、维修人员提供新鲜的空气和清晰的能见度。

(2)火灾事故情况下,通风系统应具有排烟功能,并能控制烟雾和热量的扩散,而且为逗留在隧道内的乘用人员、消防人员提供一定的新风量,为司乘人员安全疏散及消防人员救援创造条件。

(3)隧道通风按同一时间发生一次火灾进行设计。

(4)在确保通风效果可靠性及节能运行的前提下,隧道通风方案应尽量节约工程投资。

10.1.2 工程概况

厦门海沧疏港通道—芦澳路城市立交互通隧道工路线全长 5.307km,包括疏港通道主线隧道、芦澳路主线和 4 个转向隧道匝道,平面图如图 10-1 所示。

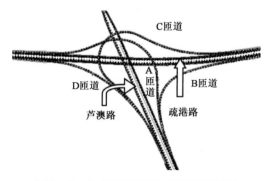

图 10-1 立交互通隧道工程平面线形图

疏港通道隧道正洞设置1座导洞,芦澳路隧道正洞和C匝道各设置1座斜井。疏港通道导洞、芦澳路隧道正洞和C匝道斜井均各自接至一处地上隧道通风排烟机机房机排烟井,排烟机房区域设有地上柴油发电机房、高压配电室、低压配电室、柴发电控室、消控室、工具间、储油间、生活水泵房、消防水泵房等房间。隧道内行车方式为单向行车,设计车速主线为80km/h,匝道为40km/h。隧道所处位置的平均高程为60m。既有斜井、导洞设置如图10-2所示。

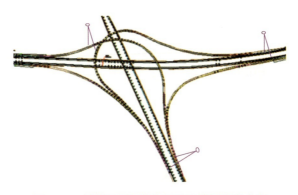

图10-2 斜井及导洞作为通风及排烟通道方案

10.1.3 设计流程

根据厦门市海沧区蔡尖尾山附近地理特征,结合芦疏互通隧道线型、自身结构特点以及交通分布特征等因素,并综合考虑城市环境要求和地面建构筑物分布等情况选定该隧道最终的通风方案为主线和匝道纵向通风方式,采用分段重点排烟方式。当互通立交隧道采用主线和匝道纵向式通风系统时,是将匝道和主隧道作为同一个通风网络考虑,需要先建立一个包含匝道和主隧道的通风网络,计算匝道和主隧道通风区段内的风量和风压,再分别根据匝道和主隧道内的风压平衡进行各自的风机配置。通风系统设计流程如图10-3所示。

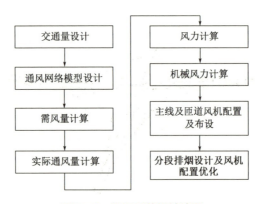

图10-3 通风系统设计流程

10.2 通风量计算及风机配置设计

10.2.1 CO浓度、烟雾浓度及换气设计标准

结合《海沧疏港通道工程可行性研究报告》（简称"可行性报告"）及《公路隧道通风设计细则》（JTG/T D70/2-02—2014）（简称"通风细则"）中的有关规定确定了本次通风计算的基本控制参数，各参数见表10-1。

CO浓度、烟雾浓度及换气设计 表10-1

项目			单位	控制参数	备注	参数来源
设计控制风速	隧道通风控制风速		m/s	10		可行性报告
环境参数	自然风压产生的洞内风速 v_n		m/s	2~3		通风细则
	空气密度 ρ		kg/m³	1.19		可行性报告
	夏季气温 T		℃	28		可行性报告
	隧址高程		m	<50		
计算行车速度	疏港路	设计车速	km/h	80		可行性报告
		正常交通车速	km/h	30~80		通风细则
		交通阻滞车速	km/h	10~20		通风细则
	芦澳路	设计车速	km/h	60		可行性报告
		正常交通车速	km/h	30~60		通风细则
		交通阻滞车速	km/h	10~20		通风细则
	匝道	设计车速	km/h	40		可行性报告
		正常交通车速	km/h	30~40		通风细则
		交通阻滞车速	km/h	10~20		通风细则
汽车尾气基准排放量	CO基准排放量	正常交通	m³/(veh·km)	0.0047	(1)用于近期；(2)在2000年的基础上（0.007）按每年2%递减计算所得；(3)递减次数为20次	通风细则
			m³/(veh·km)	0.0038	(1)用于远期；(2)在2000年的基础上（0.007）按每年2%递减所得；(3)递减次数为30次	通风细则

续上表

项目			单位	控制参数	备注	参数来源
汽车尾气基准排放量	CO 基准排放量	交通阻滞	$m^3/(veh \cdot km)$	0.01	(1)用于近期；(2)在2000年的基础上(0.015)按每年2%递减所得；(3)递减次数为20次；(4)阻滞段长度不大于1000m	通风细则
			$m^3/(veh \cdot km)$	0.0082	(1)用于远期；(2)在2000年的基础上(0.015)按每年2%递减所得；(3)递减次数为30次；(4)阻滞段长度不大于1000m	通风细则
	CO 设计浓度	正常交通	cm^3/m^3	150	隧道长度≤1000m	通风细则
			cm^3/m^3	100	隧道长度>3000m	通风细则
			cm^3/m^3	线性内插	1000m<隧道长度≤3000m	通风细则
		交通阻滞	cm^3/m^3	150		通风细则
	烟尘基准排放量		$m^2/(veh \cdot km)$	1.335	(1)用于近期；(2)2000年基础(2.0)上按每年2%递减所得；(3)递减次数为20次	通风细则
			$m^2/(veh \cdot km)$	1.091	(1)用于远期；(2)2000年基础(2.0)上按每年2%递减所得；(3)递减次数为30次	通风细则
	烟尘海拔高度系数	隧道高程小于50m		1.0		通风细则
	烟尘设计浓度	设计车速60~90km/h	m^{-1}	0.0065		通风细则
		设计车速30~50km/h	m^{-1}	0.0075		通风细则
	隧道换气风速		m/s	≥1.5		通风细则
	隧道换气频率		次/h	≥3		通风细则
损失系数	隧道沿程阻力损失系数			0.02		通风细则
	隧道入口损失系数			0.5		通风细则
	隧道出口损失系数			1.0		通风细则

注："近期"指2020年，"远期"指2040年。

10.2.2 火灾工况

采用纵向式通风时,发生火灾时排烟风速按 2.5m/s 取值;隧道内设计风速≤10m/s。

10.2.3 设计交通量

本项目特征年路段交通量预测结果见表 10-2。

本项目特征年路段交通量预测结果表(单位:pcu/d)　　表 10-2

道路名称	路段位置	方向	2020 年	2040 年
疏港通道	起点至疏港通道与芦澳路立交	东至西方向	1314	2372
		西至东方向	1405	2236
	疏港通道与芦澳路立交至吴冠互通	东至西方向	1354	2411
		西至东方向	1552	2390

本项目远期(2040 年)匝道交通量预测结果如图 1-5 所示。

主线及匝道交通量组成见表 10-3、表 10-4。

主线交通量组成表(单位:pcu/h)　　表 10-3

车辆类型	柴油车					汽油车			
	集装箱	中货车	大货车	大客车	拖挂车	小客车	小货车	中货车	大客车
2020	4	122	176	24	15	310	245	100	20
2040	8	243	350	49	30	601	486	199	40

B 匝道单洞交通量组成表(单位:pcu/h)　　表 10-4

车辆类型	柴油车					汽油车			
	集装箱	中货车	大货车	大客车	拖挂车	小客车	小货车	中货车	大客车
2020	2	60	86	12	8	150	120	49	10
2040	4	119	170	24	15	292	237	97	20

各车型 2040 年通行量比例预测值见表 10-5。

各车型 2040 年通行量比例预测值　　表 10-5

车辆类型	柴油车					汽油车			
	集装箱	中货车	大货车	大客车	拖挂车	小客车	小货车	中货车	大客车
主线	0.4%	12.1%	17.5%	2.5%	1.5%	30.0%	24.1%	9.9%	2.0%
匝道	0.4%	12.2%	17.4%	2.5%	1.5%	29.9%	24.2%	9.9%	2.0%

10.2.4 《通风细则》的通风计算方法

公路隧道运营需风量理论计算包括稀释烟尘需风量计算、稀释 CO 需风量计算、隧道换气需风量计算,最终确定的设计需风量应为各工况中的最大需风量。

10.2.4.1 稀释CO的需风量

(1)隧道CO排放量

隧道CO排放量按式(10-1)计算：

$$Q_{CO} = \frac{1}{3.6 \times 10^6} \cdot q_{CO} \cdot f_a \cdot f_d \cdot f_h \cdot f_{iv} \cdot L \cdot \sum_{m=1}^{n}(N_m \cdot f_m) \tag{10-1}$$

式中：Q_{CO}——隧道CO排放量(m^3/s)；

q_{CO}——设计目标年份的CO基准排放量[$m^3/(veh \cdot km)$]；

f_a——考虑CO的车况系数，取$f_a = 1.0$；

f_d——车密度系数，疏港通道主线取0.75，芦澳路取1；

f_h——考虑CO的海拔高度系数，取1.0；

f_m——考虑CO的车型系数，根据车型取值；

f_{iv}——考虑CO的纵坡车速系数，根据主线及匝道对应的车度与坡度选取；

n——车型数量；

N_m——相应车型的交通量(veh/h)。

机动车有害气体基准排放量宜均以2000年为起点，按每年2.0%的递减率计算至设计目标年份获得的排放量，作为隧道通风设计目标年份的基准排放量，最大折减年限不宜超过30年。在正常交通工况下，2000年的机动车尾排有害气体中CO的基准排放量应取$0.007m^3/(veh \cdot km)$；在交通阻滞工况下车辆按怠速考虑，2000年的机动车尾排有害气体中CO的基准排放量应取$0.015m^3/(veh \cdot km)$，且阻滞段计算长度按1000m考虑。本次计算中，正常工况q_{CO}取$0.007 \times (1-2\%)^{30} m^3/(veh \cdot km)$，阻滞工况$q_{CO}$取$0.015 \times (1-2\%)^{30} m^3/(veh \cdot km)$。

(2)稀释CO的需风量

稀释CO的需风量按式(10-2)计算：

$$Q_{req(CO)} = \frac{Q_{CO}}{\delta} \cdot \frac{p_0}{p} \cdot \frac{T}{T_0} \times 10^6 \tag{10-2}$$

式中：$Q_{req(CO)}$——隧道稀释CO的需风量(m^3/s)；

Q_{CO}——隧道CO排放量(m^3/s)；

δ——CO浓度；

p_0——标准大气压强(kN/m^2)，取$101.325 kN/m^2$；

p——隧址大气压强(kN/m^2)；

T_0——标准气温(K)，取273K；

T——隧道夏季气温(K)。

10.2.4.2 稀释烟尘的需风量

(1)烟尘排放量

烟尘排放量应按式(10-3)计算：

$$Q_{VI} = \frac{1}{3.6 \times 10^6} \cdot q_{VI} \cdot f_{a(VI)} \cdot f_d \cdot f_{h(VI)} \cdot f_{iv(VI)} \cdot L \cdot \sum_{m=1}^{n_D}[N_m \cdot f_{m(VI)}] \tag{10-3}$$

式中：Q_{VI}——隧道烟尘排放量(m^2/s)；

q_{VI}——设计目标年份的烟尘基准排放量[m²/(veh·km)];
$f_{a(VI)}$——考虑烟尘的车况系数,取1.0;
f_d——车密度系数;
$f_{h(VI)}$——考虑烟尘的海拔高度系数,取1.0;
$f_{iv(VI)}$——考虑烟尘的纵坡车速系数;
$f_{m(VI)}$——考虑烟尘的柴油车车型系数;
L——隧道长度(m);
n_D——柴油车车型数量;
N_m——相应车型的交通量(veh/h)。

机动车有害气体基准排放量宜均以2000年为起点,按每年2.0%的递减率计算至设计目标年份获得的排放量,作为隧道通风设计目标年份的基准排放量,最大折减年限不宜超过30年,本工程取 $2(1-2\%)^{30}$ m²/(veh·km)。

(2)稀释烟尘的需风量

稀释烟尘的需风量按式(10-4)计算:

$$Q_{req(VI)} = \frac{Q_{VI}}{K} \qquad (10\text{-}4)$$

式中:$Q_{req(VI)}$——隧道稀释烟尘的需风量(m³/s);
K——烟尘设计浓度(m⁻¹),根据不同路段设计时速取值。

10.2.4.3 自然通风力

在通风计算中,当自然通风力作隧道通风阻力时,应取"+",当自然通风力作为隧道通风动力时,应取"-"。

自然通风力应按式(10-5)计算:

$$\Delta p_m = \pm \left(1 + \zeta_e + \lambda_r \cdot \frac{L}{D_r}\right) \cdot \frac{\rho}{2} \cdot v_n^2 \qquad (10\text{-}5)$$

式中:Δp_m——隧道内自然通风力(N/m²);
v_n——自然风作用引起的洞内风速(m/s),取2.5m/s;
ζ_e——隧道入口局部阻力系数,取0.5;
λ_r——隧道沿程阻力系数,取0.02;
ρ——空气密度(kg/m³);
D_r——隧道断面当量直径(m)。

隧道断面当量直径 D_r 按式(10-6)计算:

$$D_r = \frac{4 A_r}{\text{隧道断面周长}} \qquad (10\text{-}6)$$

式中:A_r——隧道净空断面积(m²)。

10.2.4.4 隧道交通通风力

在单向交通的情况下,交通通风力作为一种动力进行考虑。但是当汽车工况速度小于设计风速时,交通通风力作为阻力考虑。通风风力按式(10-7)进行计算:

$$\Delta p_t = \frac{A_m}{A_r} \cdot \frac{\rho}{2} \cdot n_+ \cdot [v_{t(+)} - v_r]^2 - \frac{A_m}{A_r} \cdot \frac{\rho}{2} \cdot n_- \cdot [v_{t(-)} + v_r]^2 \quad (10\text{-}7)$$

式中：Δp_t——交通通风力（N/m^2）；

n_+——隧道内与v_r同向的车辆数（辆），$n_+ = N_+ \cdot L/3600 \times v_{t(+)}$；

n_-——隧道内与v_r反向的车辆数（辆），$n_- = N_- \cdot L/3600 \times v_{t(-)}$；

v_r——隧道设计风速（m/s），$v_r = \frac{Q_r}{A_r}$；

N_+——隧道内与v_r同向的设计高峰小时交通量（veh/h）；

N_-——隧道内与v_r反向的设计高峰小时交通量（veh/h）；

$v_{t(+)}$——与v_r同向的各工况车速（m/s）；

$v_{t(-)}$——与v_r反向的各工况车速（m/s）；

Q_r——隧道设计风量（m^3/s）；

A_m——汽车等效阻抗面积（m^2）。

汽车等效阻抗面积A_m可按式(10-8)计算：

$$A_m = (1 - r_l) \cdot A_{cs} \cdot \xi_{c1} + r_l \cdot A_{cl} \cdot \xi_{c2} \quad (10\text{-}8)$$

式中：A_{cs}——小型车正面投影面积（m^2），可取$2.13 m^2$；

A_{cl}——大型车正面投影面积（m^2），可取$5.37 m^2$；

r_l——大型车比例；

ξ_{ci}——隧道内小型车或大型车的空气阻力系数，按$\xi_{ci} = 0.0768 x_i + 0.35 (i=1,2)$计算；

x_i——第$i(i=1,2)$种车型在隧道行车空间的占积率（%）。

10.2.4.5 隧道通风阻力

隧道内的风流能量损失主要源于两类通风阻力，一类为沿程阻力，即由于克服沿程摩擦阻力而造成的风流能量损失；另一类为局部阻力，是由于克服风流局部边界急剧改变引起的风流能量损失。两种风流能量损失具体可按照式(10-9)计算。

$$\Delta p_r = \Delta p_\lambda + \sum \Delta p_{\zeta i} \quad (10\text{-}9)$$

$$\Delta p_\lambda = \left(\lambda_r \cdot \frac{L}{D_r}\right) \cdot \frac{\rho}{2} \cdot v_r^2 \quad (10\text{-}10)$$

$$\sum \Delta p_{\zeta i} = \zeta_i \cdot \frac{\rho}{2} \cdot v_r^2 \quad (10\text{-}11)$$

式中：Δp_r——隧道内通风阻力（N/m^2）；

Δp_λ——隧道内沿程摩擦阻力（N/m^2）；

$\Delta p_{\zeta i}$——隧道内局部阻力（N/m^2）；

ζ_i——隧道局部阻力系数。

10.2.4.6 射流风机通风计算

隧道内压力平衡应满足式(10-12)：

$$\Delta p_r + \Delta p_m = \Delta p_t + \sum \Delta p_j \quad (10\text{-}12)$$

式中：$\sum \Delta p_j$——射流风机群总升压力（N/m^2）。

在满足隧道设计风速v_r的条件下,射流风机台数可按式(10-13)计算:

$$i = \frac{\Delta p_r + \Delta p_m - \Delta p_t}{\Delta p_j} \tag{10-13}$$

式中:i——所需射流风机的台数(台);

Δp_j——每台射流风机升压力(N/m^2)。

每台射流风机升压力应按式(10-14)计算:

$$\Delta p_i = \rho \cdot v_j^2 \cdot \frac{A_j}{A_r} \cdot \left(1 - \frac{v_r}{v_j}\right) \cdot \eta \tag{10-14}$$

式中:v_j——射流风机的出口风速(m/s);

A_j——射流风机的出口面积(m^2);

η——射流风机位置摩阻力损失折减系数,当隧道同一断面布置2台及以上射流风机时,η取0.7。

10.2.5　SES4.1数值模拟计算方法

疏港通道及芦澳路均采用全射流纵向通风方式,隧道进口洞口作为新风口,隧道出口洞口作为排风口。

2条主线隧道和4条匝道总共形成了8个风流的分流及汇流的节点,其中4个分流节点,4个汇流节点。多匝道的存在使得该隧道运营通风系统极易在分岔口处形成循环风,导致洞内新鲜风压减小,从而对主洞和匝道的通风效果均造成较大影响。常规的通风计算方法对多匝道的隧道并不适用。本次研究采用SES4.1模拟软件隧道正常运营时通风量进行了模拟计算。

SES软件全称为"The Subway Environment Simulation(SES)Computer Program",即"地铁环境模拟计算机程序"。该软件操作较为简化,因而备受欢迎,广泛应用于轨道交通系统、地下公路隧道及海底隧道数值模拟。

SES在进行气体流动计算中,将隧道气流流动的物理模型简化为一维、不可压缩、非恒定流模型,并选用伯努利方程(Bernoulli Equation)作为动力学基本方程,相比三维实体模型,大大提高了计算效率。软件在求解流动方程时,采用修改的二阶龙格-库塔迭代法(Runge-Kutta迭代法)求解空气动力学微分方程。模拟计算的初始条件为:隧道出入口、风井入口压力边界值为0。计算时,首先计算各支路风量,累计各节点支路流量总和,找出最不平衡的点,对该点的压力进行修正。其中,阻力的计算是模拟计算的重要组成部分,计算方法如下:

(1)由用户输入墙体的绝对粗糙度及各支路的几何参数,软件计算出达西-韦斯摩擦系数(Darcy-Weisbach friction factor),即沿程阻力系数。

(2)在相对粗糙度计算基础上,进一步以伯努利方程为计算原理,常用达西公式(Darcy-Weisbach)计算沿程阻力。

(3)局部阻力损失计算时,用户只需要输入局部阻力系数K。

软件采用的通风网络理论将通风系统抽象成由节点、线段、风机组成的通风网络图,也称拓扑图。SES中根据此理论采用段(section)、支路(segment)、子支路(subsegment)、节点

(node)、风机(fan)来描述通风系统。确定各种条件下隧道、风井、车站的风速、温湿度的连续值、最大值、最小值、平均值及空调负荷,并确定区间发生阻塞及火灾时的通风方案。

根据隧道结构形式建立计算节点,如图10-4所示。

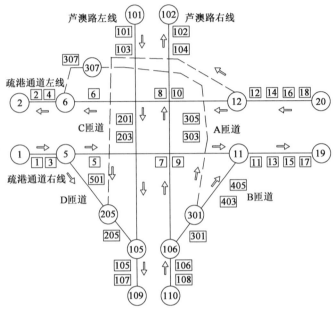

图 10-4 计算节点图

10.2.6 通风量计算结果

结合规范方法及软件模拟方法,得出隧道远期通风量计算结果,见表10-6。

隧道远期通风量计算结果 表10-6

行车工况	通风区段	设计需风量 (m^3/s)	实际通风量 (m^3/s)	有效新风量 (m^3/s)	备注
正常行车	疏港通道主线右线隧道1	30	360	360	进风口
	疏港通道主线右线隧道5	112.5	272	249.3	
	疏港通道主线右线隧道11	172.5	439	192.7	排风口
	疏港通道主线左线隧道18	172.5	438	438	进风口
	疏港通道主线左线隧道10	112.5	299	181.2	
	疏港通道主线左线隧道4	30	445	93.2	排风口

续上表

行车工况	通风区段	设计需风量 (m³/s)	实际通风量 (m³/s)	有效新风量 (m³/s)	备注
正常行车	芦澳路主线左线隧道101	75	242	242	进风口
	芦澳路主线左线隧道105	148.2	468	199.3	排风口
	芦澳路主线右线隧道108	157.5	468	468	进风口
	芦澳路主线右线隧道104	75	151	100.2	排风口
	A匝道301	19.3	312	207	
	A匝道303	63.3	146	87.8	
	B匝道403	44	166	99.9	
	C匝道201	77	138	837.	
	C匝道205	27.5	226	59.8	
	D匝道501	27.5	88	80.6	
阻滞行车	疏港通道主线右线隧道1	30	414	414	进风口,开2台直径1120mm射流风机
	疏港通道主线右线隧道5	112.5	347	321.9	
	疏港通道主线右线隧道11	172.5	476	254.6	排风口,开2台直径1120mm射流风机
	疏港通道主线左线隧道18	172.5	484	484	进风口,开2台直径1120mm射流风机
	疏港通道主线左线隧道10	112.5	299	192.4	
	疏港通道主线左线隧道4	30	599	227.3	排风口,开2台直径1120mm射流风机
	芦澳路主线左线隧道101	75	364	364	进风口,开2台直径1120mm射流风机
	芦澳路主线左线隧道105	148.2	617	338.2	排风口,开4台直径1120mm射流风机
	芦澳路主线右线隧道108	157.5	624	624	进风口,开4台直径1120mm射流风机
	芦澳路主线右线隧道104	75	197	147.3	排风口,开2台直径1120mm射流风机

续上表

行车工况	通风区段	设计需风量（m³/s）	实际通风量（m³/s）	有效新风量（m³/s）	备注
阻滞行车	A匝道301	19.3	427	319.2	
	A匝道303	63.3	300	210.7	开4台直径710mm射流风机
	B匝道403	44	127	89.2	开4台直径710mm射流风机
	C匝道201	77	185	119.1	开4台直径710mm射流风机
	C匝道205	27.5	253	76.7	
	D匝道501	27.5	67	62.1	

注：通风方向与行车方向相同。

由表10-6可以看出，正常与阻滞运行时各个通风区段的有效新风量均大于需风量，可以满足隧道内空气质量要求。在正常工况运营时，仅靠行车行驶所产生的活塞风就能满足各通风区段的需风量要求；在阻滞工况运行时，需开启主线与匝道部分射流风机。

10.2.7 通风风机配置方案

射流风机参数见表10-7。

射流风机参数　　　　表10-7

参数	单位	数值
叶轮直径	mm	1120
轴向推力	N	≥915
电机功率	kW	37
风机转速	r/min	1470

根据网络通风技术计算得出风机配置方案，见表10-8。

主线和匝道运营通风风机配置方案　　　　表10-8

线别	可逆式射流风机数量	叶轮直径(mm)	单台风机功率(kW)
疏港通道左线	10组，每组2台	1120	37
疏港通道右线	10组，每组2台	1120	37
芦澳线左线	8组，每组2台	1120	37
芦澳线右线	10组，每组2台	1120	37
A匝道	3组，每组2台	710	22
B匝道	3组，每组2台	710	22
C匝道	3组，每组2台	710	22
D匝道	3组，每组2台	710	22
风机总数(台)	100		

10.3 本章小结

依据芦疏城市地下互通自身结构特点,本章采用网络通风模型对其通风方案进行了设计,主要结论如下:

(1)参考国内地下互通主线及匝道全纵向通风方式惯例,结合芦疏城市地下互通附近地形、地貌、地质、气象及交通量特征分析,确定了主线及匝道全纵向通风方案主要设计标准,采用《公路隧道通风设计细则》(JTG/T D70-02—2014)相关数据对芦疏互通主线及匝道全射流通风的主要控制标准进行计算。

(2)针对芦疏地下互通多匝道、多出入口的特点进行分析,采用通风网络软件 SES 构建了芦疏地下互通网络通风模型。

(3)在构建通风网络模型的基础上,采用软件 SES 计算得到了芦疏地下互通隧道需风量及风压等参数,并对运营通风风机进行配置。

第 11 章

地下互通立交公路隧道运营风机布设方案优化

第10章采用通风网络软件 SES 对芦疏城市地下互通主线和匝道纵向通风方案各节点通风量及风机配置进行了计算设计,但是芦疏城市地下互通由彼此交叉的多段隧道构成,相关规范对通风网络各节点间风机分布规定的适用性需要进一步验证及精细化分析。

本章内容依据隧道风机布置方案规范,拟采用 CFD 软件 Fluent 构建各主线及匝道典型独立通风精细化计算模型。由于主线及匝道尺寸超过软件计算尺寸限制,所以在计算时需要进行缩比处理。在隧道通风问题缩比前后相似性分析基础上,依据几何相似、运动相似和雷诺数、欧拉数相等的动力学相条件,构建具有主线及匝道几何特征的直线形和曲线形隧道缩比计算验证模型,对理论进行验证分析。

由于风机纵向分布距离是影响隧道内风机压力、风量的重要因素,拟在缩比模型可靠性验证基础上,以疏港路左线、A 匝道为例,计算分析直线形和曲线形两种隧道风机不同分布特征条件下的隧道通风量,并对风机纵向分布距离的影响进行比较分析。

在风机分布位置与隧道风量关联性研究基础上,拟构建芦疏地下互通各直线形主线及曲线形匝道通风计算缩比模型,针对各主线和匝道风机数量及布设位置条件下隧道风量进行比较分析,进而对各隧道风机精细化布设方案进行比选。

11.1 CFD 计算方法概述

11.1.1 CFD 计算的主要环节

CFD 是英文 Computational Fluid Dynamics(计算流体动力学)的简称,实质是利用计算机对控制流体流动的偏微分方程组进行数值求解的一项技术,这其中涉及流体力学、计算方法乃至计算机图形处理等技术,最后得出流体流动的流场在连续区域上的离散分布,实现对流体流动的近似模拟。CFD 计算通常包含建立数学物理模型、数值算法求解和结果可视化几个主要环节。

(1)建立数学物理模型

建立数学物理模型就是对所研究的流动问题进行数学描述,CFD 模拟的准确性依赖于物理模型的准确性,对于隧道内空气流动问题而言,通常采用不可压缩黏性流体流动纳维-斯托克斯(Navier-Stokes)方程。另外,隧道内空气流动基本为湍流,所以要结合湍流模型才能构建与实际情况相符的完整模型,便于数值求解。

(2)数值算法求解

描述问题的各微分方程相互耦合,具有很强的非线性特征,目前只能利用数值方法进行求解,这就需要对实际问题的求解区域进行离散。数值分析中常用的离散方法有有限容积法、有限差分法和有限元法。

(3)结果可视化

对代数方程求解的结果是离散后的各网格节点上的数值,这样的结果不直观,很难被一般工程人员理解。因此将求解结果的速度场、温度场或浓度场等显示出来就成为 CFD 技术应用的必要组成部分。通过计算机图形学等技术,可以将所求解的速度场和温度场等形象、直观地显示出来。

11.1.2 隧道通风流体相似理论

由于模型尺寸较大,为使隧道模型中的风流流动能够展现出实际隧道内风流流动的主要现象和特征,考虑采用缩比模型对隧道进行缩比分析,因此这必须要保证模型与原型在风流流动上的相似性,也就是要保证两者互为相似流动,在对应部位、对应物理量上都有一定的比例关系,故应该满足流体力学试验中的几何相似、运动相似和动力相似条件。

隧道风流在其相似流动中,其主要作用力是黏性力、压力和惯性力,其余的重力和表面张力可以忽略,故仿真模型与隧道原型之间只需符合雷诺相似准则和压力相似准则即可。

11.1.2.1 几何相似

几何相似即工程原型与试验模型之间所有结构线性长度呈相同比值,若模型与原型几何相似都不满足,试验结果容易出现较大偏差。以 l 表示某一线性尺度,则长度比尺(下标"p"表示原型,"m"表示模型,下同)α_l 为:

$$\alpha_l = \frac{l_p}{l_m} \tag{11-1}$$

式中:l_p、l_m——原模型和缩比模型特征尺寸。

11.1.2.2 运动相似

工程原型与试验模型运动相似即两系统中的两点在一定比例的时间内流动通过一段距离,其各自运动距离比值等于几何比尺,且两点运动轨迹是相似的;也就是说模型内流体速度场与原型相似,两点在运动的过程中速度方向应相同,且速度大小呈一定比例。速度比尺 α_u 为:

$$\alpha_u = \frac{u_p}{u_m} \tag{11-2}$$

式中:u_p、u_m——分别为原型速度(m/s)与模型速度(m/s)。

由于时间 = 位移/速度,则时间比尺 α_t 为:

$$\alpha_t = \frac{\alpha_l}{\alpha_u} \tag{11-3}$$

11.1.2.3 运动学相似

若要保持两体系内,相应空间位置一点受到的力相似,则必须保持力的性质和方向相同,且两点力的大小保持一定比例。设两流体已达到流动相似,那么其体系内任意一点具有重力、压力和黏性力、压力、惯性力、弹性力、表面张力的相似性。

11.1.2.4 隧道通风相似

对于绝大部分隧道通风模型试验,动力相似条件并不都是主要因素,两不同体系中起关键作用的相似准则数相等是保持不同体系间的相似性的重要保证。一般情况下,对于地铁隧道通风研究,通常将其气流流动看作稳定流动,所以假设流体不可压、流动为稳定流动、流体流动遵守能量守恒定律。在一般情况下,将隧道内风流流动视为等温不可压的黏性流动。

在纵向通风隧道中内摩擦力和风机压力的影响占主导地位,内摩擦力相似准则[式(11-4)]和风机压力相似准则[式(11-5)]是保证两体系相似的必要条件。

$$\frac{\rho v l}{\mu} = R_e \tag{11-4}$$

$$\frac{P}{\rho v^2} = E_u \tag{11-5}$$

式中:R_e——雷诺数;
$\quad E_u$——欧拉数;
$\quad \rho$——密度;
$\quad v$——流速;
$\quad l$——特征长度(如隧道长度);
$\quad \mu$——黏性系数;
$\quad P$——压强。

11.2 通风方案缩比模型验证及风机位置影响分析

由于 Fluent 软件的适用性及芦疏城市地下互通隧道计算规模较大,考虑采用缩比模型对互通隧道进行建模,考虑通风问题特征,在几何相似、运动相似的前提下,缩比过程中采用雷诺数和欧拉数相等的动力相似条件,以确保缩比前后隧道流速和风机压力的相似性。

为验证缩比模型的有效性,分别采用直线形和曲线形案例对互通隧道直线段及曲线段进行建模、仿真验证。针对不同线形风压衰减情况不同的现象,以疏港路左线和 A 匝道为例,比较分析风机布置位置对不同线形隧道通风量的影响。

11.2.1 仿真模型建立

原始直线形隧道长度为200m,按 1/10 缩比建立模型。原始曲线形隧道中心线曲率半径为350m,建立的数值模型共计338302 个多边体网格。隧道模型如图 11-1 所示。

a)直线形隧道整体模型　　　　　　　b)直线形隧道局部模型

图 11-1

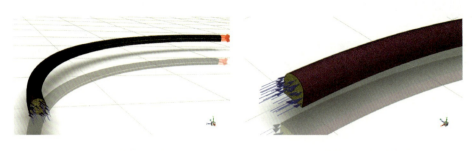

c)曲线形隧道整体模型　　　　　　　　d)曲线形隧道局部模型

图 11-1　隧道模型

图 11-2 为直线形隧道和曲线形隧道出入口及壁面边界条件示意图。入口均采用压力入口,风机升压力按照欧拉相似条件进行设置。为了验证缩比前后机械排风条件下隧道模型是否同时满足雷诺数和欧拉数相等条件,将出口设置为压力出口和质量流量出口在两类边界条件下的两种类型(表 11-1),观察不同类型的压力出口的流速及质量流量出口的出口压力计算结果是否满足雷诺数和欧拉数。

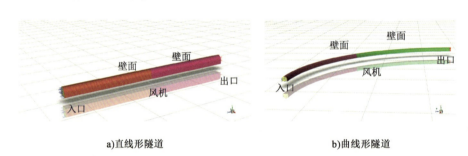

a)直线形隧道　　　　　　　　　　　　b)曲线形隧道

图 11-2　隧道边界条件

隧道各工况模型通风边界条件　　　　　　　　表 11-1

隧道类型	模型	隧道出口通风边界条件
直线形隧道	原模型	隧道出口压力 1000Pa,隧道出口流速 49.6m/s
	缩比模型(1/10)	隧道出口压力 100000Pa,隧道出口流速 493.37m/s
	原模型	隧道出口质量流量 80kg/s,隧道出口压力 2499.617Pa
	缩比模型(1/10)	隧道出口质量流量 8kg/s,隧道出口压力 249962Pa

11.2.2　仿真工况设置

在几何相似、运动相似基础上,考虑到隧道通风方案具体情况,在动力相似理论里面选择惯性力相似和压力相似,即保持缩比前后雷诺数和欧拉数相等,以保证缩比前后通风速率和压力相似。工况设置见表 11-2。

工况列表 表11-2

隧道类型	模型	隧道入口压力(Pa)	隧道出口通风边界条件	风机压力(Pa)
直线形隧道	原模型	2000	隧道出口压力1000Pa	500
	缩比模型(1/10)	200000	隧道出口压力100000Pa	50000
	原模型	2000	隧道出口质量流量80kg/s	500
	缩比模型(1/10)	20000	隧道出口质量流量8kg/s	50000
曲线形隧道	原模型	2000	隧道出口压力1000Pa	500
	缩比模型(1/10)	200000	隧道出口压力100000Pa	50000
	原模型	2000	隧道出口质量流量80kg/s	500
	缩比模型(1/10)	20000	隧道出口质量流量8kg/s	50000

11.2.3 仿真分析结果

11.2.3.1 含风机直线形隧道

不同工况直线形隧道出口通风边界条件见表11-3,直线形隧道工况1、工况2风速矢量图如图11-3所示,直线形隧道工况3、工况4压力图如图11-4所示。

不同工况直线形隧道出口通风边界条件 表11-3

工况	模型	隧道出口通风边界条件
工况1	原模型	隧道出口压力1000Pa,隧道出口最大流速49.6m/s
工况2	缩比模型(1/10)	隧道出口压力100000Pa,隧道出口最大流速493.37m/s
工况3	原模型	隧道出口质量流量80kg/s,隧道出口压力2499.617Pa
工况4	缩比模型(1/10)	隧道出口质量流量8kg/s,隧道出口压力249962Pa

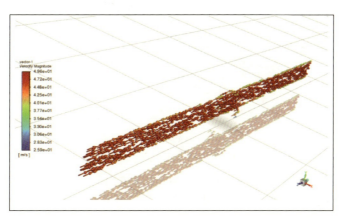

a)工况1

图 11-3

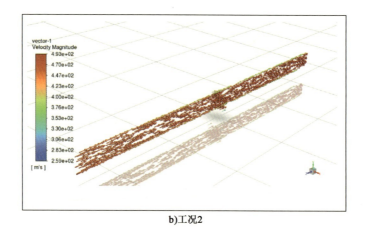

b) 工况2

图 11-3 直线形隧道工况 1、工况 2 风速矢量图

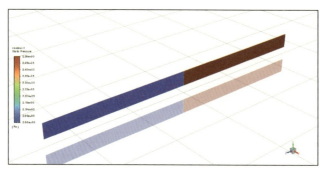

a) 工况3

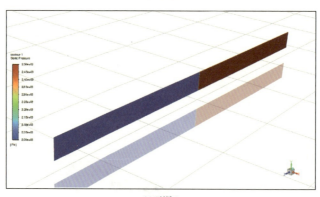

b) 工况4

图 11-4 直线形隧道工况 3、工况 4 压力图

由表 11-3 和图 11-3、图 11-4 可以看出,不同的隧道出口通风边界条件下,含风机直线形隧道缩比前后模型雷诺数和欧拉数基本相等,缩比前后模型参数符合相似性准则。

11.2.3.2 含风机曲线形隧道

不同工况曲线形隧道出口通风边界条件见表 11-4,曲线形隧道工况 1、工况 2 风速矢量图如图 11-5 所示,曲线形隧道工况 3、工况 4 压力图如图 11-6 所示。

不同工况曲线形隧道出口通风边界条件　　　　　　表 11-4

工况	模型	隧道出口通风边界条件
工况 1	原模型	隧道出口压力 1000Pa,隧道出口最大流速 46.55m/s
工况 2	缩比模型(1/10)	隧道出口压力 100000Pa,隧道出口最大流速 462.54m/s
工况 3	原模型	隧道出口质量流量 80kg/s,隧道出口压力 2500Pa
工况 4	缩比模型(1/10)	隧道出口质量流量 8kg/s,隧道出口压力 250000Pa

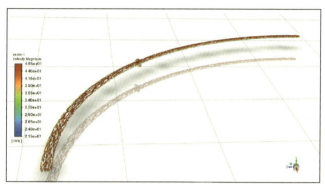

a)工况 1

b)工况 2

图 11-5　曲线形隧道工况 1、工况 2 风速矢量图

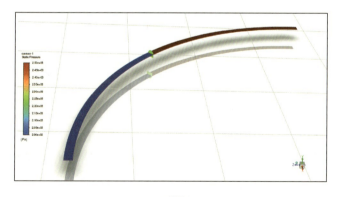

a)工况 3

图　11-6

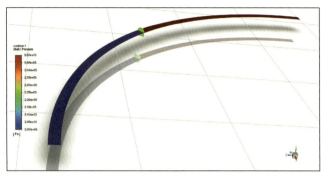

b)工况4

图 11-6 曲线形隧道工况 3、工况 4 压力图

从表 11-4 和图 11-5、图 11-6 可以看出,不同的隧道出口通风边界条件下,含风机曲线形隧道缩比前后模型雷诺数和欧拉数相等,缩比前后模型参数符合相似性准则。

11.2.4 不同线形隧道风机布设影响分析

在缩比模型可靠性验证基础上,为了验证风机布设位置对隧道通风量的影响,选择不同风机布设方案的疏港路左线、A 匝道作为直线形和曲线形隧道案例进行仿真分析。计算分析了直线形和曲线形两种隧道风机不同分布特征条件下的隧道通风量,并进行了比较分析。计算结果表明,在相同风机数量下,风机布设位移对曲线形隧道风量影响较为明显,故应尽量在曲线弯折较大区域布设风机。

11.2.4.1 疏港路左线仿真分析

依据网络通风模型计算结果及规范要求,将疏港路左线风机分布在进出口及中间区域(前、中、后区域)。为了探讨风机纵向分布对直线形隧道风量的影响,依据表 11-5 对疏港路左线进行风机配置。

疏港路左线风机数量配置方案(单位:台)　　　　　表 11-5

风机方案	区域1	区域2	区域3	区域4
方案一	4	0	0	0
方案二	1	2	2	1
方案三	3	1	1	0
方案四	2	2	2	0

疏港路左线模型如图 11-7 所示,离散为 401 万个多面体网格。

方案一疏港路左线风机附近风速矢量图分布如图 11-8 所示,疏港路左线不同方案结果见表 11-6。

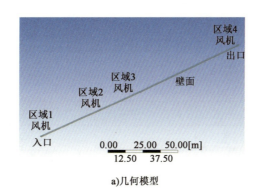

a) 几何模型

b) 整体网格 　　　　　　　　　　　　c) 风机局部网格

图 11-7　疏港路左线整体及风机局部模型

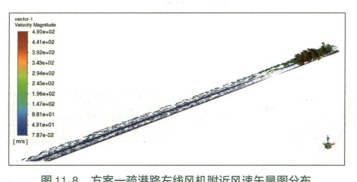

图 11-8　方案一疏港路左线风机附近风速矢量图分布

疏港路左线不同方案结果　　　　　　　　表 11-6

方案	缩比后质量流量（kg/s）	缩比前风速（m/s）	缩比前体积流量（m^3/s）
方案一	53.68	7.3	438.2
方案二	47.59	6.5	388.5
方案三	54.09	7.4	441.6
方案四	53.61	7.3	437.6

由表 11-6 可以看出，在风机数量一定的条件下，方案一、方案三和方案四计算得到的风量结果相差不大，方案二通风量相对于其他方案下降了 9%。整体而言，风机布设位置对直线形隧道通风量计算结果影响不大，方案三计算结果相较其他方案最优，其特点在于风机优先布设在入口附近的同时，在中后部适当布设风机，入口处风机数量应大于中后方。

11.2.4.2 A 匝道方案仿真分析

在现有风机配置经验基础上,考虑到主干道风机配置位置,A 匝道风机主要配置在中间区域,且风机成对配置,方案见表 11-7。

表 11-7 A 匝道风机数量配置方案(单位:台)

风机方案	区域 1	区域 2
方案一	2	0
方案二	1	1

模型离散为 370 万个多面体网格,模型如图 11-9 所示。

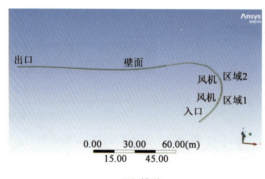

a) 几何模型

b) 整体模型网格   c) 风机局部模型网格

图 11-9 A 匝道整体及风机局部模型网格

A 匝道风机附近风速矢量图分布如图 11-10 所示,A 匝道不同风机配置方案结果见表 11-8。

图 11-10 方案一 A 匝道风机附近风速矢量图分布

A 匝道不同风机配置方案结果 表 11-8

方案	缩比后质量流量(kg/s)	缩比前风速(m/s)	缩比前体积流量(m³/s)
方案一	53.4058	10.9	436.0
方案二	32.0221	6.5	261.4

从表 11-8 可以看出,对于曲线形隧道,由于弯曲段风阻的影响,弯曲段风机布置位移对风量及风压影响较为明显。相对于方案二,方案一计算得到的通风量较大,故应在局部风阻较大的区域集中设置风机,可以有效提升风机利用效率,提升隧道内整体通风量。

11.3 基于 CFD 的地下互通立交公路隧道局部通风方案仿真分析

依据疏港通道土建方案,疏港通道隧道正洞设置 1 座导洞,芦澳路隧道正洞和 C 匝道各设置 1 座斜井。疏港通道导洞、芦澳路斜井及 C 匝道斜井均各自接至一处地上隧道通风排烟机房及排烟井。依据《公路隧道通风设计细则》(JTG/T D70/2-02—2014),疏港通道左、右线隧道设计计算需风量分别为 318m³/s、318.8m³/s,芦澳路隧道左、右线隧道设计计算需风量分别取242.4m³/s、242.6m³/s,A、B、C、D 匝道设计需风量均为 99m³/s。在缩比试验理论验证和风机常规配置方案经验基础上,针对各线路和匝道风机配置方案进行精细化仿真分析。

11.3.1 芦澳路通风方案仿真分析

11.3.1.1 模型建立

基于芦疏城市地下互通施工方案,构建了芦澳路和疏港路左右线 CAD 几何模型,采用高精度、高效的多边体网格对模型进行网格离散。依据各主线需风量计算结果、风机布设规范和前面章节直线形隧道缩比案例风机位置比较分析结果,分别在主线出入口及中间区域布设风机,其中边界附近风机布设数量较其他区域稍多,缩比后相邻风机组间隔为 15m。芦澳路左线模型如图 11-11 所示,模型离散为约 185 万个网格。

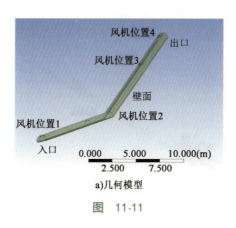

a) 几何模型

图 11-11

b)整体模型网格　　　　　　　　　　c)风机局部模型网格

图 11-11　芦澳路左线模型

风机配置方案见表11-9;芦澳路右线风机配置方案见表11-10。

芦澳路左线风机配置方案　　　　　　　　　　表11-9

风机方案	风机类型	风机总组数	风机分布(组)
方案一	直径1120mm、推力1132N	10	4、4、1、1
方案二	直径1120mm、推力1132N	8	3、3、1、1
方案三	直径1120mm、推力1132N	6	2、2、1、1

注:风机分布是指图11-11a)中风机位置1~4分别布置的风机组数,后同。

芦澳路右线风机配置方案　　　　　　　　　　表11-10

风机方案	风机类型	风机总组数	风机分布(组)
方案一	直径1120mm、推力1132N	12	5、3、2、2
方案二	直径1120mm、推力1132N	10	5、3、1、1
方案三	直径1120mm、推力1132N	8	5、1、1、1

11.3.1.2　仿真分析成果

芦澳路左线8组风机配置方案整体及出口附近速度矢量图分布如图11-12所示。芦澳路左线分别设置了10组、8组及6组风机三种方案,不同风机配置方案结果见表11-11。

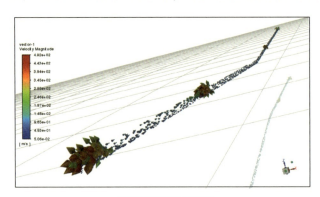

a)隧道整体风速矢量图

图　11-12

b)隧道出口附近风速矢量图

图 11-12　芦澳路左线 8 组风机配置方案隧道整体及出口附近风速矢量图分布

芦澳路左线不同风机配置方案结果　　　　　　表 11-11

方案	风机组数	缩比后质量流量（kg/s）	缩比前风速（m/s）	缩比前体积流量（m³/s）
方案一	10	78.1	10.8	649.1
方案二	8	69.1	9.56	468.8
方案三	6	52.6	7.3	430.7

由表 11-11 可以看出，配置 10 组风机时，风速超出规范要求的 10m/s，考虑自然风速后满足风速规范；配置 6 组风机时，考虑到逆向自然风速，整体风量接近基本需风量要求；配置 8 组风机并同时工作时，平均风速及风量满足规范要求。考虑到风机维修保养、逆向自然风及隧道内其他结构风阻情况，建议采用 8 组风机配置方案。

芦澳路右线 10 组风机配置方案整体及出口附近速度矢量图分布如图 11-13 所示。芦澳路右线分别设置了 12 组、10 组及 8 组风机三种方案，不同风机配置方案结果见表 11-12。

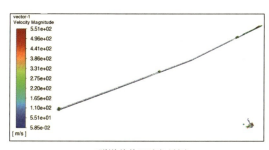

a)隧道整体风速矢量图

b)隧道出口附近风速矢量图

图 11-13　芦澳路右线 10 组风机配置方案隧道整体及出口附近风速矢量图分布

芦澳路右线不同风机配置方案结果　　　　　　表 11-12

方案	风机组数	缩比后质量流量（kg/s）	缩比前风速（m/s）	缩比前体积流量（m³/s）
方案一	12	70.7178	9.6	577
方案二	10	56.8405	7.7	464
方案三	8	36.2817	4.9	296

从表 11-12 可以看出，配置 12 组、10 组风机时，风速均满足规范要求（不超过 10m/s）；配置 8 组风机时，考虑自然风取值范围 2.0~3.0m/s，整体风量小于隧道设计需风量 242.6m³/s。考虑经济因素综合比选后，建议采用 10 组风机配置方案。

11.3.2 疏港路主线通风方案仿真分析

11.3.2.1 模型建立

疏港路左线模型如图 11-14 所示，模型离散为约 401 万个网格。左线风机配置方案见表 11-13，右线风机配置方案见表 11-14。

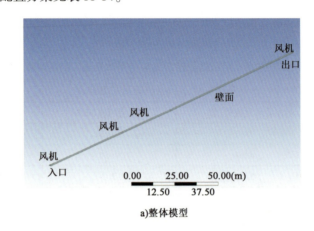

a)整体模型

b)整体模型网格

c)风机局部模型网格

图 11-14 疏港路左线整体及风机局部模型

疏港路左线风机配置方案　　　　　　　　　表 11-13

风机方案	风机类型	风机总组数	风机分布
方案一	直径 1120mm、推力 1132N	14	4、4、3、3
方案二	直径 1120mm、推力 1132N	12	4、3、3、2
方案三	直径 1120mm、推力 1132N	10	4、3、1、2

疏港路右线风机配置方案　　　　　　　　　表 11-14

风机方案	风机类型	风机总组数	风机分布
方案一	直径 1120mm、推力 1132N	14	4、4、3、3
方案二	直径 1120mm、推力 1132N	12	4、3、3、2
方案三	直径 1120mm、推力 1132N	10	4、3、1、2

11.3.2.2 仿真分析成果

疏港路左线12组风机配置方案隧道整体及出口附近速度矢量图如图11-15所示；疏港路左线分别设置了14组、12组及10组风机三种方案，不同风机配置方案结果见表11-15。

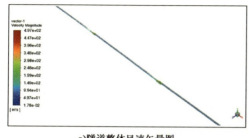
a)隧道整体风速矢量图

b)隧道出口附近风速矢量图

图11-15 疏港路左线配置12组风机方案隧道整体及出口附近风速矢量图

疏港路左线不同风机配置方案结果　　　　　　　　　　　表11-15

方案	风机组数	缩比后质量流量(kg/s)	缩比前风速(m/s)	缩比前体积流量(m³/s)
方案一	14	75.076760	10.2	612.87
方案二	12	67.206390	9.1	548.62
方案三	10	63.249168	8.6	516.32

从表11-15可以看出，配置14组风机时，风速超出规范要求的10m/s，考虑自然风速后满足风速规范要求；配置12组、10组风机时，风速满足不超过10m/s的要求。考虑到自然风，配置10组风机时，整体风量均满足隧道设计需风量318m³/s要求。考虑经济因素并进行综合比选后，采用10组风机配置方案。

疏港路右线12组风机配置方案隧道整体及出口附近速度矢量图如图11-16所示；疏港路右线分别设置了14组、12组及10组风机三种方案，不同风机配置方案结果见表11-16。

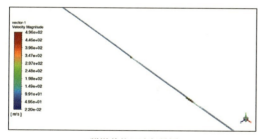
a)隧道整体风速矢量图

b)隧道出口附近风速矢量图

图11-16 疏港路右线12组风机配置方案隧道整体及出口附近风速矢量图分布

疏港路右线不同风机配置方案结果　　　　　　　　　　　表11-16

方案	风机组数	缩比后质量流量(kg/s)	缩比前风速(m/s)	缩比前体积流量(m³/s)
方案一	14	68.963478	9.38	562.97
方案二	12	62.256020	8.47	508.21
方案三	10	55.756863	7.59	455.16

由表 11-16 可以看出,三种风机方案风速均满足不超过 10m/s 的要求;考虑自然风速(取值范围 2.0~3.0m/s)后,配置 10 组风机方案通风量符合规范要求的隧道设计需风量 318m³/s,考虑到经济因素,建议选择 10 组风机配置方案。

11.3.3 疏港通道 A、B、C、D 匝道通风方案仿真分析

11.3.3.1 A 匝道通风方案分析

基于芦疏城市地下互通施工方案,构建 A 匝道数值模型,离散为约 370 万个网格,如图 11-17 所示。

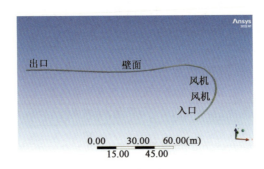

a)A匝道几何模型

b)A匝道整体模型网格

c)A匝道风机局部模型网格

图 11-17 A 匝道数值模型

依据各匝道需风量计算结果、风机布设规范和前面章节曲线形隧道缩比案例风机位置比较分析结果,分别在匝道弯折曲率较大区域集中布设风机,缩比后相邻风机组间距为 10m。A 匝道风机布设方案见表 11-17。

A 匝道风机配置方案　　　　　　　　　　表 11-17

风机方案	风机类型	风机组数
方案一	直径 710mm、推力 607N	5
方案二	直径 710mm、推力 607N	4
方案三	直径 710mm、推力 607N	3
方案四	直径 710mm、推力 607N	2
方案五	直径 710mm、推力 607N	1

A 匝道 3 组风机配置方案整体及出口附近风速矢量图如图 11-18 所示,A 匝道不同风机配置方案结果见表 11-18。

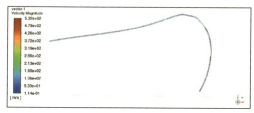
a)匝道整体风速矢量图

b)匝道出口附近风速矢量图

图 11-18　A 匝道 3 组风机配置方案整体及出口附近风速矢量图

A 匝道不同风机配置方案结果　　　　　　　　表 11-18

方案	风机组数	缩比后质量流量（kg/s）	缩比前风速（m/s）	缩比前体积流量（m³/s）
方案一	5	75.58615	15.43	616.8
方案二	4	67.6006	13.80	551.8
方案三	3	57.80929	11.80	472.0
方案四	2	46.53394	9.50	379.9
方案五	1	30.94826	6.32	252.6

由表 11-18 可以看出,考虑自然风速(2.0~3.0m/s)后,方案一和方案二风速均超出规范要求的 10m/s,方案三~方案五均满足风速规范要求。由于匝道通风阻力较大,应选择较大风量风机配置方案,故 A 匝道选择方案三作为风机配置方案。

11.3.3.2　B 匝道通风方案分析

B 匝道数值模型如图 11-19 所示,离散为约 294 万个网格;B 匝道风机布设方案见表 11-19。

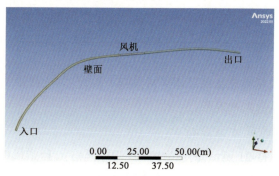
a)B匝道几何模型

b)B匝道整体模型网格

c)B匝道风机局部模型网格

图 11-19　B 匝道数值模型

B 匝道风机配置方案　　　　　　　　　　　表 11-19

风机方案	风机类型	风机组数
方案一	直径 710mm、推力 607N	4
方案二	直径 710mm、推力 607N	3
方案三	直径 710mm、推力 607N	2
方案四	直径 710mm、推力 607N	1

B 匝道 3 组风机配置方案整体及出口附近风速矢量图如图 11-20 所示,B 匝道不同风机配置方案结果见表 11-20。

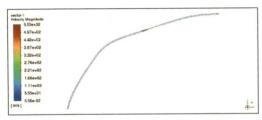

a)匝道整体风速矢量图　　　　　　　b)匝道出口附近风速矢量图

图 11-20　B 匝道 3 组风机配置方案整体及出口附近风速矢量图

B 匝道不同风机配置方案结果　　　　　　　　　　表 11-20

方案	风机组数	缩比后质量流量(kg/s)	缩比前风速(m/s)	缩比前体积流量(m³/s)
方案一	4	67.33366	13.74	549.67
方案二	3	58.85638	12.01	480.46
方案三	2	51.13026	10.43	417.39
方案四	1	33.48206	6.83	273.31

从表 11-20 可以看出,考虑自然风速(2.0~3.0m/s)后,方案一风速超出规范要求的 10m/s,其他方案满足规范和需风量要求。由于匝道通风阻力较大,应选择较大风量风机配置方案,故 B 匝道选择方案二作为风机配置方案。

11.3.3.3　C 匝道通风方案分析

C 匝道数值模型如图 11-21 所示,离散为约 427 万个网格;C 匝道风机布设方案见表 11-21。

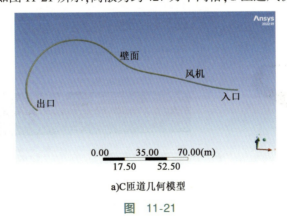

a)C 匝道几何模型

图　11-21

b)C匝道整体模型网格　　　　　　　　c)C匝道风机局部模型网格

图 11-21　C 匝道数值模型

C 匝道风机配置方案　　　　　　　　　　　表 11-21

风机方案	风机类型	风机组数
方案一	直径710mm、推力607N	4
方案二	直径710mm、推力607N	3
方案三	直径710mm、推力607N	2
方案四	直径710mm、推力607N	1

C 匝道 3 组风机配置方案整体及出口附近风速矢量图如图 11-22 所示,C 匝道不同风机配置方案结果见表 11-22。

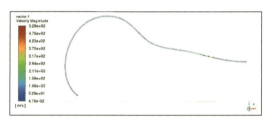
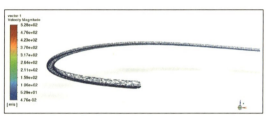

a)匝道整体风速矢量图　　　　　　　　b)匝道出口附近风速矢量图

图 11-22　C 匝道 3 组风机配置方案整体及出口附近风速矢量图

C 匝道不同风机配置方案结果　　　　　　　　表 11-22

方案	风机组数	缩比后质量流量(kg/s)	缩比前风速(m/s)	缩比前体积流量(m^3/s)
方案一	4	60.548706	12.36	494.28
方案二	3	55.873657	11.40	456.11
方案三	2	42.502800	8.67	347.00
方案四	1	30.647303	6.25	250.18

由表 11-22 可以看出,考虑自然风速(2.0~3.0m/s)后,4 个方案均满足规范和需风量要求。类似 B 匝道,并考虑经济性因素,C 匝道选择方案二作为风机配置方案。

11.3.3.4　D 匝道通风方案分析

D 匝道数值模型如图 11-23 所示,离散为约 310 万个网格;D 匝道风机布设方案见表 11-23。

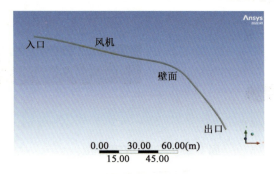

a) D匝道几何模型

b) D匝道整体模型网格　　　　　　　c) D匝道风机局部模型网格

图 11-23　D 匝道数值模型

D 匝道风机配置方案　　　　　　　　　　　　　　表 11-23

风机方案	风机类型	风机组数
方案一	直径 710mm、推力 607N	4
方案二	直径 710mm、推力 607N	3
方案三	直径 710mm、推力 607N	2
方案四	直径 710mm、推力 607N	1

D 匝道 3 组风机配置方案整体及出口附近速度矢量图如图 11-24 所示，D 匝道不同风机配置方案结果见表 11-24。

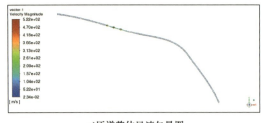　　

a) 匝道整体风速矢量图　　　　　　　　　b) 匝道出口附近风速矢量图

图 11-24　D 匝道 3 组风机配置方案整体及出口附近速度矢量图

D 匝道不同风机配置方案结果　　　　　　　　　表 11-24

方案	风机组数	缩比后质量流量（kg/s）	缩比前风速（m/s）	缩比前体积流量（m³/s）
方案一	4	64.601676	13.18	527.36
方案二	3	55.443649	11.32	452.60
方案三	2	49.132858	10.03	401.08
方案四	1	33.986911	6.94	277.44

从表 11-24 可以看出，考虑自然风速（2.0～3.0m/s）后，方案一风速超出规范要求的 10m/s，其他方案均满足规范和需风量要求。类似其他匝道风机配置方案，D 匝道选择方案二作为风机配置方案。

11.4　本章小结

在网络通风计算基础上，本章依据《公路隧道通风设计细则》（JTG/TD 70/2-02—2014）和国内常规设计方案，采用 CFD 软件 Fluent 对厦门城市地下互通隧道各主线及匝道风机配置方案进行精细化分析。通过分析和计算，可以得到以下结论：

（1）由于 Fluent 软件计算模型尺寸限制及芦疏隧道主线及匝道计算规模较大的问题，探索采用缩比模型对互通隧道进行建模分析。构建了含风机的直线形、曲线形隧道通风缩比理论模型，并通过案例计算对缩比理论进行了验证分析，仿真结果表明，基于雷诺数和欧拉数相等的动力学相似条件构建的缩比模型与原模型的速度和压力相似，可以采用模型对隧道通风问题进行计算分析。

（2）在缩比模型可靠性验证基础上，对疏港路左线和 A 匝道进行了缩比，分析了风机布设位置对直线形和曲线形隧道风压、风量的影响。研究了不同线形条件下风机纵向分布距离对隧道风压、风量的影响。计算结果表明：直线形隧道（疏港路左线）中不同风机布设位置方案计算结果相近，最大差异为 9%，整体而言直线形隧道风机布设位置对隧道风量影响较小；相比直线形隧道，曲线形（A 匝道）隧道风机布设位置对隧道风量影响明显，风机应相对集中布设在隧道弯折曲率较大区域。

（3）采用缩比模型对不同路段及匝道风机配置数量进行了精细化分析，计算结果表明：

①考虑到自然风及隧道内其他风阻情况，主干道风机优先布置在出入口及中间区域；芦澳路左线配置 10 组直径为 1100mm 的风机；芦澳路右线由于匝道分流原因，相比左线多配置 2 组风机，共配置 12 组直径为 1100mm 的风机；疏港路左右线分别配置 12 组直径为 1100mm 的风机。

②为满足隧道设计的风速和风量需求，匝道风机优先配置在匝道中间弯折曲率较大区域，综合考虑维修、保养及火灾因素，A、B、C、D 匝道均宜配置 3 组直径为 710mm 风机。

第 12 章

地下互通立交公路隧道火灾排烟方案优化

本章依据《公路隧道通风设计细则》(JTG/T D70/2-02—2014),对芦疏城市地下互通立交工程(简称"芦疏互通")火灾排烟方案进行计算分析和设计。

在分析设计标准和芦疏互通线形特征的基础上,调研疏港通道导洞、芦澳路斜井及 C 匝道斜井是否有作为芦疏互通火灾排烟通道的可能性,进而提出芦疏互通具体的整体排烟方案,进一步采用 SES 通风网络设计软件对通风各节点临界风速和风机方案进行核算和分析。

在常规节点分析的基础上,对 A 匝道等排烟情况复杂区域进行精细化计算分析。采用 FDS 软件对 A 匝道建立排烟通道模型,考虑烟气蔓延以及温度变化情况,综合分析各项计算结果,分析 A 匝道火灾排烟系统的性能。

12.1 火灾应急通风方案设计

12.1.1 火灾排烟概述

海沧疏港通道工程西接海新路—疏港通道互通工程,向东延伸,设蔡尖尾山 1 号隧道下穿蔡尖尾山,后面设新桥水库大桥跨越新桥水库和柯坑水库泄洪道,之后设蔡尖尾山 2 号隧道下穿蔡尖尾山,其间隧道设置芦疏互通上跨芦澳路隧道后上跨新阳隧道,路线于吴冠采石场西侧出隧道,终点连接在建的马青路吴冠互通。路线全长 5.307km,道路等级为城市快速路,主线双向六车道,设计车速 80km/h。其中,芦疏互通为地下互通,包括疏港通道主线隧道、芦澳路主线隧道(1597m)和 4 个转向隧道匝道。

疏港通道主线隧道的左右线长度分别为 4240m 和 4250m;芦澳路主线隧道的左右线长度分别为 3231.5m 和 3235m。A、B、C、D 匝道长度分别为 1374.6m、715.5m、1784.4m 和 524.7m。疏港通道隧道正洞设置 1 座导洞、芦澳路隧道正洞和 C 匝道各设置 1 座斜井,疏港通道导洞、芦澳路斜井及 C 匝道斜井均可作为排烟通道。隧道内整体风机配置方案如图 12-1 所示。

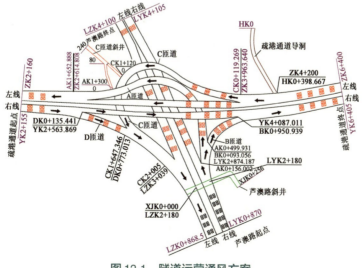

图 12-1 隧道运营通风方案

12.1.2 防排烟设计标准

隧道通风按仅出现一处火灾进行设计,火灾规模为20MW。纵向排烟应根据隧道内纵坡情况设计,要求隧道内风速不小于阻挡烟气逆流的临界风速;采用半横向排烟时,排烟量不应小于火灾产烟量,对应20MW火灾产烟量约为70.79m³/s。

12.1.3 火灾通风方案

根据《建筑设计防火规范》(GB 50016—2014)第12.3.2条的规定:长度大于3000m的隧道宜采用分段纵向或重点排烟方式。芦澳路、疏港通道主线隧道长度均大于3000m,故宜采用分段纵向或重点排烟方式。本工程匝道与分合流点较多、车流量大,一旦发生火灾,若不能有效控制烟气,将导致整个交通系统瘫痪。为避免火灾烟气对非事故区段的影响,须在匝道与主线隧道合流点增设排烟口,将烟气排出隧道外。

由于疏港通道导洞、芦澳路斜井及C匝道斜井各自接至一处地上隧道通风排烟机机房,结合主线及匝道纵向通风方案,初步设计芦疏互通火灾排烟方案,如图12-2所示。

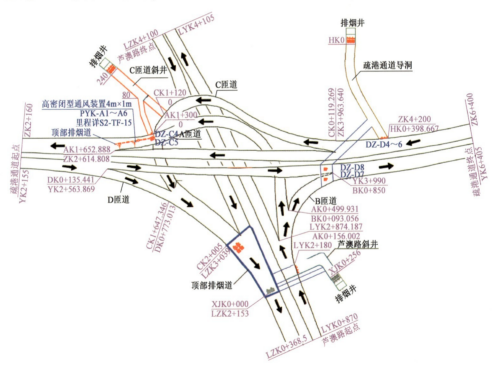

图12-2 火灾排烟初步方案

各主线和匝道火灾排烟设计如下。

(1)疏港通道左线隧道

如图12-3所示,疏港通道左线隧道增设排烟机房,通过导洞将疏港通道左线分为2个排烟区段,每个区段长度不超过3km。疏港通道左线隧道发生火灾时,烟气通过下游就近的导洞或出口排出。当火灾发生在入口段(主线入口至疏港通道导洞)时,利用既有导洞作为排烟道。当出口段发生火灾时,烟气将由隧道出口排出。

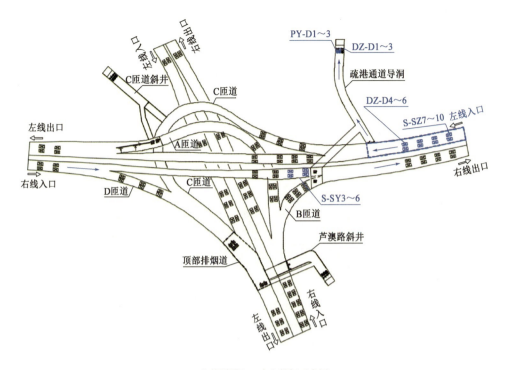

a) 左线隧道入口火灾排烟示意图

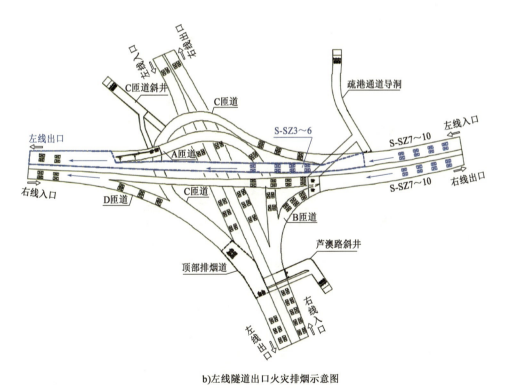

b) 左线隧道出口火灾排烟示意图

图 12-3 疏港路左线隧道火灾排烟示意图

(2)疏港通道右线隧道

如图12-4所示,疏港通道右线隧道在与B匝道合流点增加排烟口,并增加排烟道连接至既有导洞,长度约150m。通过导洞将疏港通道左右线各分为2个排烟区段,每个区段长度不超过3km。疏港通道右线发生火灾时,烟气通过下游就近的导洞或出口排出。

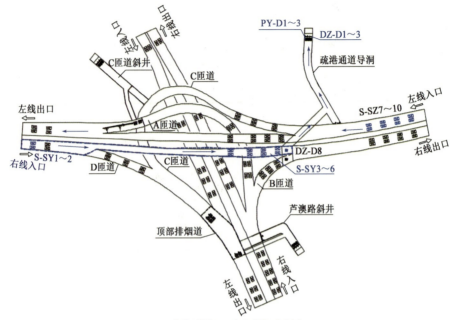

a)右线隧道入口火灾排烟示意图

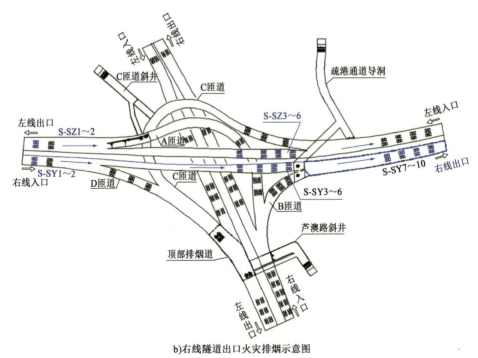

b)右线隧道出口火灾排烟示意图

图12-4 疏港路右线隧道火灾排烟示意图

(3)芦澳路左线隧道

如图12-5所示,芦澳路左线隧道利用既有斜井作为排烟道,增设排烟机房。通过斜井将芦澳路左线隧道分为3个排烟区段(入口段、中段和出口段),每个区段长度不超过3km。芦澳路左线隧道发生火灾时,烟气通过下游就近的斜井或出口排出。

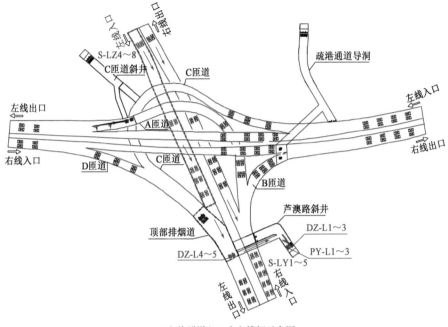

a)左线隧道入口火灾排烟示意图

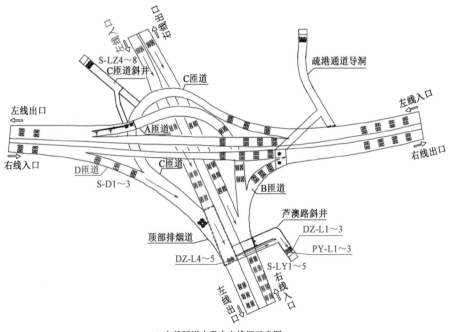

b)左线隧道中段火灾排烟示意图

图 12-5

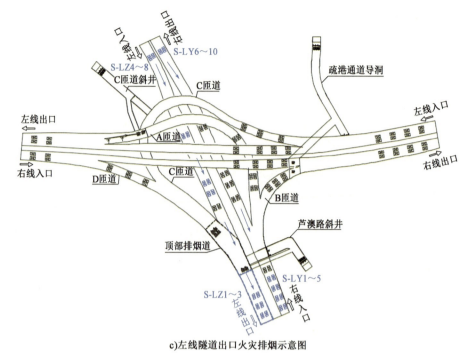

c) 左线隧道出口火灾排烟示意图

图 12-5 芦澳路左线隧道火灾排烟示意图

(4) 芦澳路右线隧道

如图 12-6 所示,芦澳路右线隧道利用既有斜井作为排烟道,通过斜井将芦澳路右线隧道分为 2 个排烟区段,每个区段长度不超过 3km。芦澳路右线隧道发生火灾时,烟气通过下游就近的斜井或出口排出。

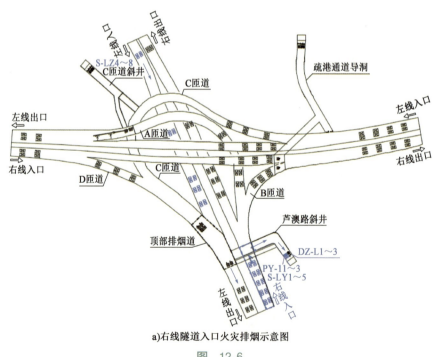

a) 右线隧道入口火灾排烟示意图

图 12-6

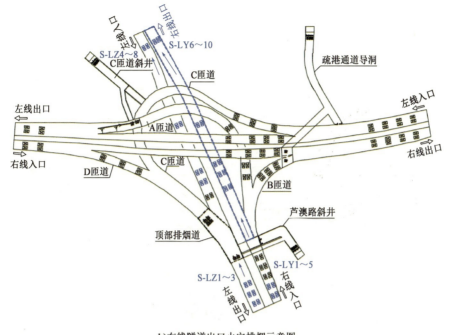

b) 右线隧道出口火灾排烟示意图

图 12-6 芦澳路右线隧道火灾排烟示意图

(5) A 匝道

如图 12-7 所示，A 匝道采用纵向排烟和重点排烟相结合的方式。

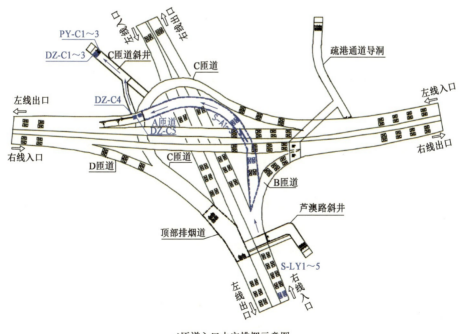

a) 匝道入口火灾排烟示意图

图 12-7

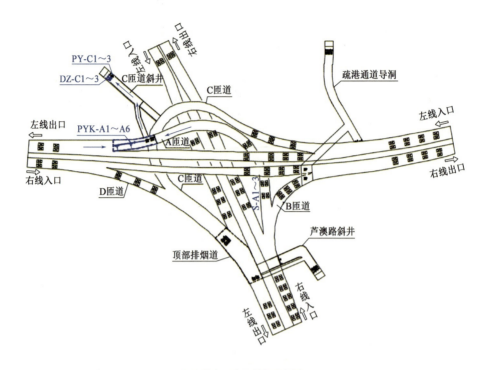

b)匝道出口火灾排烟示意图

图 12-7 A 匝道火灾排烟示意图

以 C 匝道斜井接 A 匝道处(AK1+300)为界,A 匝道起点至 AK1+300 采用纵向排烟,烟气通过 C 匝道斜井排出。在 A 匝道与疏港通道左线合流点至 AK1+300 处共计 350m 范围内顶部增设排烟道,排烟道面积不小于 $10m^2$,间隔 60m 设置一个电动排烟口,该段火灾时采用重点排烟方式。

(6)B 匝道

如图 12-8 所示,在疏港通道右线及 B 匝道合流点增加排烟口,并增加排烟道连接至既有导洞。B 匝道发生火灾时,烟气通过导洞排出。

(7)C 匝道

如图 12-9 所示,在 D 匝道与芦澳路左线合流点处隧道顶部增加排烟口,在芦澳路主线隧道顶部增加排烟道,连接至芦澳路斜井,面积不小于 $18.4m^2$,长度约 800m。当 C 匝道发生火灾时,烟气通过合流点处排烟口,经顶部排烟道和斜井排出。

(8)D 匝道

如图 12-10 所示,当 D 匝道发生火灾时,烟气通过 D 匝道与芦澳路左线合流点处排烟口,经顶部排烟道和斜井排出。

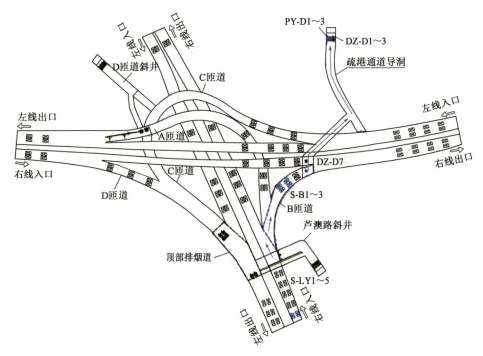

图 12-8 B 匝道火灾排烟示意图

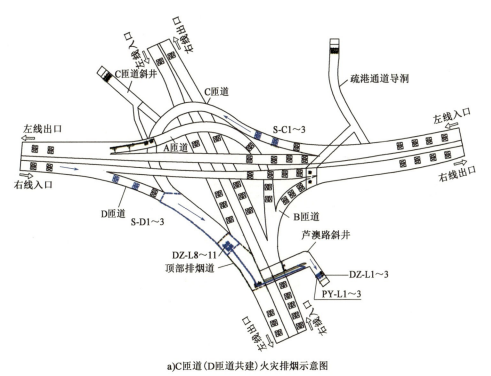

a) C 匝道(D 匝道共建)火灾排烟示意图

图 12-9

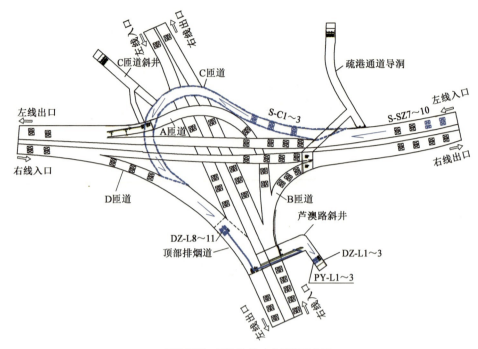

b)C匝道(不含D匝道共建)火灾排烟示意图

图 12-9　C 匝道火灾排烟示意图

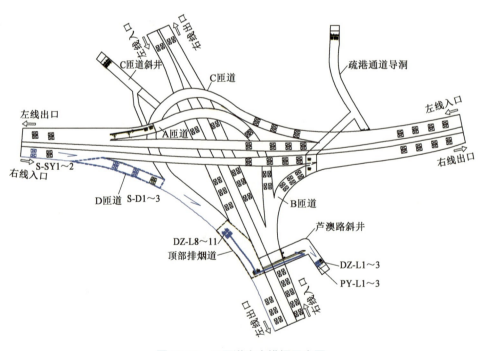

图 12-10　D 匝道火灾排烟示意图

12.2 基于 SES 的纵向火灾排烟计算分析

除 A 匝道局部 350m 段采用重点排烟外,其余位置均采用纵向排烟方式,火灾规模按 20MW 考虑。本节采用 SES 模拟软件对不同地点火灾工况的纵向排烟进行模拟计算,确定各种工况下的风机动作模式。

12.2.1 工况一:A 匝道火灾

A 匝道发生火灾时,通过启动 A 匝道射流风机、C 匝道斜井内隧道排烟风机满足区段排烟需求,具体火灾气流组织方向如图 12-11 所示。

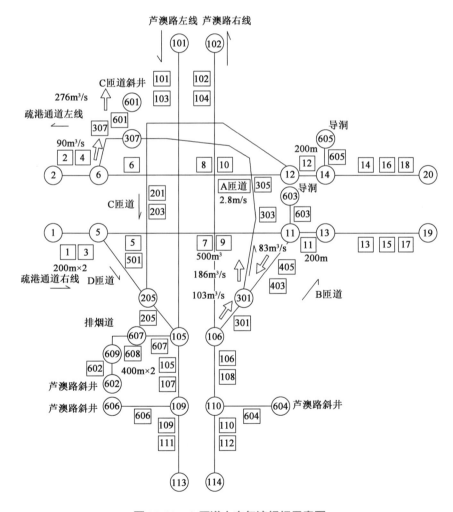

图 12-11 A 匝道火灾气流组织示意图

由图 12-11 可以看出,当 A 匝道发生火灾时,通过合理的风机动作,可以诱导 A 匝道烟气沿行车方向向排烟点纵向流动,同时不会影响疏港通道主线隧道、B 匝道行车安全;火灾区段模拟断面风速 2.8m/s,高于临界风速,可以满足排烟需求。

12.2.2 工况二:B 匝道火灾

B 匝道发生火灾时,通过启动 B 匝道射流风机、导洞内隧道排烟风机满足区段排烟需求,具体火灾气流组织方向如图 12-12 所示。

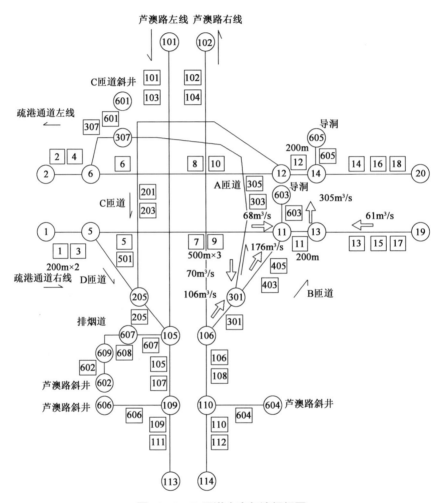

图 12-12 B 匝道火灾气流组织图

由图 12-12 可以看出,当 B 匝道发生火灾时,通过合理的风机动作,可以诱导 B 匝道烟气沿行车方向向排烟点纵向流动,同时不会影响疏港通道主线隧道、A 匝道行车安全;火灾区段模拟断面风速 2.7m/s,高于临界风速,可以满足排烟需求。

12.2.3 工况三:C 匝道火灾

C 匝道发生火灾时,通过启动 C 匝道射流风机、D 匝道射流风机、芦澳路斜井内隧道排烟风机满足区段排烟需求,具体火灾气流组织方向如图 12-13 所示。

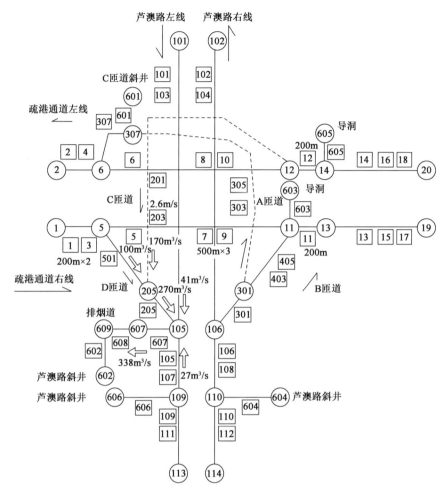

图 12-13　C 匝道火灾气流组织图

由图 12-13 可以看出,当 C 匝道发生火灾时,通过合理的风机动作,可以诱导 C 匝道烟气沿行车方向向排烟点纵向流动,同时不会影响芦澳路主线隧道、D 匝道行车安全;火灾区段模拟断面风速 2.6m/s,高于临界风速,可以满足排烟需求。

12.2.4　工况四:D 匝道火灾

D 匝道发生火灾时,通过启动 C 匝道射流风机、D 匝道射流风机、芦澳路斜井内隧道排烟风机满足区段排烟需求,具体火灾气流组织方向如图 12-14 所示。

由图 12-14 可以看出,当 D 匝道发生火灾时,通过合理的风机动作,可以诱导 D 匝道烟气沿行车方向向排烟点纵向流动,同时不会影响疏港通道主线隧道、芦澳路主线隧道、C 匝道行车安全;火灾区段模拟断面风速 3.0m/s,高于临界风速,可以满足排烟需求。

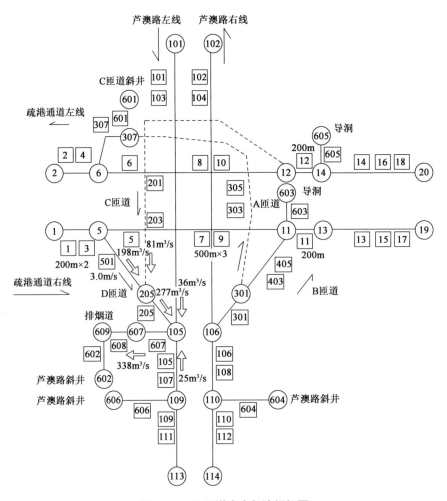

图 12-14　D 匝道火灾气流组织图

12.2.5　工况五：疏港通道右线中部火灾

疏港通道右线中部发生火灾时，通过启动疏港通道右线射流风机、导洞内隧道排烟风机满足区段排烟需求，具体火灾气流组织方向如图 12-15 所示。

由图 12-15 可以看出，当疏港通道右线中部发生火灾时，通过合理的风机动作，可以诱导疏港通道右线烟气沿行车方向向排烟点纵向流动，同时不会影响主线隧道前后方区段、沿线匝道行车安全；火灾区段模拟断面风速为 3.1m/s，高于临界风速，可以满足排烟需求。

以上 5 种火灾工况火灾区段模拟计算风速结果见表 12-1，可以看出以上 5 种工况均满足风速需求。

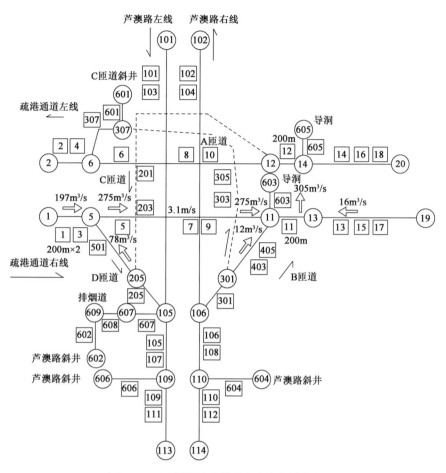

图 12-15 疏港通道右线中部火灾气流组织图

火灾工况 表 12-1

火灾地点	临界风速计算值（m/s）	规范要求风速（m/s）	模拟风速（m/s）	是否满足风速需求
A 匝道	2.05	2.50	2.8	满足
B 匝道	2.05	2.50	2.7	满足
C 匝道	2.03	2.50	2.6	满足
D 匝道	2.05	2.50	3.0	满足
疏港通道右线中部	1.98	2.50	3.1	满足

12.3 基于 FDS 的 A 匝道重点火灾排烟计算分析

12.3.1 A 匝道简介

A 匝道重点排烟区域是芦疏互通火灾排烟问题中最为复杂的部分,采用火灾动力学专用软件对该部分通风问题进行精细化计算分析。A 匝道贯穿芦澳路右线与疏港通道左线。火灾发生时,A 匝道内采用分段纵向排烟和重点排烟相结合的方式排烟,如图 12-7 所示。以 C 匝道斜井接 A 匝道处为分界,A 匝道起点(A 匝道与芦澳路右线合流点)至此分界处采用纵向排烟方式,开启 C 匝道斜井排烟机房内排烟风机和隧道内射流风机,烟气通过 C 匝道斜井排出,纵向排烟风速不低于 2.5m/s,通过进口洞口补风。在 A 匝道与疏港通道左线合流点至此分界处共计 350m 范围内,顶部增设排烟道,排烟道面积不小于 10㎡,间隔 60m 设置一个高密闭型通风装置。该段发生火灾时采用重点排烟方式(共计 6 个排烟口,排烟范围共计 300m),关闭所有隧道通风及其余排烟口,仅打开 A 匝道内高密闭型通风装置,通过启动 C 匝道斜井内排烟风机进行排烟(C 匝道斜井内设置 3 台排烟风机,两用一个备,单个排烟量为 140m³/s)。显然,A 匝道内火灾发生位置不同时,烟气均是由 C 匝道竖井排出,但排烟形式有很大区别。考虑到 A 匝道复杂的排烟方式,故针对 A 匝道后方 350m 重点排烟区域进行研究。

12.3.2 火灾排烟计算方法及复杂排烟位置模型构建

12.3.2.1 A 匝道模型建立

本节采用版本为 6.7.6 的 FDS(Fire Dynamics Simulator)火灾模拟软件进行数值模拟。根据隧道结构图,利用 FDS 建模软件 Pyrosim2021 建立全尺寸隧道模型。环境温度设定为 20℃,压强设定为 1 个标准大气压强。按原尺寸还原 A 匝道的截面积尺寸,隧道长度保持一致为 350m。考虑到实际工程发生火灾时,关闭所有送风设施,A 匝道所选区段内不设置纵向通风设备。

由于实际隧道区间内部结构较为复杂,为节约计算时间,在满足工程实际需要的前提下,本节对隧道和行车情况作出如下假设:

(1)不考虑 A 匝道坡度及隧道弯曲度。
(2)较远处隧道对着火处影响较小,不建立模型,匝道两端设置为开放出口。
(3)火源简化为 2m×2m 着火面,设置在隧道中部两个排烟口中心处,如图 12-16a)所示。
(4)隧道顶部设置 obst 代替高密闭通风阀,设置条件使其达到一定时间后消失,进而模拟排烟口开启排烟,如图 12-16b)所示。
(5)考虑到实际工程中排烟道内烟气完全通过 C 匝道斜井排出,将模型排烟道两端封闭,在一侧封堵处设置通风口将排烟道内烟气排出。

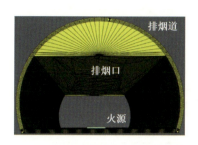

a) 火源位置

b) 排烟口位置

图 12-16　模型布置图

12.3.2.2　排烟工况设置

(1) 火源功率:考虑隧道内通行车辆火灾规模大小,设置为 20MW。

(2) 排烟口布置:考虑变量一致原则,控制排烟口总面积与总排烟范围一致,仅改变排烟口数量和单个排烟口面积。分别布置 3、4、5、6 个排烟口,排烟口总面积设置为 $24m^2$,排烟范围为火源上下游各 150m,共 300m。

(3) 排烟量设置:考虑实际工程总排烟量为 $280m^3/s$,取模拟排烟量在该值上下,分别为 $320m^3/s$、$280m^3/s$、$240m^3/s$、$200m^3/s$、$150m^3/s$。

(4) 反应时间:根据相关规定,火灾排烟反应时间不应大于 180s,通过预模拟得出在火灾后 120s 内烟气即充满整个隧道,因此设置排烟道内排烟口开启以及排烟风机启动的时间为 120s。

12.3.2.3　隧道内测点布置情况

测点布置如图 12-17 所示。

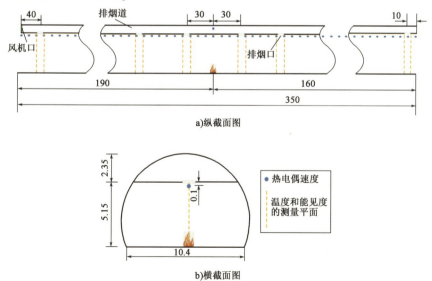

a) 纵截面图

b) 横截面图

图 12-17　测点布置图(尺寸单位:m)

(1)隧道顶棚下方布置一系列温度、速度、CO浓度测点。
(2)沿隧道纵向中心线处布置温度切片,隧道顶棚下方布置温度切片。
(3)每个排烟口处布置热量、质量流率测点,每个排烟口前后方布置热量、质量测点。

12.3.3 火灾计算结果及分析

12.3.3.1 火灾随时间变化情况

(1)烟气蔓延情况

在实际工程中20MW火灾发生后隧道内烟气蔓延情况如图12-18所示。

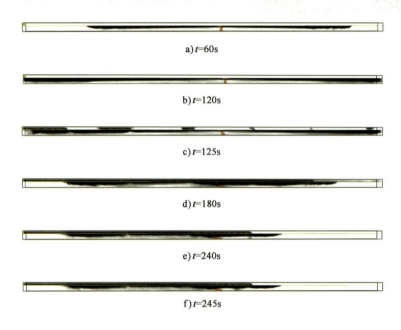

图12-18 不同时刻隧道内烟气蔓延图

由图12-18可以看出,0~120s内烟气向火源两侧蔓延,随着时间的推移,烟气蔓延距离增加,蔓延情况沿火源对称分布;在120s时,此时烟气已经蔓延至隧道两端(上游190m,下游160m),整个隧道很快被烟气充塞,且隧道端部烟气由于补风的影响开始逐渐沉降,隧道火灾逐渐达到最不利的状态;120s后,排烟系统启动,隧道顶部排烟口打开,排烟道内上游排烟风机启动;此后每隔60s记录一次隧道烟气蔓延情况,可见在240s后,隧道烟气处于一个稳定的蔓延范围,不再发生变化,此时烟气蔓延已经达到控制要求。

另外,由于采用单侧排烟,隧道下游的烟气蔓延量少,几乎不存在沉降现象,下游烟气控制效果要优于上游,有利于人员和车辆逃生救援。

(2)温度变化情况

根据FDS分析结果,得到实际工作场景下不同时间的烟气纵向温度分布,如图12-19所示。

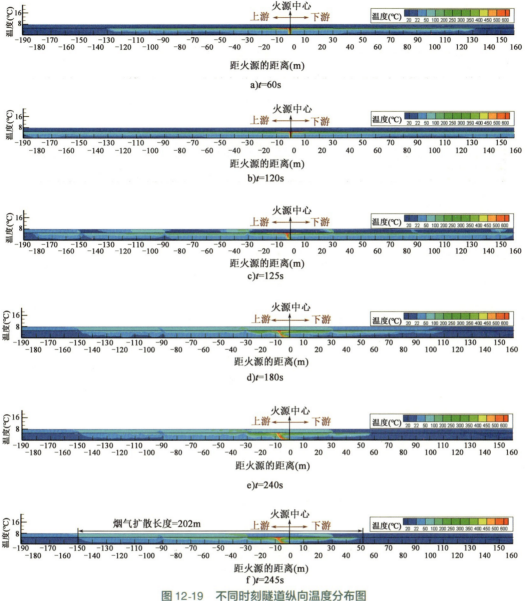

图 12-19　不同时刻隧道纵向温度分布图

由图 12-19 可以看出,在排烟系统未启动时,隧道空间内的火灾烟气温度大体上以火源为中心呈对称分布,沿隧道纵向以火源为中心,隧道内温度随时间不断提高;排烟系统启动后,火焰受单侧排烟的影响产生倾斜,烟气温度分布沿火源也逐渐不对称。240s 后烟气分布的变化情况不再明显,达到排烟稳定状态。以室温 20℃ 作为温度下限,可以明显看出该工况下在下游 52m 左右位置处,隧道顶棚温度已经降至室温,温度控制效果较好。

12.3.3.2　排烟量对排烟效果的影响

（1）实际工程排烟量($280m^3/s$)的排烟效果

图 12-20 为与实际工程($280m^3/s$ 排烟量,6 个排烟口)一致的模拟工况达到排烟稳定后上

下游排烟口的温度情况。

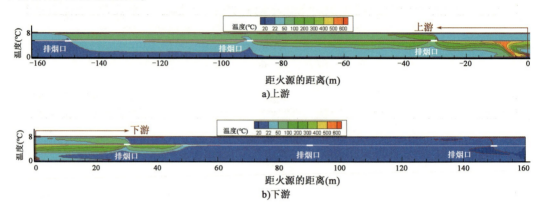

图 12-20　280m³/s 排烟量上下游排烟口工作情况

由图 12-20 可知,上游距离火源最远处的排烟口下方出现了吸穿现象,下游三个排烟口中仅离火源最近的一个发挥作用,其余两个排烟口处于失效状态。失效的排烟口会排出大量新鲜空气,损害实际排烟的效率。

各排烟口排出的气体量对比如图 12-21 所示。

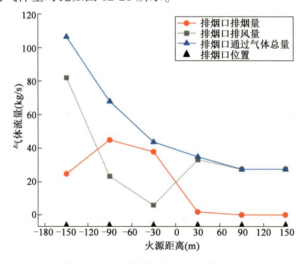

图 12-21　各排烟口排出气体量对比

从图 12-21 可以看出,随着逐渐远离上游端部,每个排烟口总的气体通过量逐渐减小;烟气大部分是通过上游靠近火源的排烟口排出,下游排烟口利用效率很低,上下游对于离火源较远处的排烟口,空气的排出量远大于烟气的排出量。

(2)不同排烟量下隧道顶棚下方温度分布

图 12-22 为不同排烟量下隧道顶棚下方温度分布图。由图 12-22 可知,随着排烟量的减小,下游顶棚温度需要更远的距离才得以降低至环境温度(20℃),这意味着火源附近排烟口对烟气的控制效果不断减弱,烟气蔓延到了更远的距离。这是由于烟气在流经排烟口开启段时,排烟对于火源上游,由于排烟道单侧排烟,火焰向上游倾斜的同时使得烟气向上游大量聚集,导致无论如何改变排烟量,上游烟气蔓延范围均在 150m 左右,无明显改变。

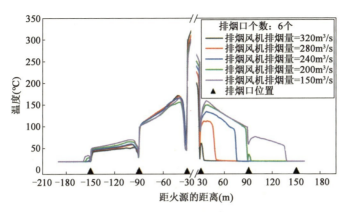

图 12-22 不同排烟量下隧道顶棚下方温度分布

（3）不同排烟量下隧道纵向中心线处能见度情况

图 12-23 为不同排烟量下隧道纵向中心线处能见度情况，排烟口个数一致为 6 个。

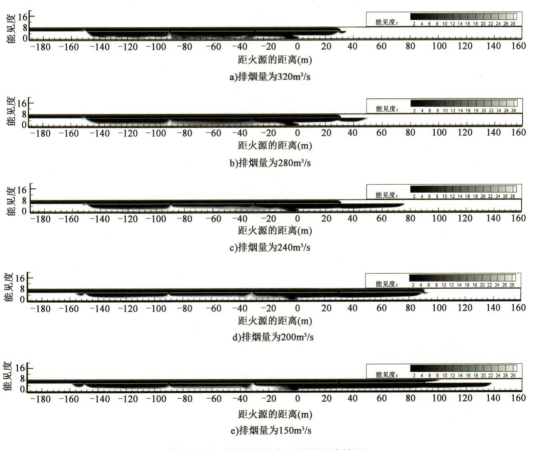

图 12-23 隧道纵向中心处能见度情况

由图12-23可知,对于上游,排烟量的改变对能见度的改善并不明显;对于下游,在下游30m(即第一个排烟口)以后,排烟量越大,隧道纵截面能见度效果越好。

(4)不同排烟量下排烟口作用效率

图12-24为不同风机总排烟量下各排烟口排烟量对比。

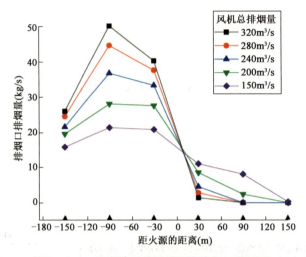

图12-24 不同风机总排烟量下排烟口排烟量

从图12-24可以看出,排烟量的改变对上游排烟口的影响大于下游。排烟量增大,上游排烟口排烟量增大而下游排烟口排烟量有所降低,这是由于隧道单侧排烟,增大排烟量导致烟气更多地被吸引到上游排烟口,导致下游排烟口利用率降低,但是从救援和人员逃生的角度考虑,反而有利。

综上所述,排烟量大小对于火灾排烟效果影响较大,当排烟量从150m³/s增大到320m³/s,顶棚烟气温度能得到更好的控制,烟气的蔓延距离也得到显著降低,能见度也逐渐升高,排烟效果逐渐提高。另外观察到,当排烟量大于280m³/s时,这种变化效果不明显。对于所选择的排烟量,均能将烟气限制在上下游150m范围内,考虑到火灾的救援与逃生,以及实际工程中排烟损失的情况,排烟量取280m³/s符合排烟要求。

12.3.3.3 排烟口个数的改变对排烟效果的影响

在280m³/s和150m³/s两个排烟量下,不同排烟个数的工况顶棚下方温度分布对比情况如图12-25、图12-26所示。

由图12-25、图12-26可知,改变排烟口数量,隧道上游烟气温度几乎于同一位置降至室温,烟气均蔓延至上游最远排烟口处,上游烟气蔓延距离十分接近。

对于隧道下游,当排烟量为280m³/s时,改变排烟口个数,下游烟气均蔓延至下游第二个排烟口位置(不同排烟口个数的隧道下游第二个排烟口位置不同)。当排烟量为150m³/s时,随着排烟口个数的增多,下游烟气蔓延距离呈逐渐减小的趋势。

排烟量较大时,排烟口个数的改变对排烟效果的影响不明显;排烟量较小时,排烟口个数开始对烟气控制起作用。

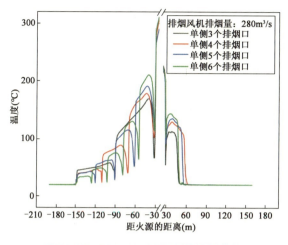

图12-25 280m³/s排烟量下隧道纵向顶棚下方温度分布

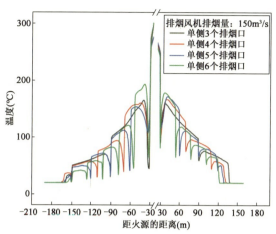

图12-26 150m³/s排烟量下隧道纵向顶棚下方温度分布

12.4 火灾排烟设施布设

12.4.1 排烟设施

为满足排烟要求,在原有隧道射流风机基础上,各隧道需要设置的排烟风机见表12-2。

排烟风机配置   表12-2

位置	排烟风机参数	数量(台)	备注
疏港通道导洞	TDA2800,风量160m³/s,全压1000Pa,功率280kW	3	耐温280℃/1h,两用一备
芦澳路斜井	TDA2800,风量170m³/s,全压1800Pa,功率450kW	3	耐温280℃/1h,两用一备
C匝道斜井	TDA2800,风量140m³/s,全压1000Pa,功率280kW	3	耐温280℃/1h,两用一备

排烟设施具体设置如下:

(1)在D匝道与芦澳路左线合流点处增设排烟口,自合流点(LZK2+960)—斜井(YK2+180)顶部约800m增设排烟道,排烟道断面积18.4m²。排烟道接至芦澳路斜井。既有斜井需增设排烟机房,面积240m²,机房内设置3台轴流风机(2用1备),单台风机风量170m³/s、功率250kW。该排烟机房负责排出芦澳路左右线主线及C、D匝道火灾时产生的烟气。

(2)在疏港通道右线与B匝道合流点处设置排烟口,设置排烟道连接至导洞,排烟道不小于30m²,长度约150m。在既有导洞设排烟机房,面积240m²,机房内设置3台轴流风机(2用1备),单台风机风量160m³/s、功率250kW。该排烟机房负责排出疏港通道左右线主线及B匝道火灾时产生的烟气。

(3)在A匝道与疏港通道左线合流点处至C匝道斜井接A匝道处设置排烟道,排烟道

10m², 长度350m, 设置6个电动排烟口, 单个排烟口尺寸1m×4m。需在C匝道斜井风机房内设置3台轴流风机(2用1备), 单台风量140m³/s、功率250kW。该排烟机房负责排出A匝道火灾时产生的烟气。

12.4.2 隧道顶部排烟道设置

为满足排烟要求,需在D匝道与芦澳路左线合流点处,斜井、A匝道与疏港通道左线合流点处,C匝道斜井接A匝道处隧道顶部设置排烟道(图12-27),排烟道长度分别为800m和350m,合计1150m。主线隧道排烟道宽度约12m,匝道隧道排烟道宽度约8m,总面积约15000m²。建议采用"钢牛腿+预制钢隔板"方案,在施作二次衬砌时预留钢筋套筒,二次衬砌施工完后施作牛腿,将预制钢隔板安放在牛腿上。其优点是能够较快速地施工,满足工期要求。开孔风阀和隔板一起施工,避免出现衔接问题。缺点是耐久性比钢筋混凝土方案稍差,板与板之间接缝密封施工工艺要求高。

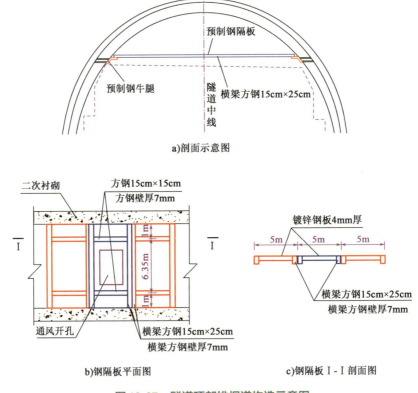

图 12-27 隧道顶部排烟道构造示意图

为满足耐火极限不应低于1h的要求,钢板需贴防火板。为保证排烟效果,排烟道应严密不漏风,排烟道应按高压系统采取密封措施,漏风量应小于《通风管道技术规程》(JGJ/T 141—2017)中D级漏风量的规定,且每1m²中烟道板的缝隙面积不应大于11mm²;排烟道施工时应当选取至少4段(两侧各1段、中部2段)的排烟道进行漏风量检验,每段排烟道长度不小于30m。测试时风道两端及所有开口应严密封闭,对风道进行漏风量检验,要求在负压

2000Pa 时,排烟道漏风量不应大于 $0.77m^3/(h \cdot m^2)$。风道四周应平滑,在断面变化处,应设置倒角,角度不小于 165°,烟道内除了排烟口孔洞外不应开设其他孔洞。

12.5 本章小结

通过本章计算分析,可得出如下结论:

(1)疏港通道隧道正洞设置 1 座导洞、芦澳路隧道正洞和 C 匝道各设置 1 座斜井作为排烟通道,芦疏互通采用分段纵向和重点排烟相结合的方式进行火灾排烟。

(2)设计了主线和匝道火灾分段排烟和重点排烟方案。疏港通道左右线划分为 2 个区段,芦澳路左线和右线划分为 3 个和 2 个排烟区段,C 匝道依据与 D 匝道是否重合分成两类排烟方案,A、B、D 匝道利用下游斜井、导洞及出口进行纵向排烟。在排烟方案设计基础上,利用网络通风软件 SES 对芦疏互通 5 种火灾工况进行了核算,火灾区段模拟计算风速均满足临界风速需求。

(3)利用火灾动力学软件 FDS 对较为复杂的 A 匝道重点排烟区段进行精细化分析。结果表明:选用 $280m^3/s$ 的排烟量即可满足要求,有效控制烟气在上下游 150m 范围内,继续增大排烟量有助于提高对烟气的控制能力,但会减弱下游排烟口的排烟能力。

(4)对火灾整体排烟设施总体方案进行设计,并提出了隧道顶部排烟道设置方案。

KEY TECHNOLOGY FOR
THE CONSTRUCTION AND OPERATION VENTILATION OF
SUPER LARGE SPAN UNDERGROUND INTERCHANGE HIGHWAY TUNNELS

特 大 跨 度 地 下 互 通 立 交 公 路 隧 道 建 造 与 运 营 通 风 关 键 技 术

第 13 章

隧道内人员安全疏散及横通道间距设置研究

海沧疏港通道—芦澳路地下互通立交隧道包含疏港通道、芦澳路在内的 4 条主隧道以及 A、B、C、D 四条连接主隧道的匝道,考虑紧急情况下人员疏散的需要,需在主隧道与匝道之间、匝道与匝道之间设置人行横通道与车行横通道。

本章将对该隧道火灾情况下的人员安全疏散进行分析,并结合分析结果为隧道确定合理的横通道并设置间距。

13.1 安全疏散横通道信息统计

13.1.1 疏港通道主线横通道

疏港通道左线 2 号隧道长 4575m,里程段为 ZK2+160~ZK6+735;右线 2 号隧道长 4505m,里程段为 YK2+150~YK6+655。左右线之间一共设置了 14 条人行横通道和 6 条车行横通道,将主线划分为 21 个区段,人行与车行横通道间隔布置。横通道布置示意如图 13-1 所示。

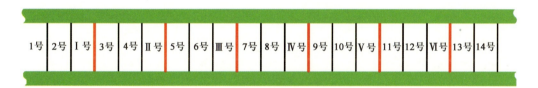

图 13-1　疏港通道横通道布置示意图

各人行与车行横通道的长度及尺寸等结构参数见表 13-1。

13.1.2 芦澳路横通道

芦澳路左线 2 号隧道长 2055m,里程段为 ZK2+050~ZK4+105;右线 2 号隧道长 2045m,里程段为 YK2+045~YK4+105。左右线之间一共设置了 5 条人行横通道与 2 条车行横通道,将主线划分为 8 个区段,人行与车行横通道间隔布置。横通道布置示意如图 13-2 所示。

各人行与车行横通道的长度及尺寸等结构参数见表 13-2。

13.1.3 匝道横通道

芦疏互通隧道一共包含 A、B、C、D 四条匝道,为实现紧急情况下的疏散救援,匝道与匝道之间、匝道与主隧道之间设置了 9 条人行横通道与 1 条车行横通道。其中,A 匝道上有 4 条人行横通道,B 匝道上有 2 条人行横通道、C 匝道上有 4 条人行横通道和 1 条车行横通道,D 匝道上有 2 条人行横通道。各横通道的布置情况如图 13-3 所示。

疏港通道横通道结构参数 表13-1

横通道编号	里程桩号	间距(m)	长度(m)	截面尺寸(m)
隧道进口	ZK2+160	200	—	—
1号人行横洞	ZK2+360	190	22.3	2×2.5
2号人行横洞	ZK2+550	220	24.3	2×2.5
1号车行横洞	ZK2+770	210	26.5	4.5×4
3号人行横洞	ZK2+980	220	28.7	2×2.5
4号人行横洞	ZK3+200	200	29	2×2.5
2号车行横洞	ZK3+400	190	28.2	4.5×4
5号人行横洞	ZK3+590	190	27.5	2×2.5
6号人行横洞	ZK3+780	250	27.2	2×2.5
3号车行横洞	ZK4+030	220	27.2	4.5×4
7号人行横洞	ZK4+250	220	27.5	2×2.5
8号人行横洞	ZK4+470	210	28.5	2×2.5
4号车行横洞	ZK4+680	210	28.5	4.5×4
9号人行横洞	ZK4+890	230	28.5	2×2.5
10号人行横洞	ZK5+120	230	28.5	2×2.5
5号车行横洞	ZK5+350	230	28.5	4.5×4
11号人行横洞	ZK5+580	230	28.5	2×2.5
12号人行横洞	ZK5+810	230	28.5	2×2.5
6号车行横洞	ZK6+040	220	28.5	4.5×4
13号人行横洞	ZK6+260	200	21.7	2×2.5
14号人行横洞	ZK6+460	275	14.7	2×2.5
隧道出口	ZK6+735		—	—

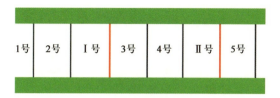

图 13-2　芦澳路主线横通道布置示意图

芦澳路横通道结构参数　　　　　　　　　　表 13-2

横通道编号	里程桩号	间距(m)	长度(m)	尺寸(m)
隧道出口	ZK4+105	275	—	—
1号人行横洞	ZK3+825	275	39.865	2×2.5
2号人行横洞	ZK3+550	255	40.75	2×2.5
1号车行横洞	ZK3+295	250	40.75	4.5×4
3号人行横洞	ZK3+045	225	40.75	2×2.5
4号人行横洞	ZK2+820	305	40.75	2×2.5
2号车行横洞	ZK2+515	219	40.75	4.5×4
5号人行横洞	ZK2+296	246	40.75	2×2.5
隧道进口	ZK2+050		—	—

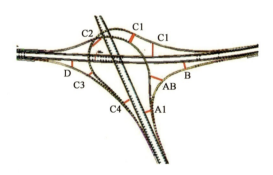

图 13-3　匝道横通道布置示意图

各人行与车行横通道的长度及截面尺寸等结构参数见表 13-3～表 13-6。

A 匝道横通道结构参数　　　　　　　　　　表 13-3

通道编号	对应桩号	长度(m)	截面尺寸(m)	高差(m)	备注	距前一横通道或出口距离(m)
A 匝道入口	AK0+000	—	—	—	—	—
A1 人行横洞	AK0+210	6.4	2×2.5	3	—	210

续上表

通道编号	对应桩号	长度(m)	截面尺寸(m)	高差(m)	备注	距前一横通道或出口距离(m)
AB 人行横洞	AK0+590	90.1	2×2.5	0.4	—	380
C1 车行横洞	AK0+880	56	2×2.5	7.2	—	290
C2 人行横洞	AK1+120	73.5	2×2.5	20.4	设台阶	240
A 匝道结束	AK1+520	—	—	—	—	400

B 匝道横通道结构参数　　　　　　表 13-4

通道编号	对应桩号	长度(m)	截面尺寸(m)	高差(m)	备注	距前一横通道或出口距离(m)
B 匝道起点	BK0+00	—	—	—	—	—
AB 人行横洞	BK0+318	90.1	2×2.5	0.4	—	318
B1 人行横洞	BK0+568	29.1	2×2.5	16	设台阶	250
B 匝道结束	BK0+960	—	—	—	—	392

C 匝道横通道结构参数　　　　　　表 13-5

通道编号	对应桩号	长度(m)	截面尺寸(m)	高差(m)	备注	距前一横通道或出口距离(m)
C 匝道起点	CK0+220	—	—	—	—	—
C1 人行横洞	CK0+600	41.2	2×2.5	3.38	设台阶	380
C1 车行横洞	CK0+915	56	2×2.5	7.2	—	315
C2 人行横洞	CK1+280	73.5	2×2.5	20.4	设台阶	365
C3 人行横洞	CK1+540	17.22	2×2.5	3.38	—	260
C4 人行横洞	CK1+830	47.44	2×2.5	8	—	290
C 匝道结束	CK2+120	—	—	—	—	290

D 匝道横通道结构参数　　　　　　表 13-6

通道编号	对应桩号	长度(m)	截面尺寸(m)	高差(m)	备注	距前一横通道或出口距离(m)
D 匝道起点	DK0+280	—	—	—	—	—
D1 人行横洞	DK0+510	35.3	2×2.5	10.9	设台阶	230
C3 人行横洞	DK0+720	17.22	2×2.5	3.38	—	210
D 匝道结束	DK0+930	—	—	—	—	210

A、B 匝道行车方向均为上坡,最大坡度为 2.5%;C、D 匝道行车方向均为下坡,最大坡度为 -2.6%。

13.2 人员安全疏散分析方法

13.2.1 人员安全疏散分析基本参数

确定疏散时间的基本参数主要包括人员疏散数量、人员疏散速度以及隧道火灾规模。

13.2.1.1 人员疏散数量

公路隧道内火灾情况下,车辆陷入拥堵状态,根据疏散区间内的受困车辆以及类型可以确定相应区间内的疏散人员数量。

(1)受困车辆数量

火灾紧急情况下,车流处于停滞状态。决定疏散区间内受困车辆数量的不再是行车速度而是车辆间距与车身长度。堵塞情况下每车道内车辆间距约为2m。车身长度与车辆类型有关,参考《汽车、挂车及汽车列车的术语和定义 第1部分:类型》(GB/T 3730.1—2022),各种车辆类型的车身长度取值见表13-7。

各车型车身长度取值参考表 表13-7

车型	小货车	中货车	大货车	大客车	中客车	小客车	拖挂车	集装箱车
车长(m)	6	6	12	12	8	4.5	12	12

根据《海沧疏港通道工程可行性研究报告》中项目周边交通情况的调查结果,各车型交通比例见表13-8。

各车型交通组成比例 表13-8

车型	小货车	中货车	大货车	特大货车	拖挂车	集装箱车	小客车	大客车
比例(%)	16.33	5.56	3.06	2.16	1.59	3.67	64.11	3.52

将各车型所占比例对车身长度进行加权平均,加权平均后的车身长度为:

$$\bar{l} = 6 \times (0.1633 + 0.0556) + 12 \times (0.0306 + 0.0216 + 0.0159 + 0.0367 + 0.0352) + 4.5 \times 0.6411 +$$
$$4.5 \times 0.6411 = 5.87 \mathrm{m}$$

故车身平均长度取为6m。

每车道内前后车辆间距为2m,车身长度6m,因此每辆车占据的平均长度为$l_0 = 8$m。对于长度为L的疏散区间,每车道内滞留的车辆数目n可由下式进行计算。

$$n = \frac{L}{l_0} \tag{13-1}$$

(2)受困人员数量

公路隧道内受困人员数量与车辆类型及车辆数目有关,同样参考《汽车、挂车及汽车列车的术语和定义 第1部分:类型》(GB/T 3730.1—2022)等的规定,得到各车型人员荷载数量,见表13-9。

各车型人员荷载数量列表 表13-9

车型	小货车	中货车	大货车	大客车	中客车	小客车	拖挂车	集装箱车
人员荷载数量(人)	2	2	2	45	9	6	2	2

根据表13-9,疏散区间内单车道受困人员数量计算公式如下:

$$m = \sum_{i=1}^{N} nk_i m_i \tag{13-2}$$

式中:m——单车道受困人员数量(人);

n——单车道受困车辆数量(辆);

k_i——第i种车辆所占比例;

m_i——第i种车辆人员荷载数量(人);

N——车辆类型数量。

13.2.1.2 人员疏散速度

隧道火灾情况下,影响人员逃生速度的因素很多,包括人员密度、火灾烟雾、照明条件、隧道内障碍物和人员身体差异等。现主要从人员体质差异方面对疏散速度进行分析界定。

(1)人员组成

由于隧道内人员组成缺乏基础数据,故参考我国地铁换乘站组织客流观测试验的统计数据进行参数设定,人员组成见表13-10。

人员组成比例 表13-10

人员类型	中青年男性	中青年女性	老人	儿童
比例(%)	47	46	4	3

(2)人员疏散速度

世界道路协会(PIARC)建议隧道火灾时人员的逃生速度是0.5~1.5m/s,综合考虑人员身体差异、烟雾以及障碍物对人员逃生速度的影响,进行人员疏散模拟时中青年男性、女性的逃生速度在0.8~1.5m/s内取随机值;老人、儿童的逃生速度在0.5~0.8m/s内取随机值。

13.2.1.3 火灾发展速率

隧道火灾具备发展过程,不同阶段的火源热释放速率是不同的,国际上有多种火灾升温曲线用于模拟隧道中的火源变化情况。在火灾充分发展阶段,火源遵循t^2火灾模型,即:

$$Q = \alpha t^2 \tag{13-3}$$

式中:Q——火源热释放速率(kW);

α——火灾增长系数(kW/s^2);

t——火灾持续时间(s)。

根据火灾增长系数的不同可以将t^2火灾分为慢速火、中速火、快速火以及超快速火。四种火灾对应的火灾增长系数以及所能代表的火源类型见表13-11。

t^2 火灾分类表　　　　　　　　　　　　　　　表 13-11

火灾增长分级	典型的可燃材料	火灾增长系数 $\alpha(kW/s^2)$
慢速火	—	0.002931
中速火	棉质/聚酯垫子	0.01127
快速火	装满的邮件袋、木制的货架托盘、泡沫塑料	0.04689
超快速火	池火、快速燃烧的装饰家具、轻质窗帘	0.177

公路隧道内火灾为车辆火灾,分析时按最不利情况考虑将火灾设定为超快速火灾。

13.2.2　可用安全疏散时间(ASET)

对于隧道内任意点,火灾发展达到危险状态所需要的时间称之为可用安全疏散时间(ASET)。

隧道火灾危险因素主要来源于火灾产生的烟气和热,其危害主要包括缺氧、毒害、高温、尘害、减光性等。伴随着火灾烟气的大量产生,隧道内人员所处环境的氧气含量往往低于人们生理活动所需要的正常值,使受灾人员活动能力及智力受损,且烟气中含有大量的有毒、有害气体和飘尘,会造成受灾人员中毒或者窒息。火灾烟气具有很高的温度,且烟气弥漫时隧道内能见度大大降低,加上烟气对人眼的刺激,大大降低了人员的疏散速度。

总的来说,火灾情况下影响人员安全的因素众多,其中温度与可视度是影响人员疏散的关键因素。根据该特点制定隧道内火灾危险临界条件如下:

(1)隧道内人员活动范围(离地 2m 高度处)烟气温度达到 60℃。

(2)隧道内人员活动范围(离地 2m 高度处)可视度小于 10m。

隧道内任意点处的可用安全疏散时间即为火灾发展起始至该点处温度或者可视度超过了上述危险临界状态值所经历的时间。

13.2.3　必需安全疏散时间(RSET)

对隧道内任意点,隧道内人员全部逃离该地点所需要的时间称之为必需安全疏散时间。

必需安全疏散时间(RSET)可表示为:

$$\text{RSET} = T_a + T_r + T_m \tag{13-4}$$

式中:T_a——报警探测时间;

　　　T_r——人员响应时间;

　　　T_m——人员疏散运动时间。

(1)报警探测时间(T_a)

火灾报警探测时间也称火灾察觉时间,其时间长短取决于火灾规模、火灾探测报警设备类型以及人员对火灾的应急反应能力等。公路隧道火灾多为车辆着火,火灾附近人员可通过烟雾、气味、火光等方式察觉,察觉时间相对较短,而离火源较远的人员则通过火灾报警器被告知,察觉时间相对较长。疏散模拟中取火灾报警探测平均时间为 60s。

(2)人员响应时间(T_r)

人员响应时间,也称疏散准备时间,是指人员从接收到火灾警报后到疏散运动前的时间间隔。包括人员离开车内准备进行疏散逃生的时间。该时间一般受人员心理行为特征、年龄、火灾认知水平等因素影响。根据经验,人员响应时间取为60s。

(3) 人员疏散运动时间(T_m)

人员疏散运动时间包括人员在通道内的行走时间和进入安全区域时间两部分,其计算方法一般包括经验公式法、现场试验法以及数值仿真模拟法等。数值模拟法是通过软件模拟人员在特定空间内的运动,记录人员的运动轨迹和位置,得到人员移动到疏散口的时间,适用性较强。因此,此次研究采用人员疏散模拟软件 Pathfinder 对芦疏互通隧道人员疏散时间进行模拟。

13.2.4 安全疏散控制标准

人员能否进行安全疏散取决于火灾的发展速率以及人员的疏散速度。火灾的发展速率决定了人员可用安全疏散时间(ASET),而人员的逃生速率则决定了逃生所必需安全疏散时间(RSET),如果必需安全疏散时间(RSET)小于可以利用的安全疏散时间(ASET),则被困人员是可以安全逃生的,即安全逃生的条件是:RSET < ASET。

13.3 典型区段人员安全疏散分析

结合海沧疏港通道—芦澳路地下互通立交隧道疏散通道初步设置形式,分别选取海沧疏港通道、芦澳路地下互通立交隧道以及匝道内典型区段进行火灾情况下的人员安全疏散分析。分析时按照最不利火灾规模,即100MW 进行。分析时,首先利用 FDS 软件对火灾工况进行模拟,根据计算得到的烟气及温度的扩散速度确定各工况下的人员疏散可用时间曲线;然后利用人员疏散软件 Pathfinder 建立疏散模型求解各工况下的人员疏散必须时间曲线。通过对比可用疏散时间曲线与必需疏散时间曲线实现对各工况的人员安全疏散分析。

13.3.1 人员安全疏散分析工况

根据疏散通道布置情况、线路坡度分布以及断面尺寸等分别为疏港通道、芦澳路以及匝道选取典型区段进行人员安全疏散分析,为各路段的疏散通道参数设置提供依据。

(1) 疏港通道人员安全疏散分析工况

疏港通道主线全线范围为三车道单向公路隧道,线上一共设置14 座人行横通道和6 座车行横通道。横通道之间最大间距为250m,线路最大坡度为2%。

选取典型区间段位于6 号人行横通道与3 号车型横通道之间,该区间位于线路最大坡度区间范围内。区段位置示意如图 13-4 所示。

图 13-4 疏港通道火灾位置示意图

(2)芦澳路人员安全疏散分析工况

芦澳路主线南段为三车道单向隧道,最大隧道坡度为 2%,北段为双车道单向隧道,最大隧道坡度为 1.9%。对芦澳路进行人员安全疏散分析时按车道形式分为四车道区段与双车道区段两种工况。

①芦澳路三车道区段

芦澳路主线南段为三车道单向隧道,该区段内 4 号人行横通道与 2 号车行横通道之间间隔最大,长 305m。因此可以选取该区段作为典型隧道区段进行消防疏散分析。该工况下,火灾位置位于 2 号车行横通道处。具体如图 13-5 所示。

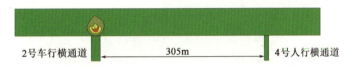

图 13-5　芦澳路三车道区段火灾位置示意图

②芦澳路双车道区段

芦澳路主线北段为双车道单向隧道,该区段内 1 号人行横通道与 2 号人行横通道之间间隔最大,长 275m,且该区段位于隧道最大线形坡度范围内,因此可以将该区段作为典型隧道区段进行人员安全疏散分析。该工况下,火灾位于 1 号人行横通道处,具体如图 13-6 所示。

图 13-6　芦澳路双车道区段火灾位置示意图

(3)匝道人员安全疏散分析工况

海沧疏港通道-芦澳路地下立交互通隧道一共包含 A、B、C、D 4 条匝道,4 条匝道均为单向双车道隧道,其中 A、B 匝道为行车方向为上坡,C、D 匝道行车方向为下坡,匝道上下坡最大坡度均为 2.5%。在对匝道进行人员安全疏散分析时按行车方向坡度分布情况分为上坡行车隧道与下坡行车隧道两种工况。

①下坡行车方向

C、D 匝道行车方向为下坡,人员疏散方向为上坡,其中 C2 人行横通道为连接 C 匝道与 A 匝道的人行横通道,该横通道跨越高程最大,且 C2 与 C3 区段的疏散坡度为最大上坡坡度 2.5%,因此可选取该区段作为下坡行车方向典型区段进行疏散安全性分析。具体如图 13-7 所示。

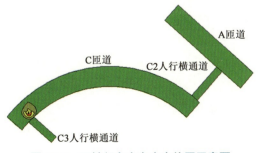

图 13-7　下坡行车方向火灾位置示意图

② 上坡行车方向匝道

A、B匝道行车方向为上坡,人员疏散方向为下坡,其中B1人行横通道为B匝道与疏港通道主线相接的横通道,由于两者之间高差较大,因此B1横通道采用楼梯形式过渡。该横通道距离B匝道末端392m,且该区间疏散最大坡度为−2.5%(负值表示下坡),因此可以将B1横通道至B匝道末端区间作为典型上坡行车方向疏散区间进行安全性分析。具体如图13-8所示。

图13-8 上坡行车方向火灾位置示意图

结合线路结构特点、疏散通道布置形式,分别确定了疏港通道、芦澳路与匝道内作为人员安全疏散分析的典型区段,分析工况统计见表13-12。

分析工况列表　　　　　　　　　　　　　　　　表13-12

工况号	所属线路	疏散信息		火灾信息		结构参数	
		疏散采用通道	通道连接线路	火灾位置	火灾规模	断面面积	坡度
工况一	疏港路	6号人行横通道	疏港路左	3号车行横通道	100MW,快	90.66m²	2%
工况二	芦澳路	4号人行横通道	芦澳路左	2号车行横通道	100MW,快	94.01m²	2%
工况三	芦澳路	1号人行横通道	芦澳路左	2号人行横通道	100MW,快	61.22m²	1.9%
工况四	C匝道	C2人行横通道	C匝道左	C3人行横通道	100MW,快	52.64m²	2.5%
工况五	B匝道	B1人行横通道	B匝道左	B匝道末	100MW,快	52.64m²	−2.5%

注:1. 火灾规模100MW指的是火源功率,是单位时间产生的热量;"快"表示火灾蔓延发展快。
　　2. 坡度负值表示下坡。

13.3.2 疏港通道人员安全疏散分析

根据前面研究分析,选取疏港通道6号人行横通道进行人员安全疏散分析,该工况下火灾发生于3号车行横洞。现利用FDS对隧道火灾进行模拟得到区间内各点处的可用安全疏散时间,再利用Pathfinder进行人员疏散模拟得到相应位置处的必需安全疏散时间。

(1)可用安全疏散时间计算

利用FDS建立三维数值模型,隧道高7.53m,跨度为14.75m,为三车道公路隧道,模型长度取600m,火灾位置位于距模型一端50m处。在模型内部离地2m高度处按每10m布置一个监测点,燃烧过程中对温度及可视度进行监测。数值模型如图13-9所示。

燃烧时间持续1200s,选取600s、900s与1200s为关键时间点,各时间点距离火灾550m范围内的温度分布情况如图13-10所示。

图 13-9 FDS 计算模型

根据图 13-10,随着燃烧时间的增加,各位置对应的温度逐渐升高,并在距离火源 100～150m 范围内温度最高。

各时间点下距离火源 550m 范围内的可视度分布情况如图 13-11 所示。

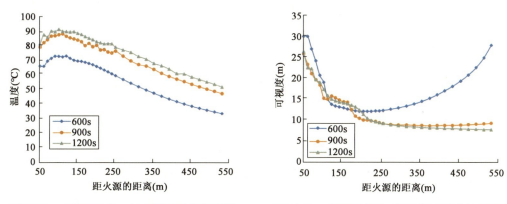

图 13-10 各时间点 2m 高度处温度分布曲线   图 13-11 各时间点 2m 高度处可视度分布曲线

根据图 13-11,当燃烧持续时间较短时,离火源 550m 范围内的可视度呈现出先减小后增加的趋势,这是由于烟气在离开火源一定距离后开始降落引起的;当燃烧持续时间较长时,随着与火源距离的增加,可视度逐渐减小。

根据图 13-10 和图 13-11,距离火源距离 300m 范围内可用安全疏散时间由温度控制,可用安全疏散时间曲线如图 13-12 所示。

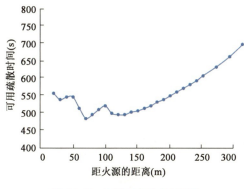

图 13-12 可用疏散时间曲线

根据图 13-12,随着火源距离的增加,可用疏散时间逐渐增加,3 号车行横通道与 6 号人行横通道之间的最大疏散距离为 250m,对应的可用疏散时间为 608s。

(2)必需安全疏散时间计算

火灾发生时 3 号车行横通道与 6 号人行横通道之间的人员以及 5~6 号人行横通道 1/2 长度范围内的受困人员从 6 号人行横通道进行疏散逃生,最大疏散距离 345m。可以求得疏散区间内包含的人员及车辆数目。

单车道车辆数目：

$$n = \frac{L}{l_0} = \frac{345}{8} = 41 \text{ 辆}$$

单车道受困人员数量：

$$m = \sum_{i=1}^{N} nk_i m_i = (0.6411 \times 6 + 0.3237 \times 2 + 0.0352 \times 45) \times 41 = 243 \text{ 人}$$

疏港通道为三车道公路隧道,因此疏散区间内包含车辆数目为 123 辆,受困人数为 729 人。各人员类型数量见表 13-13。

各类人员组成　　　　　　　　　　　　　　　　表 13-13

人员类型	中青年男性	中青年女性	老人	儿童
数量(人)	343	335	29	22

利用 Pathfinder 人员疏散软件建立相应疏散区间隧道模型,如图 13-13 所示。

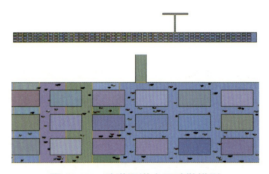

图 13-13　疏港通道人员疏散模型

建模时将隧道内车辆简化为均匀的方块,各车道内车辆均匀布置。区间内受困人员随机分布于隧道有效疏散空间范围内,通过设定人员属性,为老人、小孩以及青年分别设定疏散速度。火灾发生时模型内所有人员通过横通道进行疏散。离火源任意距离处,最后一名疏散人员离开所需要的时间为该位置的必需疏散时间,最后一名疏散人员进入横通道时认定为疏散结束。

由于 3 号车行横通道与 6 号人行横通道之间(模型左侧部分)疏散距离更长且距离火源更近,该区间内人员能够安全疏散时,模型右侧区域也能够安全疏散。3 号车行横通道与 6 号人行横通道之间的必需疏散时间曲线如图 13-14 所示。

根据图 13-14,人员疏散必须时间与离火源距离基本呈正相关,说明决定任意点处的人员必需疏散时间的主要因素是最慢疏散人员速度而不是横通道尺寸。区间末端对应的最大必需疏散时间为 541s。

将根据火灾情况下温度扩散速度得到的人员疏散可用时间与根据人员疏散速度得到的必需安全疏散时间进行对比,对比结果如图 13-15 所示。

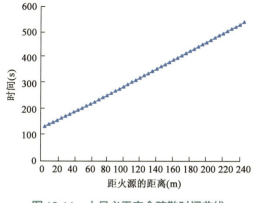

图13-14 人员必需安全疏散时间曲线

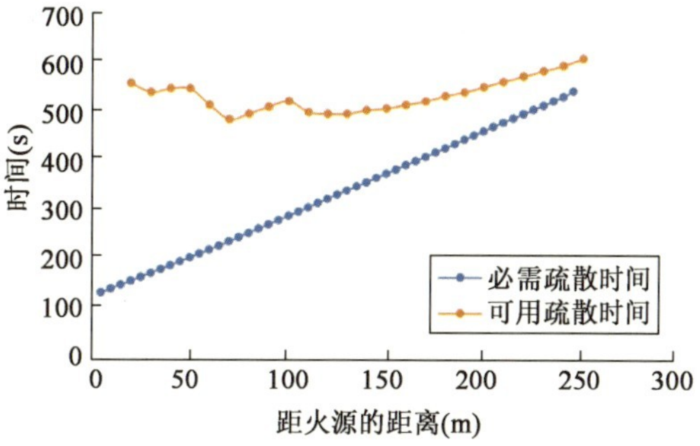

图13-15 人员必需疏散时间与人员可用疏散时间对比

根据图5-15,火灾情况下人员可用疏散时间曲线位于人员必需疏散时间曲线上方,区间内人员能够进行安全疏散,该区间疏散通道设计参数(横通道宽度与间距)能满足火灾情况下的人员疏散需求。

13.3.3 芦澳路人员安全疏散分析

芦澳路南段为三车道公路隧道,北段为双车道公路隧道,因此在对芦澳路进行人员安全疏散分析时按车道形式分为三车道区段与双车道区段两种工况。芦澳路三车道工况的人员疏散安全分析可以参照疏港路进行,因此现仅针对两车道区段进行人员安全疏散分析。

芦澳路北段为双车道公路隧道,工况选取1号人行横通道进行人员安全疏散分析,火灾发生位置设置于2号人行横通道处。该区段隧道高7.5m,跨度为10.08m,与芦澳路南段四车道工况相似的,利用FDS对隧道火灾进行模拟求解得到的可用疏散时间曲线如图13-16所示。

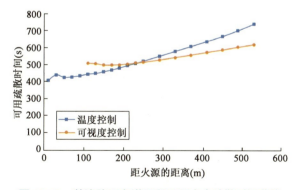

图13-16 芦澳路双车道区段可用安全疏散时间曲线

根据图13-16,在距离火源250m范围内必需疏散时间由温度控制,当距离火源距离大于250m后可用疏散时间由可视度控制。1号人行横通道与2号人行横通道间距为275m,该点处的必需疏散时间为515s。

与芦澳路四车道区段工况相似的,利用Pathfinder建立人员疏散模型对区间内的人员疏散速度进行分析得到的必需安全疏散时间曲线如图13-17所示。

根据图 13-17,必须疏散时间与距火源距离呈正相关,距离火源 275m 处的必需疏散时间为 500s。

人员可用疏散时间与必需安全疏散时间对比如图 13-18 所示。

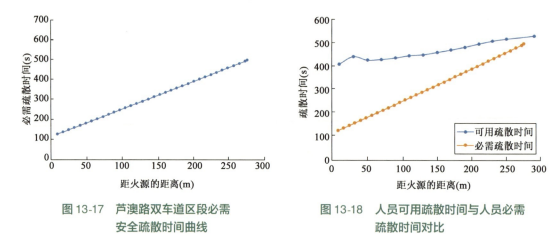

图 13-17 芦澳路双车道区段必需安全疏散时间曲线

图 13-18 人员可用疏散时间与人员必需疏散时间对比

根据图 13-18,在距离火源 275m 范围内,可用疏散时间位于必需疏散时间曲线上方。275m 处可用疏散时间为 515s,必需疏散时间为 500s。该区间内人员疏散安全性能满足要求。

根据芦澳路车道划分形式,分别选取了芦澳路南段三车道典型疏散区间和北段双车道典型疏散区间进行了人员安全疏散分析,见表 13-14。

芦澳路消防疏散分析　　　　　　　　　　　表 13-14

疏散分析工况	典型疏散区间	疏散横通道	最大可用安全疏散时间(s)	最大必需安全疏散时间(s)	疏散安全性分析
三车道区段	2号车行横通道—4号人行横通道(305m)	4号人行横通道	660	672	不满足
双车道区段	1号人行横通道—2号人行横通道(275m)	1号人行横通道	515	500	满足

根据表 13-14 可知,芦澳路南段所选取的典型疏散区间内可用疏散时间小于必需疏散时间,因此宜对横通道间距进行调整;芦澳路北段典型疏散区间可用安全疏散时间大于必需安全疏散时间,横通道间距满足疏散要求。

13.3.4 匝道人员安全疏散分析

海沧疏港通道—芦澳路地下互通立交隧道一共包含 A、B、C、D 4 条匝道,4 条匝道均为单向双车道隧道,其中 A、B 匝道为行车方向为上坡,C、D 匝道行车方向为下坡,匝道上下坡最大坡度均为 2.5%。在对匝道进行人员安全疏散分析时按行车方向分为上坡行车隧道与下坡行车隧道两种工况。

(1)下坡行车方向工况

C、D 匝道行车方向为下坡,人员疏散方向为上坡,计算工况选取 C2 人行横通道进行人员疏散安全性分析,火灾位于 C3 人行横通道处。利用 FDS 和 Pathfinder 对该工况的可用及必需疏散时间进行求解分析。

①可用安全疏散时间计算

利用 FDS 选取隧道区段建模分析火灾情况下的烟气及温度扩散规律,模型长度取 600m,其中 350m 为曲线区段,250m 为直线区段。火灾位置位于直线段距离进口 50m 处。FDS 计算模型如图 13-19 所示。

图 13-19 FDS 计算模型

选取曲线隧道区段内距离火源 500m 范围内不同时间点下的温度及可视度分布情况进行对比,如图 13-20、图 13-21 所示。

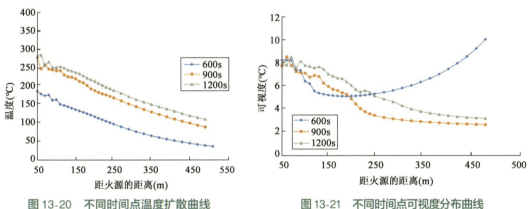

图 13-20 不同时间点温度扩散曲线　　图 13-21 不同时间点可视度分布曲线

根据图 13-20,火源附近 300m 范围内随着与火源距离的增加温度逐渐降低;火灾持续时间从 600s 增加到 1200s 的过程中,各点对应温度逐渐升高。

根据图 13-21,当燃烧持续时间较短时,距离火源 500m 范围内的可视度呈现出先减小后增加的趋势,这是由于烟气在离开火源一定距离后开始降落引起的;当燃烧持续时间较长时,随着与火源距离的增加,可视度逐渐减小。

C2 人行横通道与 C3 人行横通道之间的 260m 疏散区间内,温度与可视度控制下的可用疏散时间曲线如图 13-22 所示。

根据图 13-22 可知,在距离火源 230m 范围内可用疏散时间由温度决定;当距火源距离超过 230m 之后,可视度呈现出比温度更快的变化趋势,可用疏散时间由可视度控制。在疏散区间末端,可用疏散时间为 496s。

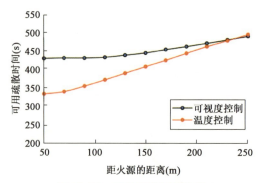

图 13-22 可用疏散时间曲线

②必需安全疏散时间计算

火灾发生时 C2 人行横通道与 C3 人行横通道之间所有受困人员以及 C1 车行横通道至 C2 人行横通道间部分受困人员(考虑为 1/2)从 C2 人行横通道进行疏散逃生,C2 人行横通道与 C3 人行横通道间隔为 260m,C1 车行横通道与 C2 人行横通道间隔为 365m,因此最大疏散距离为 442.5m,并可以求得疏散区间内包含的人员及车辆数目。

单车道车辆数目:

$$n = \frac{L}{l_0} = \frac{442.5}{8} = 55 \text{ 辆}$$

单车道受困人员数量:

$$m = \sum_{i=1}^{N} n k_i m_i = (0.6411 \times 6 + 0.3237 \times 2 + 0.0352 \times 45) \times 55 = 325 \text{ 人}$$

匝道为双车道公路隧道匝道,因此疏散区间内包含的车辆数目为 110 辆,受困人数为 650 人,其中各类人员数量见表 13-15。

各类人员数量   表 13-15

人员类型	中青年男性	中青年女性	老人	儿童
数量(人)	306	299	26	19

利用 Pathfinder 建立三维数值模型,考虑疏散人员来自 C2 与 C3 人行横通道之间的隧道区间以及 1/2 C1 车行横通道和 C2 人行横通道之间的隧道区间,建立模型如图 13-23 所示。

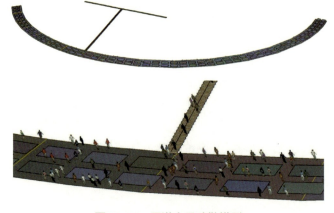

图 13-23 匝道人员疏散模型

当隧道区间内人员完全离开 C 匝道并进入楼梯时视为人员疏散完毕。根据软件计算结果，不同位置点处的人员必需安全疏散时间如图 13-24 所示。

根据图 13-24，人员必需疏散时间与距火源的距离呈正相关关系，因此横通道尺寸以及楼梯高度对人员疏散影响不大，决定必需疏散时间的是最慢疏散人员速度。距离火源 260m 处必需安全疏散时间为 471s，为最大值。

将根据火灾情况下烟气及温度扩散速度得到的人员疏散可用时间与根据人员疏散速度得到的必需安全疏散时间进行对比，对比结果如图 13-25 所示。

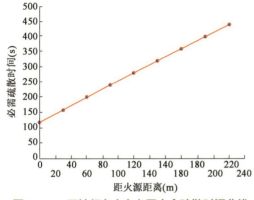

图 13-24　下坡行车方向必需安全疏散时间曲线

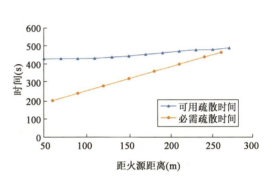

图 13-25　匝道人员可用疏散时间与人员必需疏散时间对比

根据图 13-25，C2 人行横通道与 C3 人行横通道范围内火灾情况下人员可用疏散时间曲线位于人员必需疏散时间曲线上方，区间内人员能够进行安全疏散，因此该区间内横通道设计参数（横通道宽度与间距）能满足火灾情况下的人员安全疏散需求。

（2）上坡行车方向工况

A、B 行车方向为上坡，人员疏散方向为下坡，其中 B1 人行横通道为 B 匝道与疏港路主线相接的横通道，因为两者之间高差较大，因此 B1 横通道采用楼梯形式过渡，该横通道距离 B 匝道末端 392m，且该区间疏散最大下坡坡度为 -2.5%，因此可以将 B1 横通道至 B 匝道末端区间作为典型上坡行车方向疏散区间进行安全性分析。该工况下，火灾位置设置于 B 匝道末端，B1 横通道至 B 匝道末端之间，受困人员通过 B1 横通道进行疏散。疏散区间内包含的人员及车辆数目计算如下。

单车道车辆数目：

$$n = \frac{L}{l_0} = \frac{392}{8} = 49\ 辆$$

单车道受困人员数量：

$$m = \sum_{i=1}^{N} n k_i m_i = (0.6411 \times 6 + 0.3237 \times 2 + 0.0352 \times 45) \times 49 = 298\ 人$$

匝道为双车道公路隧道匝道，因此疏散区间内包含的车辆数目为 98 辆，受困人数为 596 人，其中各类人员数量见表 13-16。

各类人员数量　　　　　　　表13-16

人员类型	中青年男性	中青年女性	老人	儿童
数量(人)	280	274	24	18

与下坡行车方向工况类似，采用 FDS 对上坡行车方向工况火灾进行模拟，得到的人员可用安全疏散时间曲线如图 13-26 所示。

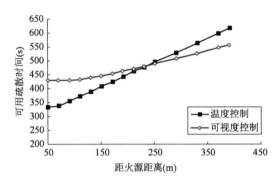

图 13-26　上坡行车方向工况可用安全疏散时间曲线

根据图 13-26，距离火源 250m 范围内可用疏散时间由温度控制；距离火源超过 250m 时，可用疏散时间由可视度控制。疏散区间末端(距离火源 392m)可用疏散时间为 557s。

利用 Pathfinder 建模分析得到的人员必需安全疏散时间曲线如图 13-27 所示。

根据图 13-27 可知，该工况下人员必需疏散时间曲线与距离火源距离呈正相关，该疏散区间长度为 392m，对应的最大必需疏散时间为 620s。

可用疏散时间与必需安全疏散时间对比如图 13-28 所示。

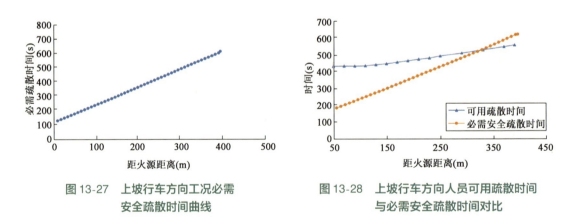

图 13-27　上坡行车方向工况必需安全疏散时间曲线

图 13-28　上坡行车方向人员可用疏散时间与必需安全疏散时间对比

根据图 13-28，在距离火源 320m 范围内，可用疏散时间位于必需疏散时间上方。区间末端(距离火源 392m)处可用疏散时间为 557s，必需安全疏散时间为 620s，因此该区间内人员疏散安全性不能满足要求，需对横通道间距做出调整。

根据匝道行车方向坡度分布形式，分别选取了上坡行车方向典型疏散区间和下坡行车方向典型疏散区间进行了人员安全疏散分析。分析结果见表 13-17。

芦澳路消防疏散分析 表13-17

疏散分析工况	典型疏散区间	疏散横通道	最大可用安全疏散时间(s)	最大必需安全疏散时间(s)	疏散安全性分析
下坡行车方向	C2人行横通道—C3人行横通道(260m)	C2人行横通道	496	471	满足
上坡行车方向	B1人行横通道—B匝道末端(392m)	B1人行横通道	557	620	不满足

根据表13-17可知,下坡行车方向匝道所选取的典型疏散区间内可用疏散时间大于必需疏散时间,满足疏散安全性要求;上坡行车方向匝道所选取典型疏散区间可用安全疏散时间小于必需安全疏散时间,典型区间内横通道间距不能满足疏散要求,需对横通道间距做出调整。

13.4 横通道间距设计

结合前面对疏港通道主线、芦澳路主线以及匝道内典型区段进行了火灾情况下的消防疏散分析并参考相关公路隧道设计规范为各线路确定合理的疏散通道设置参数。

13.4.1 横通道参数设置要求

《公路隧道设计规范 第一册 土建工程》(JTG 3370.1—2018)、《建筑设计防火规范》(GB 50016—2014)以及《城市地下道路工程设计规范》(CJJ 221—2015)均对城市地下公路隧道疏散通道的设置参数给出了建议以及控制标准,表13-18是对各规范所给出的横通道设置参数标准的统计。

各规范推荐的人行横通道参数 表13-18

规范名称	人行横通道间距	人行横通道尺寸	通道最大坡度
《公路隧道设计规范 第一册 土建工程》(JTG 3370.1—2018)	250~500m	宽2m,高2.5m	—
《建筑设计防火规范》(GB 50016—2014)	250~300m	宽≥2m,高≥2.2m	—
《城市地下道路工程设计规范》(CJJ 221—2015)	250~300m	宽≥2m,高≥2.2m	60°

结合表13-18,人行横通道尺寸推荐采用宽2m,高2.5m,间距不宜大于300m。

13.4.2 疏港通道横通道参数设计

根据前面的研究分析,疏港通道典型疏散区间的人员安全疏散分析结果如图13-29所示。

根据必需疏散时间与疏散距离呈正相关的特点,可知决定疏散速度的并不是横通道宽度,而是最慢疏散人员速度。根据该特点,计算可得疏港通道内满足人员安全疏散的最大横通道间距为278m。

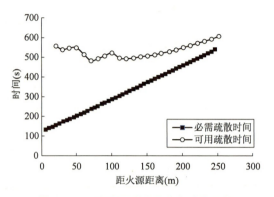

图 13-29 疏港通道人员安全疏散分析

13.4.3 芦澳路横通道参数设计

根据隧道断面形式将芦澳路分为三车道区段和双车道区段两部分。考虑三车道部分与疏港路工况相似,现仅对两车道区段进行设计分析。

芦澳路双车道区段典型疏散区间人员安全疏散分析结果如图 13-30 所示。

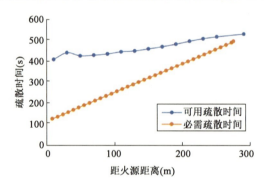

图 13-30 芦澳路双车道段方向人员安全疏散分析

根据必需疏散时间与疏散距离呈正相关的特点可知,决定疏散速度的并不是横通道宽度,而是最慢疏散人员速度。根据该特点,计算可得芦澳路双车道区段内满足人员安全疏散的最大横通道间距为 283m。

13.4.4 匝道横通道参数设计

结合线路坡度设置情况,A、B、C、D 四条匝道可以分为下坡行车方向(C、D)和上坡行车方向(A、B)两种工况。当行车方向为上坡时,疏散方向应为下坡;当行车方向为下坡时,疏散方向为上坡。现根据下坡行车方向和上坡行车方向典型疏散区间分析结果确定各自的合理横通道设置形式。

(1)下坡行车方向工况

下坡行车方向典型区段人员安全疏散分析结果如图 13-31 所示。

根据匝道必需疏散时间与疏散距离呈正相关的特点,可知决定疏散速度的并不是横通道宽度以及楼梯爬升高度,而是最慢疏散人员速度。根据该特点,计算可得匝道内满足人员安全疏散要求的最大横通道间距为273m。目前初步设置的下坡行车方向横通道最大间距位于C1人行横通道与C匝道起点处,间距达380m,不能满足疏散安全性要求,应做出相应调整。

(2) 上坡行车方向工况

上坡行车方向典型区段人员安全疏散分析结果如图13-32所示。

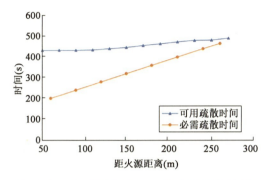
图13-31 下坡行车方向人员安全疏散分析结果

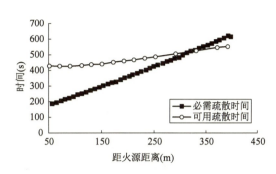
图13-32 上坡行车方向人员安全疏散分析结果

根据图13-32,在距离火源320m范围内,可用疏散时间位于必需疏散时间上方,该范围内人员疏散安全性能满足,结合该特点并参考相关规范对横通道间距设置要求,匝道上坡行车方向疏散横通道间距不应大于300m。

13.4.5 横通道合理间距确定

结合典型区段人员安全疏散分析结果并参考相关规范规定的横通道参数设置要求,当隧道按照100MW火灾规模进行设计时,各线路横通道推荐设置参数见表13-19。

各线路横通道间距推荐表　　　　　　　　表13-19

线路		目前设置最大横通道间距(m)	对应位置	推荐最大横通道间距(m)
疏港通道		275	14号人行横通道—隧道出口	278
芦澳路	三车道区段	305	2号车行横通道—4号人行横通道	278
	双车道区段	275	1号人行横通道—2号人行横通道	283
匝道	下坡行车匝道	380	C1人行横通道—C匝道起点	273
	上坡行车匝道	400	C2人行横通道—A匝道终点	300

注:疏散通道坡角应小于60°。

经分析,当火灾规模为30MW或50MW时,各横通道间距应结合设计规范确定,不应超过规范所规定的推荐值。

13.5 本章小结

本章通过对人员疏散和横通道间距进行研究,得到以下主要结论:

(1) 明确了人员安全疏散的控制标准为:必需安全疏散时间(RSET)小于可用安全疏散时

间(ASET)。

(2)对疏港通道、芦澳路以及匝道选取典型区段进行了人员安全疏散分析。

(3)基于人员在火灾隧道内的行走规律以及烟气蔓延的规律,得到了横通道间距的设置值,见表13-20。

各区段横通道合理参数　　　　　　　表13-20

区段		火灾规模(MW)	推荐最大横通道间距(m)	横通道尺寸(m)	最大坡角(°)
疏港通道		100	278	2×2.5	60
		30或50	300	2×2.5	60
芦澳路	三车道区段	100	278	2×2.5	60
		30或50	300	2×2.5	60
	双车道区段	100	283	2×2.5	60
		30或50	300	2×2.5	60
匝道	下坡行车匝道	100	273	2×2.5	60
		30或50	300	2×2.5	60
	上坡行车匝道	100	300	2×2.5	60
		30或50	300	2×2.5	60

经计算,横通道最大坡角约为35°(不大于60°)。

参考文献

[1] 杨朝晖,刘浩吾.地下工程围岩稳定性分类的人工神经网络模型[J].工程科学与技术,1999,3(4):66-72.

[2] 白明洲,许兆义,王连俊,等.隧道围岩分级的模糊信息分析模型及应用研究[J].铁道学报,2001(6):85-88.

[3] 孙恭尧,黄卓星,夏宏良.坝基岩体分级专家系统在龙滩工程中的应用[J].红水河,2002,21(3):6-11.

[4] 彭振华,丁浩,连建发,等.分形理论在地下工程岩体质量评价中的应用[J].隧道建设,2003,23(1):7-10.

[5] 杨仕教,古德生,丁德馨,等.丰山铜矿北缘采区矿岩稳定性分级的灰色聚类方法研究[J].矿业研究与开发,2004,24(1):14-16.

[6] 康志强,冯夏庭,周辉.基于层次分析法的可拓学理论在地下洞室岩体质量评价中的应用[J].岩石力学与工程学报,2006(S2):3687-3693.

[7] 左昌群,陈建平.基于可拓学理论的围岩分级方法在变质软岩隧道中的应用[J].地质科技情报,2007(3):75-78.

[8] 梁庆国,李洁,李德武,等.黄土隧道围岩分级研究的若干问题[J].岩土工程学报,2011,33(S1):177-183.

[9] 宣佳良.岩溶区公路隧道围岩分级专家系统研发与应用[D].南宁:广西大学,2014.

[10] 柳厚祥,李汪石,查焕奕,等.基于深度学习技术的公路隧道围岩分级方法[J].岩土工程学报,2018,40(10):1809-1817.

[11] 柳厚祥,查焕奕,钱程,等.基于掌子面结构量化的公路隧道围岩分级方法[J].公路交通科技,2019,36(7):90-97.

[12] 陈先国,高波.地铁近距离平行隧道有限元数值模拟[J].岩石力学与工程学报,2002,21(9):1330-1334.

[13] 朱敬民,王立维.层状岩体中地下工程复合衬砌模型试验研究[J].土木建筑与环境工程,1991(1):1-14.

[14] 王景春,殷杰.相邻隧道中心距的研究[J].石家庄铁道学院学报,1995(2):109-113.

[15] 李誉.近距离二线隧道开挖稳定性的动静力分析[D].北京:北京交通大学,1996.

[16] 吴焕通.小间距地铁区间隧道施工工序模拟分析[J].现代隧道技术,2002(5):32-35.

[17] 刘明高.小净距隧道合理净距及其施工方法研究[D].北京:北京工业大学,2007.

[18] 周惠.大断面小净距隧道施工力学行为研究[D].长沙:湖南大学,2014.

[19] 王康.超大断面小净距隧道施工围岩空间变形与荷载释放机制及工程应用[D].济南:山东大学,2017.

[20] 吕纪云,陈瑾,章坤鹏.互通式立交与隧道出入口安全净距研究[J].中外公路,2019(2):

294-297.

[21] 刘阳. 城市小净距隧道合理净距与施工加固技术研究[D]. 成都:西南交通大学,2019.

[22] 李松,陈秋南,黄林华. 软弱围岩浅埋小净距隧道合理净距影响因素探讨[J]. 中外公路,2019,39(3):178-182.

[23] 唐启童,胡运春,陈文宇,等. 城市浅埋小净距隧道合理净距研究[J]. 四川建筑,2020,40(1):143-145.

[24] 陈皓,鲁聪,李小青. 小净距隧道中夹岩柱应力、应变特性及合理净距数值模拟分析[J]. 交通科技,2021(2):114-119.

[25] 毕玉. 浅埋偏压小净距隧道CD法施工合理净距[J]. 广东公路交通,2022,48(6):118-121,143.

[26] 戴安全,易丽云,杨转运,等. 小净距隧道中央岩柱稳定性的模糊综合评价[J]. 山东交通学院学报,2010,18(4):53-57,67.

[27] 田志宇,林国进. 四川小净距隧道的发展与技术要点总结[J]. 现代隧道技术,2012,49(1):7-11.

[28] 刘富强. 基于小净距隧道开挖方法的中夹岩柱稳定性分析[J]. 交通运输研究,2012(8):142-144.

[29] 朱桂春,舒家华,唐徐林. 小净距隧道合理净距及中岩柱加固方案优化[J]. 施工技术,2013,42(19):118-121.

[30] 刘芸,周玉兵. 软岩小净距隧道中夹岩柱分区及加固方法研究[J]. 地下空间与工程学报,2013,9(2):385-391.

[31] 张顶立,陈立平,房倩,等. 小净距隧道中央岩墙稳定性分析及其应用[J]. 北京交通大学学报(自然科学版),2016,40(1):1-11.

[32] 吴波,兰扬斌,吴昱芳,等. 爆破荷载作用下隧道中隔岩稳定性研究[J]. 中国安全生产科学技术,2019(10):32-37.

[33] 丁玉仁. 小净距隧道群中夹岩水平位移规律的现场实测研究[J]. 交通科技,2020(2):87-91.

[34] 闫振虎,王凯,唐坤,等. 浅埋小净距隧道中夹岩柱稳定性及加固方案研究[J]. 长江科学院院报,2022,39(11):126-134.

[35] 苏芳芮. 城市小净距公路隧道开挖方法的力学行为研究[D]. 重庆:重庆交通大学,2014.

[36] 李柯,王明年,于丽,等. 城市立交隧道通风风量分配方法研究[J]. 铁道科学与工程学报,2017,14(12):2644-2650.

[37] 中华人民共和国交通运输部. 公路隧道通风设计细则:JTG/T D70/2-02—2014[S]. 北京:人民交通出版社股份有限公司,2014.

[38] 陈德芳. 长大道路隧道通风设计综述[J]. 地下工程与隧道,1995(3):34-37.

[39] 杨黎,杨莹莹,韦良文,等. 公路隧道机械排烟效果影响因素研究综述[J]. 武汉理工大学学报(信息与管理工程版),2019,41(5):479-484.

[40] 严涛. 高海拔单洞双向特长公路隧道通风关键技术研究[D]. 成都:西南交通大学,2017.

[41] 邓小华,宋神友,曹正卯,等.深中通道海底隧道排烟系统总体方案[J].隧道建设(中英文),2020,40(8):1176-1184.

[42] 邓小华,李佳辉.深中通道运营安全保障及防灾救援体系框架构建与关键技术研究[J].公路交通科技(应用技术版),2020,16(8):286-289.

[43] 《中国公路学报》编辑部.中国交通隧道工程学术研究综述·2022[J].中国公路学报,2022,35(4):1-40.

[44] 李杰,严晓楠,叶绪谦,等.特长公路隧道全射流火灾通风网络解算研究[J].中国安全生产科学技术,2021,17(2):20-26.

[45] 丁鸿志,陈研.地下互通隧道火灾通风方案数值模拟研究[J].今日消防,2023,8(8):19-21.

[46] 陈研,王天雄,陶浩文,等.曲线隧道射流风机通风效率优化研究[J].消防科学与技术,2021,40(7):977-982.

[47] 陈爱娟,方忠强,赵延喜,等.基于FLUENT的公路隧道通风优化配置及污染物分布模拟研究[J].江苏建筑,2023(5):146-149.

[48] 曾艳华,赵东旭,涂云龙,等.特长公路隧道运营通风多模式转换及节能研究[J].现代隧道技术,2023,60(5):11-19.

[49] 曾艳华,韩通,李杰,等.基于列车活塞效应的多竖井铁路隧道自然通风网络解算分析[J].铁道学报,2021,43(5):183-189.

[50] 王旭,王明年,严涛,等.海底隧道腐蚀环境下射流风机升压力衰减机理及计算方法研究[J].土木工程学报,2022,55(6):121-128.

[51] 魏珍珍.SES与STESS对福州地铁二号线东延线隧道通风系统模拟的对比研究[J].福建建筑,2023(7):107-111.

[52] 张逸敏,田啸宇,姚文浩,等.特长跨海公路隧道排烟道辅助通风下排风口设计参数的数值模拟研究——以青岛第二海底隧道为例[J].隧道建设(中英文),2021,41(2):258-266.

[53] 王洪德,林琳,赵轶.地铁隧道火灾事故通风方式数值模拟[J].辽宁工程技术大学学报(自然科学版),2010,29(2):177-181.

[54] 刘涛,余陶,赵言,等.多点进出隧道临界风速及烟气控制研究[J].长春工程学院学报(自然科学版),2023,24(2):35-39.

[55] 朱雄,秦毅,方丰.纵向通风与顶部排烟协同作用下长距离隧道火灾烟气蔓延规律研究[J].工业安全与环保,2022,48(12):23-27.

[56] 刘树,李远卓.带长距离停车线地铁隧道区间的通风排烟模式研究[J].暖通空调,2022,52(S2):122-125.

[57] CHANG Y. Tunnel support with shotcrete in weak rock: a rock mechanics study[D]. Stockholm: KTH Royal Institute of Technology, 1994.

[58] 黄春明,岳长青.基于冲击波超压值及混凝土强度影响下的二次衬砌混凝土裂缝时间控制方案[J].施工技术,2017,46(8):123-127.

[59] 李鹏飞,张顶立,赵勇,等.大断面黄土隧道二次衬砌受力特性研究[J].岩石力学与工程学报,2010,29(8):1690-1696.

[60] 陈建勋,李建安.公路隧道二次衬砌厚度的优化[J].交通运输工程学报,2006,6(3):68-72.

[61] 王石春,何发亮,李苍松.隧道工程岩体分级[M].成都:西南交通大学出版社,2006.

[62] 何川.公路小净距隧道[M].北京:人民交通出版社股份有限公司,2015.